„Mal bayerisch – mal böhmisch",
Geschichten, die Brücken bauen

„Jednou bavorsky – jednou česky",
dějiny, které staví mosty

Copyright © František Spurný, F.S. Publishing, 2007
Copyright © Förderkreis Deutsch-Tschechischer Schulen zwischen Nürnberg und Prag (FöDTSCH),
    Knihovna města Plzně, 2007
Cover © AHA – Werbeagentur Weiden i. d. Opf.

ISBN 978-80-903560-3-0

„Jednou bavorsky – jednou česky", dějiny, které staví mosty

„Mal bayerisch – mal böhmisch", Geschichten, die Brücken bauen

Rainer J. Christoph, Dagmar Svatková, Václav Peteřík

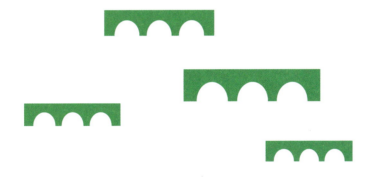

EIN STEIFZUG DURCH DIE GEMEINSAMKEITEN DER GESCHICHTE VON TSCHECHEN UND DEUTSCHEN ANHAND VON BERICHTEN ÜBER EINE 1000-JÄHRIGE VERGANGENHEIT ZWISCHEN UNSEREN LÄNDERN MIT ERGÄNZUNGEN AUS LUXEMBURG UND DER WOJWODSCHAFT NIEDERSCHLESIEN / POLEN

Gesammelt von:
Lehrern aus Nordbayern, Tschechien, Luxemburg, Polen

Illustriert mit:
Schülerzeichnungen und Fotos

Literatur zu den Texten beim jeweiligen Verfasser

Widmung

Die Herausgeber widmen dieses Buch all jenen Menschen, die in der Vergangenheit unserer beiden Länder durch den Bazillus „Nationalismus" Leid, Verfolgung oder gar Trauer erleiden mussten.

Unser Ziel ist es, an einem Europa der Nationen ohne Nationalismus und Grenzen zu arbeiten und dabei auf die Vielfalt der Gemeinsamkeiten zu verweisen und weiter daran zu bauen.

Ein tschechisches Sprichwort sagt:
„Schütze dich nicht durch einen Zaun, sondern lieber durch Freunde"

PUTOVÁNÍ SPOLEČNÝMI DĚJINAMI ČECHŮ A NĚMCŮ NA ZÁKLADĚ ZPRÁV O TISÍCILETÉ MINULOSTI MEZI NAŠIMI ZEMĚMI S DOPLŇUJÍCÍMI PŘÍSPĚVKY Z LUCEMBURSKA A VOJVODSTVÍ DOLNÍHO SLEZSKA / POLSKO

Sebráno:
Učiteli ze severního Bavorska, Čech, Lucemburska, Polska

Obrazový doprovod:
Kresby a fotografie žáků

Literatura k textům u příslušného autora

Věnování

Vydavatelé věnují tuto knihu všem lidem České republiky a Německa, kteří v minulosti v důsledku nacionalismu nějak trpěli a byli pronásledováni.

Naším současným i budoucím cílem je pracovat na Evropě bez nacionalismu a hranic, a přitom respektovat osobitost každého společenství.

Jedno české přísloví praví:
„Nechraň se vlastním plotem, ale raději přáteli".

INHALT
OBSAH

Vorworte
Úvodní slova

Kníže Lobkowicz, Plzeň
Fürst Lobkowicz — 12

Förderkreis Deutsch-tschechische Schulen Altenstadt/WN
Nadační spolek na podporu německých a českých škol Altenstadt/WN — 14

Knihovna města Plzně
Stadtbibliothek Pilsen — 18

I. Verbindungen Böhmen – Bayern
I. Vazby Čechy – Bavorsko

Als unser Land noch zu Böhmen gehörte
Die grüne Grenze zwischen Deutschland und Tschechien erstreckt sich über eine Länge von 810 Kilometern. Über 350 km davon fallen auf den Bereich Bayerns von Hof bis Passau

Když naše země patřila ještě k Čechám
Zelená hranice mezi Německem a Čechami se táhne po délce přes 810 km. Z toho více než 350 km připadá na oblast Bavorska mezi Hofem a Passau. — 20

Geschichten aus Nordbayern, West-, Mittel- und Ostböhmen
Příběhy ze Severního Bavorska a západních, středních a východních Čech

Altenstadt / WN Gemeindewappen erinnert an 478 Jahre böhmische Vergangenheit. — 26
Znak obce připomíná 478 let české historie

Bärnau	Bärnau – dort wo Europa zusammenwächst Bärnau – tam, kde v Evropě mizí hranice	32
Cerhovice	Poštovní cestou z Prahy do Norimberka přes Cerhovice Auf der Poststraße von Prag nach Nürnberg über Cerhovice	38
Eschlkam	Ein Baum der Freundschaft an der Waldschmidtschule Eschlkam Strom přátelství u školy „Waldschmidtschule" v Eschlkamu	44
Hersbruck	Auf der Goldenen Straße durch Hersbruck Hersbruck na Zlaté cestě	48
Kladruby	Svatý Jan Nepomucký a Kladruby Der heilige Johann von Nepomuk und Kladruby	52
Krummennaab	König Wenzel IV. und das Bergbaurecht zu Erbendorf Král Václav IV. a horní právo v Erbendorfu	60
Leuchtenberg / Kemnath	Jüdische Kaufleute zwischen Prag und Nürnberg Židovští obchodníci mezi Prahou a Norimberkem	64
Loděnice	Němci v Loděnici Die Deutschen in Loděnice	70
Mainbernheim	Mainbernheim – Anfang – Auftrag – Aufschwung Mainbernheim – počátek – úkol – vzestup	74
Mitterteich	„Friedrich Barbarossa, der Neffe des Konrads III., heiratet Adela von Vohburg, die Tochter des Klostergründers von Waldsassen" „Fridrich Barbarossa, synovec císaře Konráda III. se žení s Adélou z Vohburgu, dcerou zakladatele kláštera Waldsassen"	78
Mýto	Alfons Maria Mucha a jeho vztah ke Zbirohu Alfons Maria Mucha und seine Beziehung zu Zbiroh	82

Náchod	Felix Anton Scheffler – bavorský malíř v Náchodě Felix Anton Scheffler – ein bayerischer Maler in Náchod	88
Neustadt/WN	Neustadt an der Waldnaab und seine besondere Beziehung zu Böhmen Neustadt an der Waldnaab a jeho vztah k Čechám	92
Nittendorf / Regensburg	Die Taufe der böhmischen Adeligen zu Regensburg Křest českých knížat v Řezně	98
Nýřany	Uhlí pro bavorské sklárny Kohle für die bayerischen Glashütten	102
Oberviechtach	Hussiten und die Oberpfälzer Husité a lidé z Horní Falce	106
Oberviechtach	Die „Straß von Regensburg nach Behemb" – religiöse und wirtschaftliche Aspekte einer Altstraße im Raum Oberviechtach Cesta z Řezna do Čech Náboženské a hospodářské aspekty staré cesty v oblasti Oberviechtachu	110
Parkstein	Böhmischer Pfleger auf der Burg Parkstein Český správce na hradě Parkstein	114
Planá	Zlatý potok – Goldbach – Silberhütte Goldbach – Zlatý potok – Silberhütte	120
Plzeň	Plzeňské pivo – pivo proslulé na celém světě Jak plzeňské pivo zachránilo princeznu Pilsener Bier – ein Bier mit Weltruhm Wie das Pilsener Bier die Prinzessin rettete	124
Praha	Petr Parléř, stavitel Karla IV. Peter Parler, Baumeister Karl IV.	132

Praha	Kryštof Dientzenhofer (1655–1722) a Kilián Ignác Dientzenhofer (1689–1751), barokní stavitelé v Čechách a v Bavorsku Christoph Dientzenhofer (1655–1722) und Kilian Ignaz Dientzenhofer (1689–1751), Baumeister des Barocks in Böhmen und Bayern	138
Rokycany	Znovuobjevená malířka Paula Deppeová Die wiederentdeckte Malerin Paula Deppe	144
Stein / Nürnberg	Das Scheitern von Wenzel IV. als König und Kaiser Selhání Václava IV. jako krále a císaře	148
Stříbro	Osudy lidí v rukou dějin Menschliche Schicksale in der Hand der Geschichte	154
Sulzbach-Rosenberg	Verbindungen müssen gepflegt werden, Sulzbach-Rosenberg: Die Pfleger des Kaisers kamen aus Böhmen Vztahy je třeba pěstovat a rozvíjet, Sulzbach-Rosenberg: Císařovi správci přišli z Čech	158
Štěnovice	15 let přátelství a spolupráce Obecné školy v Tiefenbachu a Základní školy ve Štěnovicích 15 Jahre Freundschaft und Zusammenarbeit der Volksschule Tiefenbach und der Grundschule Štěnovice	162
Tachov	Tirschenreutský malíř Maurus Fuchs v Tachově a Teplé Der Tirschenreuther Maler Maurus Fuchs in Tachov und Teplá	168
Tiefenbach	Klöppeln in Tiefenbach – ein fast vergessenes, grenzüberschreitendes Kunsthandwerk Paličkování v Tiefenbachu – téměř zapomenuté umělecké řemeslo, provozované na obou stranách hranic	172
Vohenstrauß	Ein Vohenstraußer wird Ehrenbürger der Stadt Stříbro Občan z Vohenstraußu čestným občanem Stříbra	178

Waldsassen	Maria Loreto – Auferstanden aus Ruinen Maria Loreto – z trosek povstalá	180
Weiden	Die Stadt Weiden als „Verbindungsstation" für tschechische Dissidenten Město Weiden – „spojnice" českých disidentů	184
Weiden	Gemeinsam lernen – gemeinsam leben – Zukunft sichern Společně se učit – společně žít – zajistit společnou budoucnost	190
Weiden	Eine Wallfahrt überdauert Krieg und „Eisernen Vorhang" Pouť, která přestála válku i „železnou oponu"	194

… und nicht zu vergessen, Brücken, die Bayern und Böhmen überspannen,
ein bisschen polnisch und luxemburgisch…
… a nezapomenout na mosty, které spojují Čechy a Bavorsko,
trochu polštiny a lucemburštiny…

II. Wojwodschaft Niederschlesien in Polen:
II. Vojvodství Dolní Slezsko v Polsku:

Klodzko, Glatz	Herzog Ernst – ein bayerischer Adeliger kauft die Grafschaft Vévoda Ernst – bavorský šlechtic kupuje Kladské hrabství	198
Kudowa Zdroj	Krippen verbinden Bayern, Böhmen und Polen Také jesličky spojují Bavorsko, Čechy a Polsko	204
Niemzca	Niemcza und das Schloss der Heiligen Hedwig – Patronin von Schlesien Niemcza a zámek sv. Jadwigy – patronky Slezska	208

Zabkowice	Benedikt Ried von Piesting – Baumeister zwischen Bayern, Böhmen, Schlesien und Sachsen – Burg Zabkowice Benedikt Rejt z Piestingu – stavitel v Bavorsku, Čechách, Slezsku a Sasku – hrad Zabkowice	212

III. Luxemburg:
III. Lucembursko:

Consdorf	Johann der Blinde, Fürst zwischen Luxemburg, Bayern und Böhmen Jan Slepý, kníže mezi Lucemburskem, Bavorskem a českými zeměmi	218

Anhang:
Dodatek:

Vorstellung des Förderkreises Deutsch-Tschechischer Schulen zwischen Nürnberg und Prag e.V (FöDTSCH) Představení Nadačního spolku na podporu německých a českých škol mezi Norimberkem a Prahou (FöDTSCH)	224
Vorstellung der Stadtbibliothek Pilsen Představení Knihovny města Plzně	228
Kooperation mit dem Maria-Seltmann-Haus Weiden Spolupráce s Domem Marie Seltmannové ve Weidenu	231
Danksagung für finanzielle Unterstützung und Danksagung für Mitarbeit Poděkování za finanční podporu; Poděkování za spolupráci	238
Impressum Tiráž	239

Uvítací projev

Čechy a Bavorsko mají mnoho společného, v první řadě dlouhé společné hranice. Na obou stranách žijí lidé se stejnými nebo podobnými jmény, což svědčí o intenzivních osobních kontaktech již v dávné minulosti. Tyto dlouhodobé kontakty ovlivnily zvyky, mentalitu a kulturu českého i bavorského obyvatelstva. Jak Češi, tak i Bavoráci mají rádi pivo, rádi se baví při poslechu dechové hudby. Historické, hlavně ženské kroje jsou si do jisté míry podobné. Též kulturní stavby, jako barokní kostely, byly často stavěny stejnými architekty a obyvatelé z Čech i Bavor k nim společně putovali a společně se modlili. Na mostech v Bavorsku i v Čechách stojí sochy svatého Jana Nepomuckého.

Teprve dvacáté století přineslo radikální změny ve vztahu mezi Čechy a Bavory. Nejprve válka, poválečné události a stavba železné opony zabránily všem kontaktům; pro obě strany byl u železné opony konec světa. Pomalu se zapomnělo na to, co nás vždy spojovalo a stále spojuje. Lidé se přestali znát. Neznalostí vznikají předsudky, určitá bázeň a ostych ze styku s někým cizím. To může vést až k nepřátelství.

Zkušenost ukazuje, že někdy stačí maličkost, krátký rozhovor, který vede k poznání společných tradic a z nepřátel se mohou stát nejlepší přátelé.

K oboustrannému poznání hlavně mladé generace, která bude jednou tvořit budoucnost soužití, by měla sloužit tato kniha. Měla by postavit most, který překlene průrvu nepoznání. Mosty spojují. Na každé bankovce eura je zobrazen most, který spojuje všechny národy Evropy. Jednota musí ale začít se sousedy. Věřím, že jsme na dobré cestě, že národ Čechů a Bavorů naváže na staré tradice, které přinesou dobro pro oba národy. Z krajiny na konci světa se stane kvetoucí střed Evropy.

Jaroslav Lobkowicz

Grußwort

Böhmen und Bayern haben viel Gemeinsames, vor allem eine lange gemeinsame Grenze. Auf beiden Seiten der Grenze leben Menschen mit gleichen oder sehr ähnlichen Namen, was eigentlich nur von intensiven persönlichen Kontakten schon in alten Zeiten zeugt. Diese langjährigen Kontakte haben die Mentalität, die Kultur und die Bräuche der tschechischen und bayerischen Bevölkerung beeinflusst. Sowohl die Tschechen als auch die Bayern mögen Bier, ein fröhliches Beisammensein bei Blasmusik und vor allem die historischen Frauentrachten, die gewissermaßen ähnlich aussehen. Auch die Kulturbauten, wie die Barock-Kirchen, sind oft von denselben Architekten gebaut worden und Menschen aus Böhmen sowie Bayern pilgerten und beteten gemeinsam. Auf den Brücken in Bayern und Böhmen stehen Statuen des Heiligen Johann von Nepomuk.

Erst das zwanzigste Jahrhundert hat radikale Veränderungen in den Beziehungen zwischen den Tschechen und Bayern mit sich gebracht. Zuerst der Krieg und danach die Nachkriegsereignisse und schließlich der „Eiserne Vorhang" haben alle weiteren Kontakte verhindert. Für beide Seiten bedeutete der Eiserne Vorhang des Ende der Welt. Allmählich wurde alles, was uns früher verbunden hat und stets verbindet, vergessen. Die Menschen hörten auf einander zu kennen. Mit der Unkenntnis wachsen freilich Vorurteile sowie auch eine gewisse Angst und Scheu vor dem Umgang mit einem Fremden, was alles dann bis zur Feindschaft führen kann.

Es ist bekannt, und wir haben die Erfahrung, dass oft eine Kleinigkeit genügt, ein kurzes Gespräch, das dazu führen kann, dass die gemeinsamen Traditionen plötzlich wieder entdeckt werden. Und so können aus Feinden wieder beste Freunde werden.

Zum beiderseitigen Kennenlernen, vor allem der jungen Generation, die einmal die Zukunft für das Zusammenleben gestalten wird, sollte gerade dieses Buch dienen. Und es sollte auch eine Brücke bauen, die die Kluft der Unkenntnis überbrückt. Brücken verbinden. Auf jeder EURO-Banknote ist doch eine Brücke ausgebildet, die alle Völker Europas verbindet. Einigkeit muss aber mit den Nachbarn beginnen. Ich glaube, dass wir auf einem guten Weg sind und dass das Volk der Tschechen und das Volk der Bayern an alte Traditionen anknüpfen wird. Das bringt beiden Völkern nur Gutes. Aus einer Gegend am Ende der Welt wird dann die blühende Mitte Europas.

Jaroslav Lobkowicz

Erb rodiny Lobkowiczů ve farním kostele sv. Jiří, Neustadt/WN • Das Wappen der Familie Lobkowitz in der Pfarrkirche St. Georg, Neustadt/WN

Neustadt nad Waldnaabou byl sídelním městem knížat Lobkowiczů. Stopy českého šlechtického rodu jsou zde hojné a dodnes patrné. Jejich zámek je v současné době Zemským úřadem. Po více jak 250 letech se Lobkowiczové stáhli na své državy v Čechách a Neustadt přešel k Bavorskému království.

Neustadt an der Waldnaab wurde Residenzstadt unter den Lobkowitzer Fürsten. Vielfältig und noch sichtbar sind die Spuren des böhmischen Adelsgeschlechts. Ihr Schloss ist heute das Landratsamt. Nach über 250 Jahren zogen sich die Lobkowitzer auf ihre böhmischen Besitzungen zurück und Neustadt kam zum Königreich Bayern.

Vorbemerkung und Dank

Das Haus der Bayerischen Geschichte und die Stadt Zwiesel veranstalten von Juni bis Oktober 2007 die Bayerische Landesausstellung zum Thema „Bayern – Böhmen". Für den Förderkreis Deutsch-Tschechischer Schulen zwischen Nürnberg und Prag (FöDTSCH), dessen Arbeit sich an der historischen Route der „Goldenen Straße" Kaiser Karls IV. orientiert, ist es eine große Ehre, von den Organisatoren zu diesem grenzüberschreitenden Projekt eingeladen zu werden.

In der intensiven Auseinandersetzung mit dem Thema „Goldene Straße", konnte festgestellt werden, dass dieser bedeutsame Handelsweg keineswegs in westlicher Richtung in Nürnberg zu Ende war, sondern weiter bis Frankfurt und Luxemburg reichte. Ebenso endete die „Kaiserstraße" im Osten nicht an der Theynkirche in Prag. Weiter ging ihr Weg über Hradec Kralove, Nachod in die heutige Wojwodschaft Niederschlesien / Polen. In den Städten von Kudowa Zdroj (Bad Kudowa), über Klodtzko (Glatz), Niemzca (Nimptsch) bis Wroclav (Breslau) finden sich ähnliche Spuren der böhmischen Vergangenheit wie in unserer nördlichen Oberpfalz und vielen Teilen Mittel-, Ober- und Unterfrankens. In einem Zeitraum von zehn Jahren gelang es uns, rund 100 Schulen aus vier Ländern einzubinden und zirka 9 000 Schüler, deren Lehrer und Eltern, anzusprechen.

Als ich bei einer Lehrerfortbildung mit Kollegen aus Nordbayern, Tschechien, Polen und Luxemburg um Unterstützung für die Mitarbeit bei der Landesausstellung 2007 warb, stieß ich auf offene Unterstützung. Das vorliegende Ergebnis stellt ein breites Spektrum von Begegnungen in der 1 000-jährigen Geschichte der Länder dar.

Mit den Beiträgen aus Luxemburg und Polen wollen wir bewusst zeigen, dass die bayerisch-böhmischen Gemeinsamkeiten auch im heutigen Polen und in Luxemburg ihren Niederschlag fanden. So freuen wir uns ausdrücklich über die Beiträge unserer Partnerschulen aus diesen beiden Ländern.

Unser Dank geht an die Stadt Pilsen, die uns mehrmals die Gelegenheit gab, unsere Arbeit zu präsentieren. Ganz besonders schätzen wir das Engagement und die Freundlichkeit der Leiterin der Stadtbibliothek Pilsen, Frau Dr. Dagmar Svatková. Von Beginn an unterstützte sie in vielfältiger Weise unser Projekt und ermöglichte eine Akzeptanz unserer gemeinsamen Arbeit im Nachbarland Tschechien. Unmöglich ist es, all jene Bürgermeister und offiziellen Einrichtungen von Luxemburg bis Polen zu nennen, die uns immer wieder unterstützten.

Ein überaus herzlicher Dank gilt allen Kolleginnen und Kollegen für die Bereitschaft zur ehrenamtlichen Mitarbeit. Sie haben mit ihren Beiträgen in kompetenter Weise dazu beigetragen, vorliegendes Werk zu realisieren. Stellvertretend für alle erwähne ich meine beiden Kollegen, die Direktoren der ZŠ Manesova in Stříbro, Herrn Václav Peteřík und Herrn František Rejcek an der ZŠ Cerhovice, die in vielfältiger Weise die Umsetzung des vier Länder umfassenden Projekts unterstützten.

Ausdrücklich danken wir dem Deutsch-Tschechischen Fonds in Prag und vielen weiteren Sponsoren (siehe eigener Hinweis). Sie ermöglichen durch ihre finanzielle Unterstützung den Druck des Buches. Einschließen darf ich dabei Frau Margarethe Schwägerl aus Bärnau, die mit ihrer Initiative "Wir im Bärnauer Land" über Jahre hinweg Waisenhäuser in der Region Pilsen selbstlos unterstützt und „ihren" Anteil an diesem Buch hat. Im kleinen Städtchen Bärnau, das Karl IV. einst „ewige Treue" schwor, startete 1990 die Initiative unserer grenzübergreifenden Arbeit „Goldene Straße". Ein ganz persönlicher Dank geht an meinen Jugendfreund und Studienrat Klaus Gäbel, der als Lektor für die deutschsprachigen Texte zuständig war.

Wir freuen uns, dass es gelungen ist, nach dem Deutsch-Tschechischen Lesebuch „Sagenhafte Goldene Straße" und dem Schüler- und Seniorenbuch „Kladbara" mit dem vorliegende Band „Mal bayerisch – mal böhmisch-Geschichten, die Brücken bauen", den Weg einer erfolgreichen Partnerschaft fortzusetzen.

Uns ist es bewusst, dass die Vielfältigkeit der Gemeinsamkeiten Bayerns und Böhmens unerschöpflich und im Rahmen dieses gemeinsamen deutsch-tschechischen Projekts niemals umfassend darstellbar sind. An den Schluss meines Vorwortes erlaube ich mir, die Erklärung der Deutsch-Tschechischen und Deutsch-Slowakischen Historikerkommission vom 29. April 1995 zu stellen:

„Das jahrhundertlange Zusammenleben von Tschechen, Deutschen und Juden in einem Land, die tausendjährige Nachbarschaft von Deutschen, Tschechen und Slowaken in unterschiedlichen staatlichen Organisationsformen müssen im unbefangenen Rückblick trotz aller Spannungen als für alle Seiten förderlich bezeichnet werden. Im Zusammenhang der europäischen Geschichte gesehen, war das historische Miteinander in den böhmischen Ländern, im habsburgischen Vielvölkerstaat und der regionalen Nachbarschaft zwischen Bayern, Sachsen und Schlesien ein unverzichtbarer Bestandteil der Entwicklung ihrer Völker" (1995 Collegium Carolinum bzw. Deutsch-tschechische und -slowakische Historikerkommission).

Altenstadt, im April 2007

Rainer Christoph,
1. Vorsitzender FöDTSCH

Na úvod poděkování

Dům dějin Bavorska a město Zwiesel pořádají od června do října 2007 Bavorskou zemskou výstavu na téma „Bavorsko – Čechy". Nadační spolek německých a českých škol na území mezi Norimberkem a Prahou (FöDTSCH), jehož činnost je zaměřena na historickou trasu Zlatá cesta císaře Karla IV., si pokládá za čest, že byl organizátory přizván ke spolupráci na tomto přeshraničním projektu.

Pokud se naší práce kolem Zlaté cesty týká, zjistili jsme po intenzivním pátrání, že tato významná obchodní cesta směrem na západ vůbec nekončila v Norimberku, ale že vedla dál, až do Frankfurtu a Lucemburska. Stejně tak nekončila Císařská cesta, nazývaná též Norimberská či Pražská, směrem na východ v Týnském chrámu v Praze, ale vedla dál přes Hradec Králové a Náchod do vojvodství v Dolním Slezsku v Polsku. Ve městě Kudowa Zdroj (Lázně Kudova) přes Kladsko, Niemcza až do Wroclavi zanechala česká minulost obdobné stopy jako v naší severní Horní Falci a na mnoha místech ve Středních, Horních a Dolních Francích. V průběhu deseti let se nám podařilo zapojit do projektu asi 100 škol ze čtyř zemí a oslovit na 9 000 žáků, jejich učitele a rodiče.

Když jsem při příležitosti společného setkání s kolegy ze severního Bavorska, Čech, Polska a Lucemburska žádal na semináři, souvisejícím s dalším vzděláváním učitelů, o podporu a spolupráci na zmíněné Bavorské zemské výstavě v roce 2007, setkal jsem se s kladným ohlasem. Výsledkem je široké spektrum setkávání na pozadí tisícileté historie těchto zemí.

Pověsti z Lucemburska a Polska mají přesvědčivě poukázat na skutečnost, že se bavorsko-česká

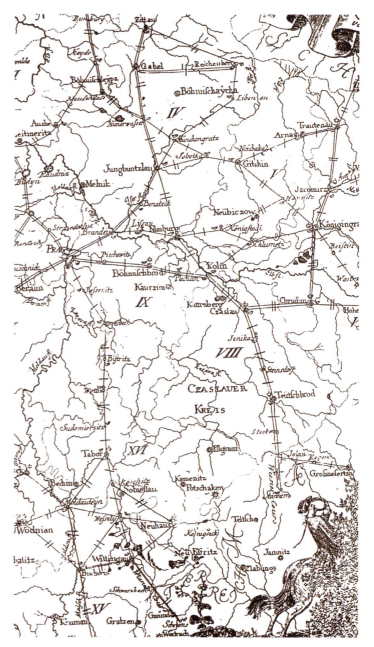

pospolitost setkala s porozuměním i v dnešním Polsku a Lucembursku. Proto máme tak velkou radost ze čtyř příspěvků od našich partnerských škol ze zmíněných zemí.

Náš dík patří také Plzni. Město Plzeň nám už několikrát umožnilo prezentaci naší práce. Vážíme si především úsilí, angažovanosti a přátelského přístupu paní dr. Dagmar Svatkové, ředitelky Knihovny města Plzně. Od samého začátku projekt všemožně podporovala a postarala se o jeho kladné přijetí v sousedním Česku. Není možné, abych zde vyjmenoval všechny starosty a oficiální místa od Lucemburska až po Polsko, kde jsme se průběžně setkávali s pochopením a podporou.

Srdečně děkuji všem kolegyním a kolegům za jejich ochotu spolupracovat s námi bez nároku na odměnu. Svými příspěvky na odborné úrovni pomohli realizaci tohoto díla. Za všechny jmenuji svého kolegu a ředitele ZŠ ve Stříbře pana Václava Peteříka. Všestranně podpořil realizaci tohoto rozsáhlého projektu, zahrnujícího čtyři země.

Zvláště pak bych chtěl poděkovat koncernu E.ON v Regensburku a Fondu česko-německé budoucnosti v Praze. Jejich finanční podpora umožnila vydání této knihy. Děkuji paní Margarethe Schwägerl z Bärnau, která v rámci své iniciativy „My z Bärnau a okolí" už celá léta nezištně podporuje dětské domovy v plzeňském regionu a má nemalé zásluhy o vydání této publikace. V městečku Bärnau, kterému kdysi Karel IV. přísahal „věrnost na věky", byla v roce 1990 odstartována iniciativa přeshraniční spolupráce.

Mám radost z toho, že po německo-české čítance „Pověstmi opředená Zlatá cesta" a po knize „Kladbara", kterou sepsali žáci a senioři, se podařilo pokračovat v úspěšném partnerství i svazkem nazvaným „Jednou bavorsky – jednou česky" – Dějiny, které staví mosty.

Dobře víme, že to, co je Bavorsku a Čechám společné, má tolik podob a je natolik pestré, že se to v rámci tohoto společného německo-českého projektu nedá zcela popsat. Proto si na závěr svého úvodního slova dovolím citovat prohlášení Komise německých a českých a německých a slovenských historiků z 29. dubna 1995: „Několik staletí trvající soužití Čechů, Němců a Židů v jedné zemi a tisícileté sousedství Němců, Čechů a Slováků probíhající v rozdílných formách státních zřízení lze ve zpětném nezaujatém pohledu, ale i navzdory všem napětím, označit jako pospěšné pro všechny strany. V souvislostech evropských dějin pak bylo historické společenství v českých zemích, v habsburské mnohonárodnostní monarchii či v regionálním sousedství mezi Bavorskem, Saskem a Slezskem vždy neopominutelnou součástí vývoje jejich národů." (1195 Collegium Carolinum resp. Německo-česká a -slovenská komise historiků)

Altenstadt, duben 2007

Rainer Christoph,
předseda FöDTSCH

Úvodní slovo Knihovny města Plzně

Cením si lidského přátelství. Lidské přátelství, to je velmi křehké pouto, o které je zapotřebí neustále pečovat. Pohleďme jen na dějiny lidské společnosti, jsou z velké části v podstatě dějinami přátelství nebo nepřátelství mezi národy. Právě z historických událostí a dění tohoto světa může vzejít poučení, jak je přátelství nesmírně důležité pro spokojený a hodnotný lidský život. Je-li pěstováno, lidem se daří dobře. Proto každá aktivita, která podporuje vzájemnou pospolitost mezi národy, národnostmi i jen mezi konkrétními lidmi, je velmi prospěšná a zasluhuje obdiv.

Jednou z nich je činnost Nadačního spolku německých a českých škol mezi Norimberkem a Prahou (FöDTSCH). Zejména jeho předseda pan Christoph se neúnavně stará, aby vzájemné vztahy mezi dětmi i pedagogy škol na tomto území byly přátelské a poučné, a to prostřednictvím vzájemného poznávání nejen současnosti, ale i naší bohaté společné historie. Dokazuje to celá řada akcí, jichž jsem byla svědkem a někdy i skromným účastníkem. Je to proto, že jsem skutečně přesvědčena, že tato cesta – cesta přátelství, vzájemného poznávání a pomoci je správná. Pomáhá lidem porozumět světu i sobě samým a dává přednost kladným lidským vlastnostem před zápornými. A pak může vzniknout i taková knížka, již předkládáme veřejnosti.

Těšíme se, že přispěje ke vzájemnému poznávání našich národů. Příběhy a vyprávění, které kniha uvádí, přinesly děti i jejich učitelé. Poskytují mnoho nových informací a pohledů, zejména na společnou historii.

Plzeň, duben 2007

Dagmar Svatková,
ředitelka Knihovny města Plzně

Vorwort der Stadtbibliothek Pilsen

Ich schätze hoch die Freundschaft zwischen den Menschen. Denn sie ist ein äußerst zerbrechliches Band, das unaufhörlich gepflegt werden muss. Sehen wir uns doch mal die Geschichte der Menschheit an, dann werden wir feststellen können, dass es sich hier eigentlich um eine Geschichte von Freundschaft oder Feindschaft zwischen den Völkern handelt. Nur aus historischen Ereignissen und dem Weltgeschehen kann freilich Belehrung hervorgehen und davon zeugen, wie sehr Freundschaft wichtig ist für ein zufriedenes und wertvolles Leben der Menschen. Wird Freundschaft gepflegt, geht es ihnen gut und deswegen ist auch jede Aktivität, welche die Gemeinschaft der Völker, der Volksgruppen oder auch bloß von einzelnen Menschen unterstützt, sehr nützlich und bewundernswert.

Hier ist nun die Aktivität des Förderkreises Deutsch-Tschechische Schulen zwischen Nürnberg und Prag e. V. (FöDTSCH) zu erwähnen und zu loben. Namentlich sein Vorsitzender, Herr Rainer Christoph, kümmert sich unermüdlich darum, dass die gegenseitigen Beziehungen zwischen den Kindern und den Schulpädagogen auf diesem Gebiet nicht nur die Freundschaft pflegen, sondern dass sie zum Kennenlernen der Gegenwart, aber auch unserer reichhaltigen gemeinsamen Geschichte führen. Davon zeugen zahlreiche ideenreiche Veranstaltungen, bei denen ich oft Mitgestalter, manchmal aber nur bescheidener Teilnehmer war, weil ich wirklich davon überzeugt bin, dass dieser Weg, der Weg der Freundschaft, des gegenseitigen Kennenlernens und der Hilfsbereitschaft durchaus richtig ist. Auf diesem Wege kann man den Menschen helfen, sowohl die Welt als auch sich selbst besser zu verstehen. Darüber hinaus werden dabei die positiven menschlichen Eigenschaften den negativen vorgezogen. Dann kann eben ein solches Buch entstehen, das wir soeben der Öffentlichkeit vorlegen.

Es freut uns, dass es zum gegenseitigen Kennenlernen unserer Völker beitragen wird. Die Geschichten und Erzählungen in diesem Buch haben Kinder gemeinsam mit ihren Lehrern gesammelt, geschrieben oder illustriert. Sie bieten viele neue Informationen und Ansichten, vor allem zur gemeinsamen Geschichte.

Pilsen, April 2007

Dagmar Svatková,
Direktorin der Stadtbibliothek Pilsen

„Sei friedlich, und wenn du etwas in Güte erreichen willst, dann lass den Krieg" (Karl IV.)

Als unser Land noch zu Böhmen gehörte

Kurz vor der einstigen freien Reichsstadt Nürnberg, im kleinen Ort Erlenstegen, steht am Ortsausgang in Richtung Lauf ein großer Sandsteinblock mit einer Kreuzigungsgruppe. Daneben hängt ein Bronzeschild mit der Aufschrift: „Böhmische Grenze" und den erläuternden Worten: „Zur Zeit Karls IV. lag hier an der Goldenen Straße nach Prag die Grenze von Neuböhmen", eine Erinnerung an längst vergangene Zeiten.

Im 15. Jahrhundert wurde dieser Bildstock errichtet (das Original steht im Fundus des Germanischen Museums). Mit der „Goldenen Straße" ist unverrückbar die vor rund 650 Jahren von Prag nach Nürnberg verlaufende Handelsstraße gemeint, die mit dem Namen des Böhmenkönigs und Kaisers Karl IV. aus dem Hause Luxemburg verbunden ist.

Mit Neuböhmen bezeichnete Karl IV. das Land „Bavaria trans silvam Boemicalem" (Bayern jenseits des Waldes). So stellt der Sandsteinblock ein historisches Zeugnis aus einer Zeit dar, in der die Menschen in unserer Gegend mit Böhmen friedlich vereint und mit Karl IV. einem Mann huldigten, der aus heutiger Sicht europäische Denkweisen verkörperte und als einer der klügsten und weltkundigsten Herrscher gilt.

Dass dem so war, kam nicht von ungefähr. Sein Vater Johann stammte aus der Luxemburger Linie, sein Großvater war kein Geringerer als der deutsche Kaiser Heinrich VII., seine Mutter Eliška, Tochter des letzten Přemysliden Königs Wenzels II. und Enkelin Kaiser Rudolfs von Habsburg. Auf Karl, mit dem Taufnamen Václav (Wenzel), am 14. Mai 1316 in Prag geboren, setzte man große Hoffnungen. Sieben Jahre verbrachte das Königskind aus Prag am Hofe seines Onkels Karl des Schönen in Paris. Hier erhielt er die Grundlagen für sein späteres Regieren vermittelt. Künstler, Dichter und Politiker prägten ihn, besonders aber die Freundschaft zu dem Benediktinermönch Pierre Roger, dem späteren Papst Clemens VI. Verheiratet mit der französischen Prinzessin Blanca Valois aus der vornehmsten Adelsschicht Frankreichs, ließ er sich am 2. September 1347 im Prager Dom zum König von Böhmen krönen. Der Beginn einer machtvollen und klugen Regierungszeit, einer Zeit, die besonders für die Menschen auf dem Weg von Prag nach Nürnberg und Frankfurt und im Osten bis Breslau bedeutungsvoll werden sollte!

Karl einte Ost und West

Von Deutschland oder von Bayern zu sprechen, wäre aus historischer Sicht falsch. Denn den staatsrechtlichen Titel „Deutsches Reich" gibt es schließlich erst seit 1870. Das alte Reich, das sich 911 bildete und 1806 auflöste, hat nie diesen Titel geführt, sondern bekanntlich später den eines römischen Reiches angenommen. Aus dieser Sicht war das Verhältnis der Menschen im Mittelalter lediglich durch Sprache und Volksart getrennt, Bindeglied war vor allem die römisch katholische Kirche. Der Zerfall des Kaisertums, die verworrenen Verhältnisse im Reich zu ordnen, das gelang Karl IV. Durch das Reichsgesetz der „Goldenen Bulle" von 1356 stärkte und verbriefte er die Vorrechte der Kurfürsten. Nach Karl gab es keine Einheit mehr.

Friedenskaiser

Karl IV. einte die Menschen mit seinem Wahlspruch: „Sei friedlich, und wenn du etwas in Güte erreichen willst, dann lass den Krieg". Böhmische Pfleger auf den Burgen von Sulzbach, Parkstein oder Störnstein wurden nicht als Unterdrücker betrachtet. Im Gegenteil, sie hatten die Anweisung, Brauchtum, Sitten, Sprache und kulturelle Eigenarten des jeweiligen Territoriums zu achten. Rücksichtnahme auf den Volksstamm war oberstes Gebot. Alle unrechtmäßigen Kriege und Händel waren bei Strafe verboten, ebenso Brandstiftung, Raub, Plünderungen und unrechtmäßige Zölle und Gebühren. Und der Kaiser stärkte die kleinen Orte entlang seiner Reichsstraße mit außergewöhnlichen Privilegien. „Bernovia servat corone fedem Boemie", lautete zum Dank dafür der Treueschwur des Genzstädtchens Bärnau an die Krone Böhmens. Zollfreiheit, Holz-, Münzrechte, Stärkung des Handels und der Wirtschaft ließen einen Vielvölkerstaat in Frieden gedeihen, ohne den darin lebenden Menschen ihre Rechte zu beschneiden. Sulzbach wurde zur Hauptstadt Neuböhmens und 1355 im Jahre der Kaiserkrönung erhob Karl dessen Gericht zum kaiserlichen Landgericht. Hervorragend zeigt sich diese Machterweiterung im Museum der Stadt. Karl demonstrierte politische Kunst, von der wir heute in Europa noch lernen könnten. Er förderte Kultur und Wissenschaft und stiftete 1348 nach dem Vorbild der Sourbonne in Paris die Universität in Prag, die heute seinen Namen trägt. Das veraltete Gottesurteil wurde abgeschafft und ein neues Gesetzesbuch für Böhmen eingeführt. Die Wirtschaft erfuhr eine bislang nie da gewesene Förderung. So gesehen kann der Kaiser, der am 29. November 1378 in Prag starb, Ausgangspunkt für ein neu zu entwickelndes Geschichtsbild zwischen Böhmen und Bayern sein.

Der Verlauf der Goldenen Straße

Die Straße des Kaisers erfährt derzeit eine Renaissance. Etwa 300 Kilometer führt sie vom unteren Pegnitztal über die Höhen der Fränkischen Schweiz, durch das Naabtal, den Oberpfälzer Wald, die Brydy Berge, dem Böhmischen Karst bis ins Tal der Moldau. „Zur Wahl und Krönung des Kaisers sollten die Böhmenkönige in Zukunft auf dieser Straße ziehen", lautet die Anordnung des Kaisers, als er bestimmte, dass der bisherige Verbindungsweg zwischen Prag und Nürnberg nicht mehr über Bor(Haid), Přymda (Pfraumberg), Waidhaus nach Hirschau, sondern über Tachov (Tachau), Bärnau, Neustadt, Altenstadt, Weiden, Hirschau, Sulzbach, Hersbruck und Lauf nach Nürnberg verlaufen solle.

Der Grund für diesen Streckenverlauf lag in der Tatsache, dass die Pfraumberger Straße durch das Gebiet der Leuchtenberger Grafen führte und Karl die Eigenart hatte, stets auf eigenem Grund und Boden zu reisen. Durch Kauf, seine Heirat mit Anna von der Pfalz und Diplomatie erwarb er das Land „Neuböhmen". Karl reiste oft von Prag in sein geliebtes Nürnberg. Woher der Name „Goldene Straße" kommt, ist nicht zu klären. Hängt er mit der Goldenen Stadt Prag zusammen oder mit den reichen Kaufmannszügen? Auf tschechischer Seite war der Name bis 1990 kein Begriff, hier sprach man von der „Kaiserstraße". Geläufig sind auch die Bezeichnungen „Nürnberger- oder Pragerstraße" in beiden Ländern. Erstmals taucht der Name urkundlich erwähnt in einem Bericht des Bärnauer Pflegers Hans von Uttelhofen (1513) auf. „...Königliche stras, die von Brage auß gen solt, wie es than vor alter gegangen ist, darumb sy than angezeigten straß die gulden straß genannt ist,..."

Auf der Straße, die direkt dem Kaiser unterstand, war Sicherheit angesagt. Den Geleitschutz übernahmen die jeweiligen Pfleger auf den Burgen. Dieser Service war nicht umsonst. Sollte es die Vignette des Mittelalters gewesen sein? So kostete das Geleit von Kohlberg über Altenstadt im heutigen Landkreis Neustadt/WN bis an die Gebietsgrenze von Störnstein den Kaufleuten jährlich 114 Pfund Prager Pfennige und zusätzlich 50 Pfund Zoll.

Menschen auf der Straße
Neben dem Böhmenkönig und Deutschen Kaiser Karl IV. reisten auf der Goldenen Straße viele berühmte Persönlichkeiten, angefangen von König Heinrich II. (Gründer des Bistums Bamberg, verheiratet mit der Luxemburger Gräfin Kunigunde (1003) über Johannes Hus (1415), Kaiser Karl V. (1541), Kaiser Ferdinand I. (1545), Kaiser Maximillian II. (Juni 1570), Erzherzog Max II. (1593) bis Erzherzog Ernst von Österreich (1593). Der Böhmenkönig Matthias zog mit einem Gefolge von 1500 Personen (3. Mai 1612) von Prag nach Frankfurt zur Krönung als deutscher Kaiser, Gustav Adolf von Schweden (1632), Erzherzog Leopold von Österreich (1658), Kaiser Joseph I. (1704) und als letzter Kaiser Karl VI. (17. Januar 1712). Sie alle nahmen diese Wegstrecke. Genutzt wurde die Straße vor allem durch die Kaufmannszüge der Hanse bis hin zur Postbeförderung der Fürsten von Thurn und Taxis.

Leid und Tod brachte die Straße immer dann, wenn Soldaten auf ihr schritten, angefangen in den Hussitenkriegen, dem 30-jährigen Krieg bis hin im 2. Weltkrieg.

Der sogenannte „Eiserne Vorhang" ist 1989 gefallen. Stacheldraht und drohende Schilder sind verschwunden. Seit dem 1.Mai 2004 sind unsere Länder in einem Europa friedlich vereint. Nun können die Menschen sich als Nachbarn wie zur Zeit Karls IV. aufmachen und an den vielfältigen kulturellen Hinterlassenschaften erkennen, dass unter anderem drei „B" mit Asam und der Baumeisterfamlie Dietzenhofer eine ganze Epoche, Bayern, Böhmen, Barock prägten und bis heute auf eine glanzvolle gemeinsame Zeit nach der Gegenreformation verweisen. Der Bogen der Kunstschaffenden begann, namentlich bekannt bereits mit der Parler Gotik und zog sich über die böhmische Sezession, den Jugendstil, bis hin in die Moderne.

Autor: **Rainer Christoph**

„Buď smírný, a pokud chceš něčeho dosáhnout v dobrém, pak zanech válek." (Karel IV.)

Když naše země patřila ještě k Čechám

Poblíž někdejšího svobodného města Norimberka, v malé vesničce Erlenstegen stojí u výjezdu směrem na Lauf velký pískovcový blok s motivem ukřižování. Vedle něj visí bronzový štít s nápisem „česká hranice" a vysvětlením: Za vlády Karla IV. tudy vedla Zlatá cesta do Prahy. A právě těmito místy procházela hranice Nových Čech. Je to připomínka dávno zašlých časů.

Tato boží muka byla postavena v 15. století (originál se nachází ve sbírkách Germánského muzea). Zlatou cestou je bezpochyby míněna obchodní cesta, která asi před 650 lety spojovala Prahu s Norimberkem a její pojmenování je spojeno s českým králem a císařem Karlem IV. z rodu Lucemburků.

Nové Čechy byl pro Karla IV. územím „Bavaria trans silvam Boemicalem" (Bavorsko na druhé straně Českého lesa). Pískovcový blok je historickým svědectvím o době, kdy naši lidé žili s českými zeměmi v míru a společně vzdávali hold Karlu IV., který byl z dnešního pohledu zosobněním evropského myšlení a působil jako jeden z nejmoudřejších, světaznalých vládců.

Takové ocenění není náhodné. Karlův otec Jan pocházel z rodu Lucemburků, jeho dědečkem nebyl nikdo menší než německý císař Jindřich VII., jeho matkou byla Eliška, dcera posledního přemyslovského krále Václava II. a vnučka císaře Rudolfa Habsburského. Karel se narodil 14. května 1316 a při křtu dostal jméno Václav. Byly do něj vkládány velké naděje. Sedm let strávilo toto královské dítě z Prahy na dvoře svého strýce Karla Sličného v Paříži. Zde získal Karel základy pro své pozdější vládnutí. Formovali ho umělci, básníci, politici a zvláště pak přátelství s benediktinským mnichem Pierrem Rogerem, pozdějším papežem Klimentem VI. Karel se oženil s Blankou z Valois, princeznou ze vznešeného francouzského rodu. 2. září 1347 byl Karel korunován českým králem. To byl začátek mocné a moudré vlády, která byla prospěšná zejména lidem žijícím na trase Praha – Norimberk a směrem na východ až po Břeclav.

Karel sjednotil Východ a Západ

Hovořit o Německu nebo Bavorsku by bylo z historického hlediska chybné, protože úřední název státu Německá říše existuje teprve od roku 1870. Stará říše, která vznikla v roce 911 a byla zrušena až v roce 1806, nikdy nenesla zmíněný název, nýbrž se o ní hovořilo jako o Říši římské. Z tohoto hlediska se lidé ve středověku rozlišovali pouze podle jazyka a národnosti. Pojítkem mezi nimi byla především římskokatolická církev. Karlu IV.

se podařilo zabránit rozpadu císařství a urovnat zmatené poměry v říši. Vydáním Zlaté buly v roce 1356 posílil a zaručil výhradní práva kurfiřtů. Po Karlovi přestala jednota nadobro existovat.

Císař míru

Karlovým heslem bylo „Buď smírný, a pokud chceš něčeho dosáhnout v dobrém, pak zanech válek". Sjednotil všechen lid. Čeští správci na hradech Sulzbach, Parkstein nebo Störnstein se nikdy nechovali jako utiskovatelé. Od císaře měli nařízeno starat se o svěřená území, dbát na zachovávání všech zvyků a obyčejů a uznávat místní jazyk a kulturní zvláštnosti. Nejvyšším příkazem byl respekt vůči jednotlivým národnostním skupinám. Pod hrozbou potrestání byly zakázány všechny nespravedlivé boje a obchody stejně tak jako žhářství, loupení, drancování a protiprávní cla a poplatky. Zvláštními privilegii posílil císař rovněž pravomoci obcí podél zřízené cesty. „Bernovia servat corone fedem Boemie" – zněla slova díků za tato privilegia. Bärnau, městečko ležící přímo na hranici, jimi zároveň přísahalo věrnost české koruně. Osvobození od celních poplatků, mincovní právo, právo na dřevo, posílení obchodu a hospodářství přispěly k tomu, že mnohonárodnostní stát mohl prospívat v míru, aniž by musel své obyvatele v jejich právech jakkoliv omezovat. Sulzbach se stal hlavním městem Nových Čech a v roce 1355, kdy se Karel stal císařem, povýšil tamní soud na císařský zemský soud. Toto rozšíření moci je skvěle zachyceno v městském muzeu. Karel prokázal takové politické schopnosti, že bychom se z nich mohli v Evropě učit dodnes. Podporoval kulturu a vědu a po vzoru pařížské Sorbonny založil v roce 1348 v Praze univerzitu, která dodnes nese jeho jméno. Byl zrušen zastaralý boží soud a v českých zemích začal platit nový zákoník. Hospodářství se dostalo do té doby nevídané podpory. Z tohoto pohledu se tak může stát císař, který zemřel 29. listopadu 1378 v Praze, výchozím bodem pro nově se rozvíjející historický obraz Čech a Bavorska.

Historie Zlaté cesty

V současné době zažívá císařská cesta svou renesanci. Vede asi 300 km z dolní části údolí řeky Pegnitz přes vrchy Franckého Švýcarska, údolím řeky Naab, hornofalckým lesem přes Brdy a Český kras až do údolí Vltavy. „K volbě a korunovaci císaře nechť se čeští králové v budoucnu po této cestě ubírají", znělo nařízení císaře, když rozhodl, že se nadále už nebude využívat dosavadní cesta spojující Prahu s Norimberkem, která vedla přes Bor, Přimdu a Waidhaus do Hirschau. Měla se do Norimberka využívat cesta nová. Ta vedla přes Tachov, Bärnau, Neustadt, Altenstadt, Weiden, Hirschau, Sulzbach, Hersbruck a Lauf.

Pfraumbergská cesta totiž vedla přes území hrabat z Leuchtenbergu a Karel měl ve zvyku cestovat výhradně po vlastním území. Koupí nebo sňatkem s Annou Falckou a diplomatickými jednáními získal území, které pak nazval Nové Čechy (Neuböhmen). Císař cestoval často z Prahy do svého oblíbeného Norimberka. Z čeho a odkud pochází název Zlatá cesta, není známo. Souvisí to snad se Zlatou Prahou anebo s bohatými kupeckými průvody? Na české straně nebylo toto označení známé až do roku 1990. Do té doby se hovořilo o Císařské cestě. Běžná jsou také označení Norimberská anebo Pražská cesta, a to v obou zemích. Poprvé bylo jméno této cesty prokazatelně uvedeno v písemné zprávě bärnauského správce Hanse z Uttelhofenu v roce 1513. Na cestě, která přímo podléhala císaři, byla zaručena bezpečnost. Ochranu cestujících přebírali jednotliví správci hradů. Tato služba ale nebyla zadarmo. Že by se jednalo o jakousi středověkou dálniční známku? Bezpečnostní doprovod z Kohlberku přes Altenstadt (v dnešním okrese Neustadt) až na hranici Störsteinu stál kupce ročně 114 liber pražských grošů a k tomu clo 50 liber.

Lidé na Zlaté cestě

Kromě českého krále a německého císaře Karla IV. cestovalo po této trase mnoho významných osobností: počínaje Jindřichem II., zakladatelem bamberského biskupství. Ten se oženil s lucemburskou hraběnkou Kunigundou v roce 1003. Se Zlatou cestou jsou dále spojena jména Jan Hus (1415), císař Karel V. (1541), císař Ferdinand I. (1545), císař Maxmilián II. (červenec 1570), arcivévoda Max II. (1593) a arcivévoda Arnošt Rakouský (1593). Český král Matyáš se tudy ubíral se svým doprovodem, čítajícím 1500 lidí, dne 3. května 1612. Cestoval z Prahy do Frankfurtu, aby se tam dal korunovat německým císařem. Mezi další patřili Gustav Adolf Švédský (1632), arcivévoda Leopold Rakouský (1658), císař Josef I. (1704) a jako poslední císař Karel VI. (17. ledna 1712). Tuto cestu využívala hlavně německá hansa a poštovní kurýři knížete Thurn Taxise. Utrpení a smrt přinášela cesta vždy, když po ní táhla vojska, počínaje husity přes třicetiletou válku až po 2. světovou válku.

Takzvaná „železná opona" padla v roce 1989. Zmizel ostnatý drát a výstražné tabule. Od 1. května 2004 jsou obě naše země mírově spojeny v rámci Evropské unie. Lidé mohou znovu budovat sousedské vztahy jako za časů Karla IV., navzájem se otevřít, vyjít si vstříc a společně poznávat bohatství kulturního odkazu. Odrážejí se v tom celé epochy, jako například takzvaná „epocha tří B" – Bavorsko, Bohemia, baroko; s jejími představiteli Asamem a rodinou Dienzenhoferů. Ta dodnes připomíná skvělá společná léta v období protireformace. Oblouk uměleckých děl a odkazů se klene, jak známo, od parléřské gotiky přes českou secesi až k současné moderně.

Autor: **Rainer Christoph**

Altenstadt

Gemeindewappen erinnert an 478 Jahre böhmische Vergangenheit

Seit dem Jahr 1959 besitzt die Gemeinde Altenstadt/WN im Landkreis Neustadt/Waldnaab ein vom Bayerischen Staatsministerium offiziell genehmigtes Wappen. Um ein solches zu führen, müssen genaue Vorgaben beachtet werden. So heißt es, dass es in seinem farbigen Bild an den Namen, die Geschichte oder aktuelle Besonderheiten einer Gemeinde anknüpfen soll. Aus der geschichtlichen Entwicklung des Ortes ergeben sich letztlich die wesentlichen Kennzeichen eines Wappens. Genau vorgeschrieben sind die Bilder. Sie müssen in einer schildförmigen Umrandung stehen; nach Form und Farbe sind sie eindeutig definiert.

Das Ergebnis, fast ein Kuriosum: Ein bayerisches Dorf gibt sich ein „Böhmisches Wappen". Die Generaldirektion der Staatlichen Archive Bayerns in München beriet dabei die Gemeinderäte. Der Historiker Heribert Sturm erstellte eine kurze Abhandlung der Entwicklungsgeschichte Altenstadts. Darin berief er sich vor allem auf die „historischen Herrschaftsverhältnisse" des Ortes, die stets im Zusammenhang mit der einstigen Burg Störnstein und der heutigen Kreisstadt Neustadt gesehen werden müssen.

Lang ist die Tradition der Bindung zum böhmischen Nachbarn. Im Vertrag von Pavia im Jahre 1329 kamen die Burg Störnstein und die Stadt Neustadt an die Pfalzgrafen am Rhein. 1353 ließ sich der Böhmenkönig und Kaiser Karl IV. aus dem Hause Luxemburg Störnstein und Neustadt verpfänden. Noch im gleichen Jahr brachte er beide Herrschaften ganz in seinen Besitz. Die Krone Böhmens verpfändeten Störnstein und Neustadt 1396 an die Familie Pflug von Rabenstein, 1514 an Heinrich von Guttenstein und 1540 an Johann Georg von Heideck. Nach dem Tod des Hans Ulrich von Heideck ging die Herrschaft Neustadt und Störnstein 1562 an das Haus Lobkowitz über. Stets war auch Altenstadt betroffen.

Heribert Sturm verwies in seinem Gutachten auf die „wesentliche Rolle des böhmischen Herrschaftsverhältnisses der Herren Pflug von Rabenstein", die mit kurzen Unterbrechungen bis 1504 die Herrschaft besaßen. Bei der Familie der Pflug von Rabenstein handelt es sich um ein altes böhmisches Adelsgeschlecht, deren Burgen im Egerland und in Westböhmen zu finden sind: Burg Rabstejn oder die Burg in Bečov im Tal der Tepl. Über der alten Burg weht heute wieder die schwarze Pflugschar in der Fahne. Im Freiheitsbrief des Böhmenkönigs Wenzel IV. wird Altenstadt im Jahre 1387 als Markt erwähnt, dieses Recht ging aber bis zum heutigen Tage verloren.

Die Lobkowitzer waren von 1562 (Fürst Ladislaus von Lobkowitz) bis 1807 Inhaber der Herrschaft. 1641 verzichtete der Habsburger Kaiser Ferdinand III. als böhmischer König auf alle Rechte an Störnstein-Neustadt und Altenstadt und verlieh der Herrschaft den Titel einer „gefürsteten Grafschaft". Am 30. 6. 1653 erhält Wenzel Eusebius von Lobkowitz mit seinem Neustädter Besitz Sitz und Stimme im Deutschen Reichsfürsten-Rat. Die Zugehörigkeit zu Böhmen fiel damit weg und Neustadt wurde eine selbständige, reichsunmittelbare Reichstandschaft in Bayern.

Den Lobkowitzern haben die Altenstädter vieles zu verdanken. Die alte Pfarrkirche, bis 1929 auch Pfarrkirche der Neustädter, musste 1751 durch größere Baumaßnahmen renoviert und der Dachstuhl erneuert werden, ein teures Vorhaben. An den Fürsten wandte man sich um Erlaubnis und Unterstützung zur Reparatur. Fürst Ferdinand von Lobkowitz lieferte das notwenige Holz aus seinen Waldungen. 1752 schenkte er der Kirche nochmals 400 Gulden. Die Orgel kam 1754 aus Tachau von der Orgelbaufirma Gärtner. 1755 erhielt die Kirche die neue Weihe. Das fürstliche Verwalteramt stiftete zum Kirchweihfest drei Kilogramm Forellen und aus Böhmen kamen sechs Fasane. Die böhmische Zeit endete mit dem Verkauf der Grafschaft durch Fürst Franz Josef von Lobkowitz, Herzog zu Raudnitz an der Elbe an die Krone Bayerns am 6. November 1807.

Entscheidung des Gemeinderats

Aufgrund dieser Tatsachen entschied sich der damalige Gemeinderat am 6. Oktober 1959, die Elemente der Böhmischen Familienwappen der Pflug von Rabenstein und der Familie der Fürsten von Lobkowitz im Wappen zu verwenden. Das Altenstädter Wappen beinhaltet einen in Silber oben schräg gestellten roten Adler, darunter eine schräglinke schwarze Pflugschar.

Die inhaltliche Bedeutung wird wie folgt erklärt: „Die Figuren des Wappens versinnbildlichen herrschaftsgeschichtliche Zusammenhänge. Die schwarze Pflugschar ist redendes Bild aus dem Familienwappen der Pfluge von Rabenstein, die von 1396 bis 1514 das damalige böhmische Lehen Störnstein-Neustadt in Pfandherrschaft innehatten. Der schräg gestellte rote Adler stammt aus dem Wappen der Herren und späteren Fürsten von Lobkowitz, die den Adler seit einer Wappenmehrung im Jahr 1459 in ihrem Schild führten".

Bedeutsam im Hinblick auf die Verbindung zu Böhmen ist die im 14. Jahrhundert durch den Ort verlaufende Handelsstraße von Prag nach Nürnberg, der sogenannten „Goldene Straße". Zurückgehend auf Karl IV. zählt sie bis heute zu den bedeutendsten Altstraßen nach Böhmen. In Altenstadt fand der Geleitwechsel für die Kaufleute zwischen den Pflegern der Burgen Parkstein und Störnstein statt.

Die Erinnerung an die böhmische Zeit ist zudem festgehalten in den Straßennamen der Lobkowitzer und Rabensteinern. Im Rathaus befindet sich eine wertvolle bayerisch-böhmische Steinsammlung mit deutsch-tschechischer Beschriftung. Auf den Spuren des Böhmischen Löwens kann der Wanderer die Gemeinde auf einem markierten Wanderweg von Bärnau nach Nürnberg durchqueren. Auf diesem zog 1414 der tschechische Reformator Jan Hus nach Konstanz. Der Hl. Nepomuk befindet sich am Hochaltar der alten Kirche und der Naabbrücke nach Neustadt. Die beiden Schulen pflegen seit 1996 eine Partnerschaft mit Kladruby, die Grundschule seit 2001 auch mit Stříbro. Kleine Kontakte gab und gibt es zwischen den Pfarrgemeinden Altenstadt – Kladruby. Mehrere Ausstellungen im Rathaus verwiesen in den letzten Jahren auf die Verbindungen zu Böhmen. In Altenstadt befindet sich der Sitz des Förderkreises deutsch tschechischer Schulen e.V., der seit 1995 die Kontakte zwischen Prag, Nürnberg, Luxemburg und im Osten weiter nach Nachod und Niederschlesien fördert.

Znak obce připomíná 478 let české historie

Od roku 1959 vlastní obec Altenstadt/ Waldnaab v okrese Neustadt/ Waldnaab znak, který je oficiálně povolený Bavorským státním ministerstvem. Pro získání tohoto povolení je třeba respektovat přesně stanovená pravidla. Například barevný obraz ve znaku musí mít návaznost na historii nebo musí vycházet z aktuálních zvláštností obce. A právě dějiny obce se obrážejí ve znaku Altenstadtu, který tím splňuje dané předpisy. Obrazy ve znaku mají přesně určený tvar i barvu a orámování musí být ve tvaru štítu.

Výsledkem je takřka kuriozita: bavorská vesnice si volí „český" znak. Obecní radní tuto záležitost konzultovali s generálním ředitelstvím bavorských státních archivů v Mnichově. Historik Heribert Sturm zpracoval krátkou historii Altenstadtu. V ní se odvolával především na „historii pánů vládnoucích obci" a ta je spojena především s dějinami někdejšího hradu Störnstein a současného okresního města Neustadt.

Tradice vazeb k českému sousedovi je dlouhá. Ve smlouvě z Pavie z roku 1329 připadly hrad Störnstein a město Neustadt falckrabím rýnským. Roku 1353 král český a císař Karel IV. z rodu Lucemburků propachtoval jak Störnstein, tak i Neustadt a ještě téhož roku si obě panství přivlastnil. V roce 1396 pak Koruna česká propachtovala Störnstein i Neustadt rodině Pluha z Rabštejna, roku 1514 Jindřichovi z Gutštejna a roku 1540 Johannu Georgu z Heidecku. Po smrti Hanse Ulricha z Heidecku přešlo panství Neustadt a Störnstein roku 1562 na rodinu Lobkoviců. Vždy se to týkalo i Altenstadtu.

Ve svém dobrozdání poukazoval Heribert Sturm na „důležitost období vlády českých pánů Pluhů z Rabštejna". Jedná se o starý český šlechtický rod. S jejich hrady se setkáváme na Chebsku a v západních Čechách. Jsou to například hrad Rabštejn anebo hrad Bečov v údolí řeky Teplá.

Teresa S.

Nad starým hradem dnes opět vlaje vlajka s obrazem černé radlice. V listině českého krále Václava IV. z roku 1387 je Altenstadt zmiňován jako město s právem konat trhy, avšak toto právo se nedochovalo.

Od roku 1562 až do roku 1807 byli majiteli panství Lobkovicové (kníže Ladislav z Lobkovic). Roku 1641 se habsburský císař Ferdinand III. jako český král vzdal všech práv na Störnstein-Neustadt a Altenstadt a udělil panství titul „pokněžtěné hrabství". 30. 6. 1653 je Václavu Eusebiovi z Lobkovic a jeho neustadtskému panství uděleno křeslo a hlas v Radě německých říšských knížat. Tím skončila příslušnost k Čechám a Neustadt se stal samostatným říšským městem v Bavorsku.

Lobkovicům vděčí obyvatelé Altenstadtu za mnohé. Starý farní kostel, který až do roku 1929 sloužil také jako farní kostel pro obyvatele Neustadtu, musel být v roce 1751 nákladně restaurován, včetně krovu. O finanční podporu a povolení k opravě bylo třeba žádat knížete. Kníže Ferdinand z Lobkovic dodal ze svých lesů potřebné dřevo a roku 1754 daroval kostelu ještě navíc 400 guldenů. Varhany z roku 1754 byly vyrobeny v Tachově u firmy Gärtner. Roku 1755 byl kostel znovu vysvěcen. Správa knížecího majetku darovala v den slavnostního svěcení tři kilogramy pstruhů a z Čech bylo dodáno šest bažantů. Období české vlády skončilo 6. 11. 1807, kdy bylo knížectví prodáno bavorskému království, a to knížetem Františkem Josefem Lobkovicem, vévodou z Roudnice nad Labem.

Rozhodnutí obecní rady

Na základě uvedených skutečností se někdejší obecní rada 6. října 1959 rozhodla použít ve znaku obce prvky českých rodových znaků Pluhů z Rabštejna a knížat Lobkoviců. A tak má Altenstadt ve svém znaku červeného orla šikmo posazeného na stříbrném pozadí a pod ním se nachází černá radlice, která je směrovaná šikmo doleva. Význam znaku je vykládán tak, že „figury ve znaku zachycují souvislosti mezi dějinami a majiteli panství. Černá radlice nepochybně souvisí s rodovým znakem Pluhů z Rabštejna, kteří byli v letech 1396–1514 držiteli tehdy českého Störnstein-Neustadtu jako zástavního panství. Šikmo posazený červený orel pochází ze znaku pánů a pozdějších knížat Lobkoviců. Ti měli orla ve znaku od roku 1459, kdy byl rodový znak rozšířen."

Ve vztazích k Čechám hraje důležitou roli i tzv. „Zlatá cesta", obchodní cesta, která tímto místem procházela ve 14. století a za vlády Karla IV. Patřila k nejvýznamnějším cestám do Čech. V Altestadtu se střídali průvodci, kteří přicházeli z hradů Parkstein anebo Störnstein.

České časy kromě toho připomínají názvy lobkovických a rabštejnských cest. Dodnes je na radnici k vidění cenná bavorsko-česká sbírka kamenů s německo-českými popiskami. Po stopách českého lva se může poutník vydat po vyznačené turistické stezce z Bärnau až do Norimberka. Po ní putoval roku 1414 český reformátor Jan Hus do Kostnice. Na hlavním oltáři starého kostela a na mostě přes řeku Naabu v Neustadtu stojí socha sv. Jana

Nepomuckého. Od roku 1996 udržují obě školy partnerské vztahy s Kladruby a základní škola pak od roku 2001 také s městem Stříbro.

Kontakty menšího rozsahu existovaly a neustále se udržují mezi farnostmi v Altenstadtu a v Kladrubech. V posledních letech připomínala vztahy s Čechami řada výstav na radnici v Altenstadtu, kde sídlí Nadační spolek německých a českých škol, který od roku 1995 podporuje kontakty mezi Prahou, Norimberkem, Lucemburskem nebo ještě dále na východ s městem Náchod a s Dolním Slezskem.

Autor:	Rainer Christoph, Grundschule Altenstadt
Autor:	Rainer Christoph, Obecná škola v Altenstadtu
Photo:	Das Altenstädter Gemeindewappen mit dem Adler der Lobkowitzer und dem Pflug der Rabensteiner auf der Fahne vor dem Rathaus in Altenstadt, Rainer Christoph
Foto:	Znak obce Altenstadt s lobkovickým orlem a radlicí Rabštejnů na vlajce před radnicí v Altenstadtu, Rainer Christoph
Schülerarbeit:	Alte Pfarrkirche in Altenstadt, Teresa Sailer, 4. Kl., Grundschule Altenstadt
Žákovská práce:	Starý farní kostel v Altenstatdu, Teresa Sailer, 4 tř., ZŠ v Altenstadtu

Bärnau

Bärnau – dort wo Europa zusammenwächst

"Grenzüberschreitende Historische Festspiele" in Bärnau und Tachov, ein bislang einmaliges zweisprachiges Kulturprojekt an der bayerisch-böhmischen Grenze

In der kleinen bayerischen Grenzstadt Bärnau (Oberpfalz) und der benachbarten Stadt Tachau/Tachov (Westböhmen) wurde ein außergewöhnliches Kulturprojekt gestartet, mit dem ein Zeichen der Versöhnung inmitten aller Bedenken und Vorurteile der über vier Jahrzehnten getrennten Nachbarländer gesetzt werden sollte. Beiden Städten, an der im Mittelalter unter Kaiser Karl IV. so wichtigen Handelsstraße, der „Goldenen Straße", zwischen Nürnberg und Prag gelegen, gelang es im Miteinander im Jahre 2001 grenzüberschreitende historische Festspiele ins Leben zu rufen.

Wahre Begebenheiten aus der bayerisch-böhmischen Geschichte wurden durch den Autoren Peter Klewitz aus Regensburg in Episoden gefasst und 2001 mit dem Spiel „An der Goldenen Straße" und 2002 mit dem Stück an der „Historischen Meile" zweisprachig aufgeführt. Das erste und bisher offensichtlich einzige deutsch-tschechische Theaterspiel konnte 2004 von der deutsch-tschechischen Laienspielgruppe fortgesetzt werden. Mit einem nicht leichten Kapitel deutsch-tschechischer Geschichte befasste sich die Freilichtepisode „Jan Hus – ein Weg ins Feuer." Geschrieben von Katrin Klewitz, inszeniert von der Münchner Schauspielerin und Regisseurin Yvonne Brosch haben Laienspieler aus beiden Ländern den Weg des tschechischen Reformators zum Konzil nach Konstanz nachgezeichnet, wo Hus als Ketzer am Scheiterhaufen starb. Mit der zweiten Episode „Krieg ums Bier" konnte ein humorvoller Beitrag aus der Geschichte geliefert werden. 2006 standen folgende zweisprachigen Themen auf dem Programm der Festspielbühne im Klostergarten von Bärnau: „Die Geschichte des braven Soldaten Schwejk" von Jaroslav Hašek sowie das Historienspiel aus dem 30-jährigen Krieg, der beide Nachbarländer besonders schmerzhaft traf: „Von Krieg und Pest geschunden". Mit diesen Veranstaltungen in Bärnau, bei dem stets ein „Historisches Marktspectaculum" ansteht, und den „Historischen Festen" in Tachau werden die gemeinsamen Festspiele mit wechselseitiger Unterstützung umrahmt.

Ein langer und kein einfacher Weg

In einem besonderen Spannungsfeld standen und stehen das Städtchen Bärnau und die Stadt Tachov an dem einstigen „Eisernen Vorhang". Auf der bayerischen Seite hat ein großer Anteil ehemals sudetendeutscher Bewohner eine neue Heimat gefunden, auf der böhmischen Seite wurde die Stadt Tachov nach dem 2. Weltkrieg neu mit Menschen besiedelt, von denen nicht wenige bis heute verwurzelt sind. Auch nach dem Beitritt zehn neuer Länder zur Europäischen Union am 1. Mai 2004 sehen viele Menschen beiderseits der Grenze das erweiterte Europa nicht unbedingt euphorisch. Gerade hier, direkt am einstigen „Eisernen Vorhang", der seit dem zweiten Weltkrieg eine schier unüberwindbare Mauer darstellte, ist das Aufeinanderzugehen und Zusammenwachsen von großer Wichtigkeit. So gesehen sind die Festspiele ein kleines, aber wichtiges Pflänzchen für ein gutes gemeinsames Miteinander.

Man hat sich langsam kennen gelernt, gleich nach der Grenzöffnung 1989 wurden erste Kontakte geknüpft, sich abgetastet. Die Schulen in Bärnau und Tachov übernahmen eine Vorreiterrolle mit der Besiegelung einer Schulpartnerschaft im Mai 1991. So konnten der jungen Generation schnell durch gegenseitige Besuche und Veranstaltungen Vorurteile genommen werden. Privatpersonen, die Vereine, aber auch die Politik waren stets bemüht, auf den Nachbarn zuzugehen. Die „Volksdiplomatie" erreichte viel. Bereits 1993 wirkten bei der 650-Jahrfeier der Stadt Bärnau zahlreiche Akteure aus dem benachbarten Tachau/Tachov an den Feierlichkeiten mit. Schließlich ist die Geschichte der beiden Orte eng miteinander verbunden, lagen doch beide an einer im Mittelalter bedeutsamen Handelsstraße zwischen Nürnberg und Prag, der sogenannten „Goldenen Straße" Karls IV. Friedliche und auch kriegerische Zeiten wurden durchlebt, beide Städte litten oft unter ihrer Grenzlage.

Idee gefiel

In der kleinen bayerischen Grenzstadt Bärnau und der benachbarten Stadt Tachov begann im kleinen Kreis Ende der 90-er Jahre die Idee, ein Kulturprojekt „Grenzüberschreitende historische Festspiele" zu starten. Auch im Nachbarland fiel das Vorhaben auf fruchtbaren Boden. Der Tachauer Bürgermeister Ladislav Mašak und die Leiterin des Kulturamtes, Milada Kacirková, erkannten die Einmaligkeit dieses Projektes und waren von Anfang an mit Begeisterung an der Verwirklichung dieser Idee beteiligt. Eine Begegnung mit einem jungen Tachauer Studenten, den Frau Kacirková zur ersten Besprechung in die Knopfstadt mitnahm, war der Schlüssel für den Erfolg. Ein unbeschreiblicher Glücksgriff, denn mit Robert Dvorak konnte ein Multitalent mit einem unerreichten Engagement gewonnen werden, der seitdem sein Können in die Waagschale wirft und viele Freunde aus Tschechien für dieses grenzüberschreitende Projekt gewann. Er hat sich kritisch mit der Geschichte seiner Heimatstadt und seines Landes auseinandergesetzt und bemüht sich in vielfältiger Weise um eine fruchtbringende gemeinsame und grenzüberschreitende Arbeit.

Zwischenzeitlich wurden neue Ideen entwickelt und ein Verein auf tschechischer Seite gegründet, der als Ideen- und Zukunftsverein

mit dem Ziel einer guten deutsch-tschechischen Zusammenarbeit auch die Region zusammen wachsen lassen soll. Verbindende Wanderwege, die Idee eines grenzüberschreitenden Geschichtsparks, Schülerprojekte, die Festspiele und andere interessante Ansätze bergen ein großes Entwicklungspotential, vor allem im zwischenmenschlichen Bereich. Mit mehreren engagierten Mitstreitern bemüht sich Dvorak, die Geschichte aufzuarbeiten, Bräuche und Vereinsleben zu fördern und für eine bessere gemeinsame Zukunft zu arbeiten. Gerade hier im Grenzgebiet findet das Zusammenwachsen mitten in Europa statt.

Bärnau – tam, kde v Evropě mizí hranice

„Historický festival přes hranice" v Bärnau a v Tachově, dosud ojedinělý dvojjazyčný kulturní projekt na bavorsko-českých hranicích

V malém pohraničním městečku Bärnau (Horní Falc) a v sousedním městě Tachově (západní Čechy) byl odstartován ojedinělý kulturní projekt na znamení usmíření a skoncování s všemožnými úvahami a předsudky, které po čtyři desetiletí tyto sousední země oddělovaly. Oběma městům, jimiž ve středověku za vlády císaře Karla IV. procházela důležitá obchodní cesta mezi Norimberkem a Prahou zvaná Zlatá cesta, se roku 2001 podařilo spojenými silami uskutečnit historické slavnosti.

Autor scénáře Peter Klewitz z Řezna zachytil v jednotlivých epizodách události, které se v bavorsko-české historii skutečně odehrály a mohly tak být uváděny dvojjazyčně. Jednalo se o hry Na Zlaté cestě (v roce 2001) a v roce 2002 pak o hru Na historické míli. První a dosud patrně jediná německo-česká divadelní hra našla později svoje pokračování v představeních německo-českého amatérského divadla. Nelehkou kapitolou německo-českých dějin se zabývá epizoda „Jan Hus – cesta do plamenů" uváděná pod širým nebem. Napsala ji Katrin Klewitz a inscenovala mnichovská herečka a režisérka Yvonne Brosch. Ochotníci z obou zemí se vydali po cestě českého reformátora na koncil do Kostnice, kde Jan Hus skončil svůj život v plamenech. Epizoda Válka a pivo byla pak už humorným pohledem do historie. V roce 2006 se dvojjazyčně odehrálo na jevišti v klášterní zahradě v Bärnau představení Dobrý voják Švejk podle Jaroslava Haška a hra Válkou a morem utýráni, která se vrací do období třicetileté války, protože ta zasáhla obě země zvlášť krutě a bolestivě. Tyto kulturní události mají své doprovodné programy. V Bärnau je jím Historický jarmark a v Tachově Historické slavnosti.

Dlouhá a nelehká cesta

Městečko Bärnau a město Tachov leží ve zvlášť citlivém prostoru. Procházela tudy „železná opona". Na bavorské straně našla nový domov převážná většina někdejšího sudetoněmeckého obyvatelstva. Na české straně bylo po 2. světové válce město Tachov osídleno novými lidmi a jen málo z nich se tam usídlilo natrvalo. Proto po přistoupení deseti nových zemí do EU 1. května 2004 ani nesdílí všichni obyvatelé na obou stranách hranic rozšířenou Evropu s bezvýhradným nadšením. Proto je tady, v místě smutně proslulé „železné opony", která od konce druhé světové války představovala naprosto nepřekonatelnou hradbu, vzájemné poznávání a pozvolné srůstání velice důležité. Z tohoto pohledu jsou slavnosti sice malou, ale přesto nesmírně důležitou sazeničkou, z níž může vyrůstat další dobré spolužití.

Hned po otevření hranic v roce 1989 se lidé začali navzájem poznávat a „oťukávat" a byly navazovány první kontakty. Školy v Bärnau a v Tachově se ujaly role předskokanů, když v květnu 1991 uzavřely partnerství. Vzájemné návštěvy a společné akce velmi rychle odstranily všechny předsudky. Jednotlivci, spolky, ale i místní politici se nepřestávali zajímat o své sousedy. Lidová diplomacie dokázala opravdu mnoho. Již v roce 1993 se mnoho lidí ze sousedního Tachova aktivně zúčastnilo slavností k 650. výročí města Bärnau. Konec konců historie měst je navzájem těsně spjata. Obě města totiž ležela na významné středověké obchodní cestě mezi Norimberkem a Prahou, na takzvané Zlaté cestě Karla IV., a protože to bylo přímo na hranici, prožívala společně i kruté časy válečné.

Nápad se líbil

V malém pohraničním městečku Bärnau a v sousedním Tachově se koncem 90. let zrodil v úzkém kruhu nadšenců nápad pořádat společně Přeshraniční historické slavnosti. Myšlenka dopadla na úrodnou půdu. Starosta Tachova Ladislav Mašek a vedoucí kulturního odboru Milada Kačírková okamžitě pochopili jedinečnost projektu a od samého začátku se s velkým nadšením podíleli na jeho realizaci. Setkání s mladým studentem z Tachova, kterého paní Kačírková přizvala k prvním rozhovorům do „města knoflíků", znamenalo počátek dalších úspěchů. Byla to neobyčejně šťastná volba, protože v Robertu Dvořákovi se skrýval velice angažovaný multitalent, který se od té doby neúnavně zasazuje o realizaci tohoto přeshraničního projektu a získal pro něj i další přátele z Čech. S historií svého rodného města a své země se Robert Dvořák vypořádal kriticky a nadále se všemožně zasazuje o plodnou přeshraniční spolupráci.

Nové nápady na sebe nedaly čekat, a tak vznikl na české straně spolek, který pod názvem „Ideový spolek budoucnosti" pěstuje a udržuje dobré a co nejlepší německo-české vztahy. Turistické cesty jako spojnice, myšlenka přeshraničního historického parku, projekty žáků, slavnostní hry a jiné zajímavé nápady v sobě skrývají velký rozvojový potenciál, v neposlední řadě i v oblasti mezilidských vztahů. Spolu s mnoha dalšími angažovanými spolupracovníky se Robert Dvořák snaží zpracovat historii a krajové zvyky. Podporují spolkový život a pracují pro lepší budoucnost právě zde, v pohraničí střední Evropy.

Autoren: Alfred Wolf, 2. Bürgermeister und Vorsitzender des Kultur- und Festspielvereins
                 Marianne Schmidt, Lehrerin, Volksschule Bärnau
Autoři: Alfred Wolf, místostarosta a předseda spolku pro pořádání slavností;
                 Marianne Schmidt, učitelka na Obecné škole v Bärnau

Photo: Luftaufnahme des Städtchens Bärnau, das Karl IV. einst „ewige Treue schwor", Wolfgang
                 Kumeth, Bärnau
Foto: Letecký pohled na městečko Bärnau, kterému kdysi Karel IV. přísahal „věrnost až
                 na věky", Wolfgang Kumeth, Bärnau

Schülerarbeit: Festspiele, Jasmin Jung, 3. Kl., Volksschule Bärnau
Žákovská práce: Slavnostní hry, Jasmin Jung, 3. tř., Obecná škola Bärnau

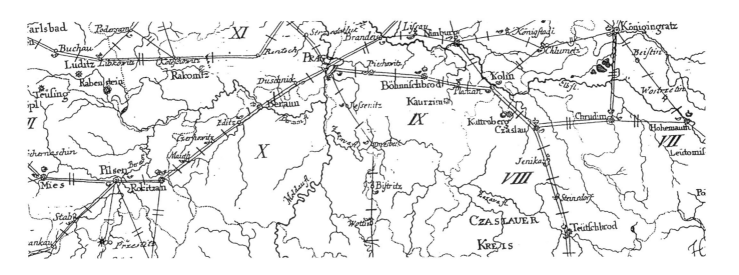

Cerhovice

Poštovní cestou z Prahy do Norimberka přes Cerhovice

První zmínka o Cerhovicích je již v písemné listině krále Přemysla Otakara II. S městečkem jsou spojena i jiná zajímavá prvenství, např. zdejší poštovní stanice je dosud brána za nejstarší známou na Podbrdsku a prokazatelně existovala již před rokem 1612. Za Jana Lucemburského chodili poslové do krajských měst v zemích, které patřily k české koruně. Dodávali dopisy i soukromým osobám. Pro ostatní obyvatele vykonávali službu poslů obchodníci s dobytkem a řezníci, kteří tehdy konali daleké cesty. Korespondenci z cizích zemí přinášeli obchodní poslové, přicházející do Prahy jednou za týden z Norimberka a z Řezna. Pravidelnou poštu v Čechách zřídil v 16. století Ferdinand I. Habsburský, arcivévoda rakouský, král uherský, český a německý, následně i císař římský.

Poštovní vůz byl prostranný, nejméně pro 4 osoby. Byl žlutě natřený, s černým rakouským orlíčkem po stranách. Při jízdě seděl postilion většinou na koni. V určitých dnech jezdily i poštovní omnibusy, ve kterých mohlo sedět asi 10–15 lidí.

Po volbě Ferdinanda I. Habsburského byla jeho přičiněním od r. 1556 otevřena v Čechách první poštovní trať, která vedla přes Benešov a Tábor do Vídně. Vznikla síť stanic pro střídání koní a cesta trvala 36 hodin. Úřad pražského poštmistra spravoval Ambrož z Thurn-Taxisu. Jeho zásluhou byl v průběhu příštích let zbudován základ české poštovní sítě. Tehdy měla pošta i funkci tzv. hotelů, kde mohli být cestující ubytováni a koně napojeni, nakrmeni a ustájeni. Roku 1547 existovalo již poštovní spojení z Prahy přes Beroun, Zdice a Cerhovice do Plzně a dále do Chebu. Za císaře Rudolfa II. jezdila pošta z Prahy jednou týdně přes Beroun, Cerhovice a Plzeň do Augšpurka a Frankfurtu.

Každá válka byla vždy důvodem k přerušení nebo narušení pošty

Za třicetileté války byla r. 1622 obnovena stará poštovní linie Praha – Plzeň přes Dušníky, Zdice, Cerhovice a Rokycany. Ze zpráv zbirožského hejtmana podávaných královské komoře víme, že v letech 1639–1642 ve Zdicích a Cerhovicích byly pošty. Poště byly svěřovány důležité zprávy vojenské i úřední.

Pošta cerhovická je již téměř 400 let stará. Kdysi před rokem 1612 působil v Cerhovicích jistý Jan Pošta a statek po něm je zván grunt Jana Pošty. Nástupcem Jana byl jistý Schmiedl, později byl poštmistrem Karel Linhart. Poštmistrů se vystřídalo velké množství, nejznámějším jménem v Cerhovicích bylo jméno Ackermann. Od doby, kdy po Císařské cestě jezdili postilioni, uplynulo mnoho let. Úřady bděly, aby pošty měly řádné cesty. Krajským úřadem bylo doporučeno, aby silnice a cesty, obzvláště pak při Berouně a poštovské cestě mezi Cerhovicemi a též Zdicemi, byly spraveny. Robotníci museli spravovat silnice a páni vybírali mýto.

Postilion byl poštovní kočí. Míval uniformu služební a parádní, kterou nosil jen při slavnostech, nebo vezl-li vznešenou osobu. Že lid měl před postilionem respekt, je znát i v známé písničce „Jede, jede poštovský panáček, jede, jede poštovský pán".

Podle textu můžeme soudit, že písnička vznikla na cestě z Prahy přes Cerhovice a Rokycany do Plzně. Obyvatelstvo mělo skutečně velký respekt vůči poštovním doručovatelům, o tom svědčí skutečnost, že kdykoli jel poštovní vůz a postilion troubil na svoji postilionskou trubku, všechny postroje mu z cesty rychle uhýbaly.

V letech 1740–1750 byla vydána 1. poštovní mapa. Tehdy bylo v Čechách 87 pošt. Například pošta č. 83 ve Zdicích, č. 84 v Cerhovicích, č. 86 v Berouně. Roku 1751 vycházelo z Prahy 11 poštovních tratí, z nichž první vedla do Bruselu přes Cerhovice, Plzeň, Norimberk, Frankfurt a Kolín, druhá vedla do Paříže přes Plzeň, Norimberk, Štrasburg, Luneville a Chalons.

Svůj význam v poštovnictví měla i pošta holubí, a to zvláště v dobách válečných. V okolí Cerhovic byla známá jména chovatelů Šebesty a Ponce, kteří se významně zasloužili o výcvik poštovních holubů. Každý poštovní holub podle zákona musel být registrován a v případě mobilizace dán k dispozici vojenským účelům. Nelze opomenout ani poštu polní, fungující v době světové války. Lístky polní pošty byly mnohdy jediným pojítkem vojáků na frontě s jejich blízkými doma.

Velkým pomocníkem pošt ve sdělování důležitých a jiných zpráv pak byly telegrafy, telefony a radiofonní stanice. V současné době v duchu tradice funguje v Cerhovicích pošta i nadále ke spokojenosti místních obyvatel i obyvatel okolních obcí regionu.

Auf der Poststraße von Prag nach Nürnberg über Cerhovice

Die erste Nachricht über Cerhovice findet sich in einer Urkunde des Königs Přemysl Ottokar II. Das Städtchen kann auch andere interessante Ersterwähnungen aufweisen; so gilt beispielsweise die hiesige Poststation als die älteste im Brdy-Vorland, sie existierte nachweislich schon vor dem Jahre 1612. Unter Johann von Luxemburg liefen Boten zu den Kreisstädten in den Ländern der Böhmischen Krone. Sie lieferten Briefe auch an Privatleute aus. Für die übrige Bevölkerung wurden Botendienste von Viehhändlern und Hausschlachtern übernommen, die damals weite Reisen zurücklegten. Die Korrespondenz aus fremden Ländern brachten Handelsboten, die einmal pro Woche aus Nürnberg und Regensburg nach Prag kamen. Im 16. Jahrhundert richtete Ferdinand I. von Habsburg, Erzherzog von Böhmen, König von Ungarn, Böhmen und Deutschland, später auch Römischer Kaiser, eine reguläre Post in Böhmen ein.

Ein Postwagen hatte Seitentüren und Platz für mindestens 4 Personen. Er war gelb gestrichen mit dem schwarzen österreichischen Adler an den Seiten. Während der Fahrt saß der Postillon überwiegend auf dem Pferd. An bestimmten Tagen fuhren auch Post-Omnibusse, auf denen etwa 10–15 Leute sitzen konnten.

Nach der Wahl von Ferdinand I. von Habsburg im Jahre 1556 wurde in Böhmen durch seine Bemühungen die erste Poststrecke eröffnet. Sie führte über Benešov und Tábor nach Wien. Es entstand ein Netz von Stationen, an denen die Pferde gewechselt werden konnten, und die Reise dauerte 36 Stunden. Ambrosius von THURN und TAXIS versah das Amt des Prager Postmeisters. Durch seine Verdienste wurde in den folgenden Jahren die Grundlage des böhmischen Postnetzes geschaffen. Damals hatte die Post auch die Funktion eines sogenannten Hotels, hier wurden Reisende untergebracht und die Pferde gefüttert, getränkt und eingestellt. Schon 1547 gab es eine Postverbindung von Prag über Beroun, Zdice und CERHOVICE nach Pilsen und weiter nach Eger. Unter Kaiser Rudolf II. fuhr die Post einmal wöchentlich von Prag über Beroun, CERHOVICE und Pilsen nach Augsburg und Frankfurt.

Jeder Krieg war ein Grund für die Unterbrechung oder Einstellung der Post

Im Dreißigjährigen Krieg wurde 1622 die alte Postlinie Prag-Pilsen über Dušníky, Zdice, CERHOVICE und Rokycany erneuert. Aus den Berichten des Hejtmann von Zbiroh an die Königliche Kammer wissen wir, dass es in den Jahren 1639–1642 Postämter in Zdice und CERHOVICE gab. Wichtige militärische und amtliche Nachrichten wurden der Post anvertraut.

Die Cerhovicer Post ist schon fast 400 Jahre alt. Einstmals, vor dem Jahre 1612, wirkte in Cerhovice ein gewisser Jan Pošta, und der Hof wurde nach ihm „Grund von Jan Pošta" genannt. Der Nachfolger von Jan war ein gewisser Schmiedl, später war Karel Linhart der Postmeister. Zahlreiche Postmeister wechselten sich ab, der bekannteste Name in CERHOVICE war der Name ACKERMANN.

Viele Jahre sind schon vergangen, seit POSTILLIONE über die kaiserlichen Straßen fuhren. Die Behörden wachten darüber, dass die Posten ordentliche Straßen hatten. Dem Kreisamt wurde aufgegeben, die Straßen und Wege, insbesondere bei Beroun und der Poststraße zwischen Cerhovice und Zdice, auszubessern. Fronarbeiter mussten die Straßen reparieren, und die Herren erhoben Maut.

Ein Postillion war ein Postkutscher. Üblicherweise hatte er eine Dienstuniform und eine Paradeuniform, die er nur bei Festen trug oder wenn er eine vornehme Person fuhr. Dass das Volk Respekt vor dem Postillion hatte, sieht man auch an dem bekannten Lied „Jede, jede poštovský panáček, jede, jede poštovský pán" („Hier fährt der Postdiener, hier fährt der Herr der Post").

Am Text können wir erkennen, dass das Liedchen an der Straße von Prag über Cerhovice und Rokycany nach Pilsen entstanden ist. Und dass die Bevölkerung wirklich großen Respekt vor den Postboten hatte, belegt die Tatsache, dass alle Gespanne auf der Straße dem Postwagen schnell Platz machten, sobald er die Straße entlang fuhr und der Postillion in sein Posthorn blies.

In den Jahren 1740–50 wurde die erste Post-Übersichtskarte herausgegeben. Damals gab es 87 Postämter in Böhmen, zum Beispiel das Postamt Nr. 83 in Zdice, Nr. 84 in CERHOVICE, Nr. 86 in Beroun. 1751 führten 11 Poststrecken aus Prag heraus, von denen die erste über CERHOVICE, Pilsen, Nürnberg, Frankfurt und Köln nach Brüssel führte, die zweite verlief über Nürnberg, Straßburg, Luneville und Chalons nach Paris.

Auch BRIEFTAUBEN hatten eine Bedeutung im Postwesen, und zwar besonders in Kriegszeiten. In der Umgebung von CERHOVICE haben sich die bekannten Züchter V. Šebesta und Ponce sehr um die Ausbildung von Postbrieftauben verdient gemacht. Jede Postbrieftaube musste nach einem Gesetz der „Tschechoslowakei" registriert sein und bei einer Mobilisierung für militärische Zwecke zur Verfügung gestellt werden. Nicht vergessen werden sollte auch die Feldpost, die in den Weltkriegen bestand. Feldpostbriefe waren häufig die einzige Verbindung der Soldaten an der Front mit ihren Lieben daheim.

Eine große Hilfe bei der Übertragung wichtiger und anderer Nachrichten waren für die Postämter schließlich Telegrafen, Telefone und Radiostationen. Heute arbeitet die Post in CERHOVICE im Geiste der Tradition auch weiterhin zur Zufriedenheit der örtlichen Bewohner und der Bevölkerung aus den umliegenden Gemeinden unserer Region.

Autorka: *Věra Rejzková, ZŠ a MŠ Cerhovice*
Autorin: *Věra Rejzková, Grundschule und Kindergarten Cerhovice*

Foto: *Cerhovice, archiv*
Photo: *Cerhovice, Archiv*

Žákovská práce: *Cerhovická pošta, Miroslava Pátková, ZŠ Cerhovice*
Schülerarbeit: *Cerhovicer Post, Miroslava Pátková, Grundschule Cerhovice*

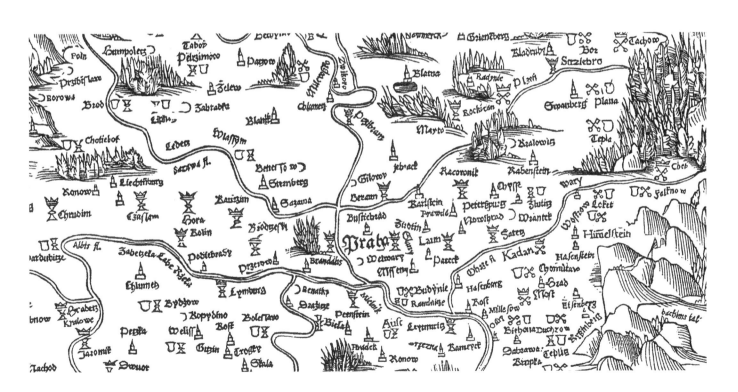

Eschlkam

Ein Baum der Freundschaft an der Waldschmidtschule Eschlkam

Die Geschichte des Baumes der Freundschaft beginnt in der Kreisstadt Cham. Nur wann? Vielleicht als erstes Samenkorn schon im Jahre 1990: Damals hatte die Keramikerin Jana Slechtova in der Galerie Profil in Cham eine Ausstellung. Einer der Galeristen war damals Max Riedl, jetzt Rektor in Eschlkam. So wurde die persönliche Freundschaft zwischen dem Kunsterzieherehepaar Jana und Igor Slecht aus Taus/Domažlice und dem damaligen besonders an Kunst interessierten bayerischen Lehrer geknüpft und durch zahlreiche Ankäufe und Unterrichtsbesuche an der Kunstschule Taus gefestigt. Von Eschlkam liegt die Kunstschule Taus zirka 18 Kilometer entfernt. Am Nachmittag werden dort musisch begabte tschechische Schüler im Alter von sechs bis 18 Jahren in Kunst, Musik, Schauspiel und Ballett bei der Entfaltung ihrer Talente gefördert.

In Cham geht die Geschichte des Baumes der Freundschaft weiter – mit einem Akt des Vandalismus. Im Chamer Stadtpark wurde anlässlich der Kleinen Gartenschau 2001 eine mehrteilige Kunsttafel aufgestellt und nach wenigen Wochen zerstört. Das Jugendamt hatte diese Tafel finanziert und suchte nun jemanden, der erneut ein ähnliches Kunstprojekt realisiert. Antje Espach vom Jugendamt Cham fand in Eschlkam einen Ansprechpartner. Die Idee „Baum der

Freundschaft" war geboren, als klar war, dass der „Baum" beidseitig zu bemalen war. Die Regierung der Oberpfalz finanzierte zusammen mit dem Jugendamt Cham im Rahmen einer grenzüberschreitenden Lehrerfortbildung das Projekt.

Witterungsbeständige Platten wurden nun von Zwölfjährigen bemalt. Die Tschechen malten unter Leitung von Igor Slecht, die Deutschen unter Leitung von Max Riedl.

Ursprünglich sollte der Baum an der Grenze in Neuaign/Vseruby aufgestellt werden, aber nachdem der Pausehof in Eschlkam neu gestaltet wurde, war dieses markante Symbol hier besser aufgehoben und so wurde der Baum der Freundschaft zum Schulfest 2004 fest installiert. Nun blüht er sommers wie winters gleich vor dem Pausehof der Waldschmidtschule Eschlkam.

Weitere grenzüberschreitende Aktivitäten der Schule Eschlkam mit Taus:

1991	Besuch von 35 tschechischen Schülern aus Kdyne in Eschlkam
1992	Gegenbesuch der 6. Klasse an der Grund- und Hauptschule in Kdyne
2001	Tschechische Kinderkunst der Kunstschule Taus wird in Eschlkam gezeigt
	Mitwirkung an den „Grenzbegegnungen" von deutschen und tschechischen Künstlern in Eschlkam. Das „Haus Europa" wird in der Eschlkamer Turnhalle erstellt.
2002	Besuch der Kunstausstellung der deutsch-tschechischen Künstlerin Ivana Koubekova in Taus mit Schülern aus Eschlkam.
2004	Eschlkamer Kinderkunst wird im Jindrich-Jindrich Museum Taus gezeigt. Der „Baum der Freundschaft" wird im neu angelegten Eschlkamer Schulpausenhof aufgestellt.
	Sportvergleiche und Musikwettstreit von Eschlkamer Schülern und Schülern aus Kdyne und Vseruby in Kdyne und Eschlkam.
2005	Lehrerfortbildung der Eschlkamer Lehrer an der Kunstschule Taus
2006	Mitwirkung an den „Grenzbegegnungen 2- Licht und Schatten" in Eschlkam

Strom přátelství u školy „Waldschmidtschule" v Eschlkamu

Historie stromu přátelství začíná v okresním městě Chamu. Ale kdy? Možná, že prvním semínkem je už rok 1990, kdy měla v Chamu výstavu svých prací keramička Jana Šlechtová a jedním z galeristů byl tehdy Max Riedl, současný ředitel školy v Eschlkamu. Mezi učiteli výtvarné výchovy, manželi Janou a Igorem Šlechtovými z Domažlic, a tehdejším učitelem, který se velice zajímal především o umění, se tak vyvinulo přátelství, které se ještě upevňovalo díky vzájemným návštěvám a hospitacím ve výuce na někdejší LŠU v Domažlicích. Eschlkam je od Domažlic vzdálen pouhých 18 km, takže tam odpoledne nadané děti a mládež ve věku od šesti do osmnácti let mohly rozvíjet svůj talent v oborech hudba, divadlo, balet a výtvarné umění.

V Chamu pak historie stromu přátelství pokračuje – vandalstvím. V městském parku v Chamu byla roku 2001 u příležitosti malé zahradní výstavy instalována umělecká deska, skládající se z několika dílů, avšak po několika týdnech byla zničena. Desku financoval Úřad pro mládež, takže i ten pak hledal někoho, kdo by obdobný umělecký projekt realizoval. Pracovnice úřadu paní Antje Espachová našla partnera v Eschlkamu. Tak se zrodila myšlenka stromu přátelství. Hned od začátku bylo jasné, že „strom" bude na obou stranách pomalován. Projekt financovala vláda Horní Falce společně s Úřadem pro mládež v rámci akce přeshraničního vzdělávání učitelů.

Dvanáctileté děti pomalovaly desky odolné proti počasí. České děti malovaly pod vedením Igora Šlechty, německé pod vedením Maxe Riedla. Původně měl „strom" stát na hranici mezi Neuaignem a Všeruby, ale jakmile byl v Eschlkamu nově upraven školní dvůr, našlo se pro tento nepřehlédnutelný symbol přátelství bezpečnější umístění. Strom přátelství byl pevně usazen a slavnostně instalován při příležitosti školní slavnosti v roce 2004. V létě i v zimě tak kvete před dvorem školy (Waldschmidtschule) v Eschlkamu.

Další přeshraniční aktivity školy v Eschlkamu s Domažlicemi:

1991 Návštěva českých školáků z Kdyně v Eschlkamu.
1992 6. třída ZŠ ve Kdyni návštěvu oplácí.
2001 V Eschlkamu vystavují své práce děti z ZUŠ v Domažlicích. Němečtí a čeští umělci se účastní setkání na hranicích v Eschlkamu.
2002 Návštěva německo-české výtvarnice Ivany Koubkové v Domažlicích společně se žáky z Eschlkamu.
2004 Děti z Eschlkamu vystavují svoje práce v Muzeu Jindřicha Jindřicha v Domažlicích. Na nově upraveném školním dvoře v Eschlkamu je usazen „strom přátelství". Hudební soutěže a sportovní utkání mezi žáky z Eschlkamu a žáky z Kdyně a ze Všerub se konají v Kdyni a v Eschlkamu.
2005 Další vzdělávání učitelů z Eschlkamu na LŠU v Domažlicích.
2006 Společná příprava druhého setkání na hranicích, nazvaného Světlo a stín, v Eschlkamu.

Autor: Maximilian Riedl, Grundschule Eschlkam, Lkrs. Cham
Autor: Maximilian Riedl, Základní škola Eschlkam, okres Cham

Photo: Josef Altmann, Eschlkam, Lkrs. Cham
Foto: Josef Altmann, Eschlkam, okres Cham

Schülerarbeit: Freundschaftsbaum, Gemeinschaftswerk von Schülern aus Eschlkam und Domažlice
Žákovská práce: Strom přátelství, společné dílo žáků z Eschlkamu a Domažlic

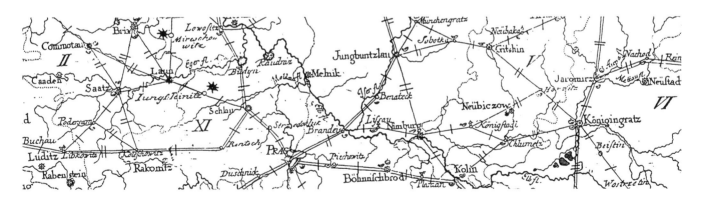

Hersbruck

Auf der Goldenen Straße durch Hersbruck

Hersbruck war eine wichtige Raststation auf der goldenen Straße. Dieser uralte Ort an der Pegnitz hieß einst Hatherihesprucga (1011). Ein Haderich baute eine Brücke über die Pegnitz, die er von der nahen Erhebung aus, auf der heute das Schloss steht, leicht verteidigen konnte. Damals bestand das Schloss aus einem Turm und der so genannten alten Feste. Karl IV. erwarb sie 1360, ließ aber anscheinend keine baulichen Veränderungen an der Feste vornehmen. Diese erfolgte erst, nachdem die Reichstadt Nürnberg das wittelsbachische Städtchen 1504 erobert hatte. 1517 wurde die alte Burg angelegt und als Sitz des Pflegers ein rechteckiger Walmdachbau errichtet. Dieser wurde 1616 durch Anbau von zwei Flügeln und von zwei Türmen zu einem repräsentativen Schloss mit Ehrenhof umgestaltet. Das obere Stockwerk mit den prunkvollen Stuckdecken enthielt als Repräsentationsräume die Kaiserstube, den Kaisersaal und die Kanzlei. In diesen Räumen wurden häufig Gäste beherbergt, die auf der goldenen Straße von Nürnberg nach Prag unterwegs waren. Das ganze Gebäude war Wohnung und Verwaltungsgebäude des reichsstädtischen Pflegers bis 1806.

Ein Kaiserbesuch sorgte für besondere Aufregung

Auf Kaiser Ferdinand I. folgte 1564 sein geistvoller Sohn Maximilian II., der in seinen Erblanden Toleranz übte. Gerne hielt er sich in Prag auf. Im Januar 1570 reiste er von Wien nach Prag und hielt einen böhmischen Landtag ab. Dort überreichte der Hersbrucker Nikolaus Selnecker, der Hofprediger in Dresden war, dem Kaiser seine Psalmenauslegung und führte mit ihm ein langes theologisches Gespräch. Im Juni reiste der Kaiser dann mit seiner ganzen Familie auf der Goldenen Straße bis Nürnberg und weiter nach Speyer, wo er seinen ersten Reichstag abhielt. Am 6. Juni übernachtete er im Hersbrucker Schloss. Wie werden die Bürger den stattlichen Zug bewundert haben, bei dem sogar ein Elefant mitgeführt wurde. Im Zeitalter der Gegenreformation wurde natürlich der Friedensschluss zwischen der französischen Krone und den Hugenotten im August 1570 stark beachtet, nachdem ja der Reichstag in Deutschland bereits seit 1555 den Religionsfrieden zu Augsburg beschlossen hatte. So endete der Reichstag zu Speyer im Oktober und der Kaiser zog im Dezember nach Dinkelsbühl, wo er die Weihnachtsfeiertage verbrachte. Am 29. Dezember traf er in Nürnberg ein und am 2. Januar zog er, von 200 Reitern begleitet, weiter. Die Nürnberger Ratsherren Thomas Löffelholz, Endres Imhoff und Hans Rieter begleiteten den Kaiser mit 20 Reitern bis nach Hersbruck. Anscheinend war die Familie bereits im Herbst zurückgereist und der Kaiser reiste nur mit kleinem Gefolge, denn für ihn wurden vom

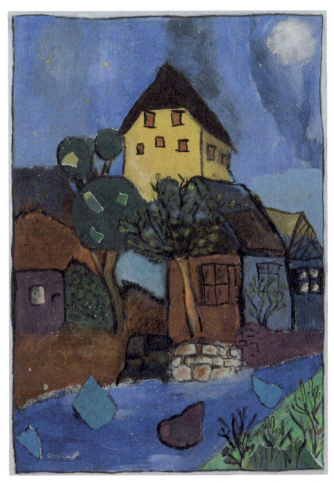

Hersbrucker Kastner nur 24 Gulden in Rechnung gestellt, für die Nürnberger Begleitung jedoch 60 Gulden.

Was machte man an den langen Abenden? Man spielte und unterhielt sich. Der Truchseß des Kaisers, der böhmische Graf Borcivog, soll an diesem Abend viel getrunken und noch mehr verloren haben. Es heißt, er ist in Unwillen und mit grausamen Flüchen auf den Lippen aufgestanden und zu Bett gegangen. Am nächsten Morgen wurde er tot vor seinem Bett liegend aufgefunden. Was war geschehen?

Die einen meinten, „weil er voll gewesen, sei er herausgefallen und erkaltet." Die abergläubischen Herren sagten: „Er hätte sich wegen des Verlustes in des Teufels Namen zu Bett gelegt, der hätte ihm vielleicht den Lohn gegeben."

Als der Todesfall dem Kaiser gemeldet wurde, ließ er einen Lakaien und einen Hersbrucker Bürger gefangen nehmen und mit nach Prag führen, da er erst dort Gericht halten wollte.

Diese beiden standen in Verdacht, den Truchseß umgebracht und seines Geldes beraubt zu haben. Doch man konnte ihnen auch in Prag nichts nachweisen, so dass beide bald wieder auf freien Fuß gesetzt und nach Hause entlassen wurden.

Der tote Truchseß jedoch wurde in Hersbruck beerdigt und für ihn wurde ein schönes Bronzeepitaph gegossen und auf dem liegenden Grabstein angebracht. Nach Auflösung des Friedhofs bzw. Auflassung der Gräber im Chor der Kirche wurden die Epitaphienschilder an der Wand des Chores angebracht, wo das schönste von ihnen heute noch an den plötzlichen Tod des böhmischen Grafen und Burgherrn von Dohna erinnert.

Das Epitaph ist wie ein barockes Portal gestaltet, in dessen Mitte das gräfliche Wappen prangt. Darunter befindet sich der auferstandene Christus mit der Siegesfahne, der als Symbol für die Auferstehung gilt.

Die lateinische Umschrift lautet:

ANNO DOMINI MDLXXI. DIE MERCURII QUI EST TERTIA JANUARII, OCCUBUIT FATO GENEROSUS AC MAGNIFICUS HEROS, DOMINUS DOMINUS BORZIVOGIUS JUNIOR BURGHRABIUS A DONIN, SERENISSIMI AC POTEN-

TISSIMI PRINCIPIS DOMINI DOMINI MAXIMILIANI SECUNDI IMPERATORIS INVICTISSIMI ROMANORUM UNGARIAE ET BOEMIAE REGIS ETC: DAPIFER SERVUSQUE FIDELIS CUIUS CORPUS HIC SEPULTUM JACET. IN SPE RESURRECTIONIS AD VITA AETERNAM PER JESUM CHRISTUM, AMEN.

Hersbruck na Zlaté cestě

Hersbruck byl důležitou zastávkou na Zlaté cestě. Tato velmi stará obec při řece Pegnitz se kdysi nazývala Hatherihesprucga (1011). Jistý Haderich postavil přes řeku Pegnitz most, aby tak mohl z nedalekého návrší, na němž dnes stojí zámek, řeku lépe bránit. Zámek tehdy tvořila jen jedna věž a takzvaná Stará pevnost. Karel IV. jej získal v roce 1360, a jak se zdá, neprovedl žádné stavební úpravy. K těm došlo až poté, co wittelsbachšské městečko dobylo říšské město Norimberk. V roce 1517 byla na místě starého hradu postavena pravoúhlá budova s jehlancovou střechou. V roce 1616 byla přistavena dvě nová křídla a také dvě věže. Vznikl tak reprezentační zámek s krásným nádvořím. V horním patře vyzdobeném nádhernými štukovými stropy byly zřízeny reprezentační místnosti jako císařská komnata, císařský sál a kancelář. Byli zde ubytováni vzácní hosté, kteří jeli po Zlaté cestě z Norimberka do Prahy.

Návštěva císaře se postarala o mimořádné vzrušení

Po Ferdinandovi I. nastoupil na trůn jeho duchem nadaný syn Maxmilián II., panovník, který se ke svým dědičným zemím choval tolerantně. Rád se zdržoval v Praze. V lednu 1570 cestoval z Vídně do Prahy, kam svolal český zemský sněm. Na něm předal Mikuláš Selnecker z Hersbrucku (jinak dvorní kazatel v Drážďanech) císaři výklad žalmů. Spolu pak vedli dlouhý rozhovor na náboženská témata. V červnu téhož roku jel císař s celou rodinou po Zlaté cestě až do Norimberka a odtud do Speyeru, kam svolal svůj první říšský sněm. 6. června přenocoval na zámku Hersbruck. Jak asi tehdy občané obdivovali mohutný průvod, v němž nechyběl ani slon? V době protireformace stál v popředí zvýšeného zájmu mír uzavřený v srpnu 1570 mezi francouzskou korunou a hugenoty. Říšský sněm v Německu uzavřel náboženský smír už v roce 1555 v Augsburku. Sněm ve Speyeru skončil v říjnu a v prosinci se císař odebral do Dinkelsbühlu, kde strávil vánoční svátky. 29. prosince dorazil do Norimberka a 2. ledna potom pokračoval v cestě v doprovodu 200 rytířů. Norimberští radní Thomas Löffelholz, Endreas Imhoff a Hans Rieter společně s 20 jezdci doprovázeli císaře až do Hersbrucku. Císařova rodina se do Prahy vrátila patrně až na podzim. Císař cestoval nejspíš už jen s malým doprovodem, protože truhlář z Hersbrucku mu vystavil účet na pouhých 24 guldenů, avšak norimberskému doprovodu na 60 guldenů.

A co se dělo během dlouhých večerů? Hrálo se a probíhala zábava. Císařův stolník, český hrabě Bořivoj, prý onoho večera hodně pil a ještě více prý prohrál. Vypráví se, že velice rozzlobený a s hroznými kletbami na rtech vstal a odebral se na lože. Na druhý den pak byl nalezen mrtvý na zemi před svým ložem. Co se stalo? Jedni se domnívali, že „byl silně opilý, spadl s postele a zmrzl". Pověrčiví pánové zase říkali, že „kvůli prohře uléhal se jménem ďábla na rtech a ten ho pak po zásluze odměnil".

Když stolníkovu smrt oznámili císaři, nechal zajmout jednoho lokaje a jednoho občana Hersbrucku a odvezl je s sebou do Prahy, protože soudit je chtěl až tam. Oba byli v podezření, že stolníka zabili a oloupili. Ale ani v Praze se nepodařilo jejich vinu prokázat, takže byli brzy zase osvobozeni a propuštěni domů.

Mrtvý stolník byl pohřben v Hersbrucku. Krásný bronzový epitaf pak byl usazen na náhrobní kámen. Po zrušení hřbitova, resp. přemístění ostatků na kostelní kůr, byly epitafy umístěny na stěně kůru. Ten nejhezčí dodnes připomíná náhlou smrt českého hraběte a hradního pána von Dohna. Je na něm znázorněn barokní portál, v jehož středu se skví hraběcí znak. Pod ním je vyobrazeno zmrtvýchstání Páně; Kristus s vítěznou vlajkou jako symbolem vzkříšení.

Latinský nápis, který jej lemuje, zní:
ANNO DOMINI MDLXXI. DIE MERCURII QUI EST TERTIA JANUARII, OCCUBUIT FATO GENEROSUS AC MAGNIFICUS HEROS, DOMINUS DOMINUS BORZIVOGIUS JUNIOR BURGHRABIUS A DONIN, SERENISSIMI AC POTENTISSIMI PRINCIPIS DOMINI DOMINI MAXIMILIANI SECUNDI IMPERATORIS INVICTISSIMI ROMANORUM UNGARIAE ET BOEMIAE REGUS ETC: DAPIFER SERVUSQUE FIDELIS CUIUS CORPUS HIC SEPULTUM JACET. IN SPE RESURRECTIONIS AD VITA AETERNAM PER JESUM CHRISTUM, AMEN.

Autor: *Helmut Süß, Ilse Buschmann, Grete-Schickedanz-Hauptschule in Hersbruck*
Autor: *Helmut Süß, Ilse Buschmann, Měšťanská škola Grety Schickedanz v Hersbrucku*

Photo: *Das heutige Schloss in Hersbruck, Archiv*
Foto: *Zámek Hersbruck, současný pohled, archiv*

Schülerarbeit: *Marlene Eckl, 7. Kl., Grete-Schickedanz-Hauptschule, Hersbruck*
Žákovská práce: *Marlene Eckl, 7. tř., Měšťanská škola Grety Schickedanz, Hersbruck*

Kladruby

Svatý Jan Nepomucký a Kladruby

Jana Nepomuckého připomíná dnes v Kladrubech pouze soška ve výklenku domu č. p. 31 na náměstí, i když v dávné minulosti měly pro něj události spojené s kladrubským klášterem tragický dopad. Další existující soškou je dřevěné torzo, které nalezl za trámem svého rodného domu pan Zdeněk Křen z Kladrub a které čeká na posouzení znalce. Podle vyprávění pamětníků prý stávala socha Jana Nepomuckého i na můstku hráze rybníčka na cestě ke hřbitovu, ale nepodařilo se nám nalézt dobovou fotografii ani písemnou zmínku. Další socha stávala na mostě přes řeku Úhlavku pod kladrubským klášterem. Tento most pocházel z r. 1894 a sloužil až do roku 1963, o rok později byl nahrazen novým mostem. Kam potom socha Jana Nepomuckého zmizela, není známo. Dochovaly se alespoň fotografie. V kladrubském klášteře je v současnosti expozice Jana Nepomuckého, která opravdu stojí za shlédnutí.

A nyní něco z historie

Král Václav IV. a arcibiskup

Když nastupoval Václav IV. v roce 1378 jako sedmnáctiletý na český trůn, převzal po svém otci Karlu IV. dobře prosperující stát. Václavovým kancléřem se stal pražský arcibiskup Jan z Jenštejna, o kterém se Karel IV. domníval, že bude jeho synovi dobrým rádcem a pomocníkem. Jenže v té době se již začaly projevovat pod vlivem rozkolu v katolické církvi úpadkové jevy a morální přestupky mnoha kněží i prelátů, které se později staly jednou z příčin husitské revoluce.

Spor o biskupství v Kladrubech

Právě v této době byl kladrubský klášter na vrcholu svého hospodářského rozkvětu. Vlastnil obrovský majetek a patřil mezi nejbohatší kláštery v Čechách. Bylo to i díky obratné politice opata Racka III., který pocházel z Prostiboře. Jeho osobnost byla vysoce ceněna jak u dvora Karla IV., tak i u římského papeže. Václav IV. začal na radu Zikmunda Hulera, člena královské rady a svého oblíbence, uvažovat o zřízení nového biskupství pro západní Čechy právě v Kladrubech. To však narazilo na silný odpor arcibiskupa Jana z Jenštejna i jeho generálního vikáře Jana z Pomuka, neboť tím by západní Čechy odpadly od pražské arcidiecéze, a tak by se zmenšil arcibiskupův majetek i příjmy. Zřízení biskupství bylo ovšem v pravomoci krále, který jen z úcty k osobě starého opata Racka svůj záměr odkládal. Věděl dobře, že papež Bonifác IX. bude na jeho a ne na arcibiskupově straně. Začátkem března r. 1393 kladrubský opat zemřel. Václav IV. dlel v té době na hradě Žebráku, a tak Jan z Jenštejna jednal rychle ve svůj prospěch. V Kladrubech byl okamžitě zvolen nový opat Olen. Arcibiskup vyhlásil jen dvoudenní lhůtu k předložení námitek a hned poté dal generálnímu vikáři Janovi z Pomuka pokyn, aby potvrdil volbu nového kladrubského opata. To se stalo 10. března 1393. Jakmile se král dozvěděl o událostech v Kladrubech, reagoval mimořádně prudce a okamžitě se vrátil z Žebráku do Prahy. Arcibiskup se zatím uchýlil s Janem z Pomuka a dalšími svými hodnostáři do svého hradu v Roudnici nad Labem. Král mu napsal výhružný dopis a žádal v něm vrácení roudnického hradu a okamžitý návrat do Prahy. Arcibiskup, ač nechtěl, přistoupil na společnou schůzku. Chtěl rozlíceného krále uklidnit, ale ten přikázal arcibiskupa i jeho doprovod zatknout. Jenže arcibiskup sám, díky svým zbrojnošům, vyvázl a ukryl se ve svém paláci.

Smrt Jana z Pomuka

V tu chvíli se králův hněv obrátil proti Janovi z Pomuka a dalším arcibiskupovým úředníkům. Došlo k jejich výslechu i mučení. Po tomto hrůzném aktu všichni, až na Jana z Pomuka, podepsali prohlášení, že nikomu neprozradí, jak s nimi bylo zacházeno. Jan z Pomuka zřejmě těžké mučení nepřežil. Jeho mrtvé tělo bylo vhozeno 20. března 1393 v 9 hodin večer z Karlova mostu do Vltavy. Po čtyřech týdnech bylo nalezeno u břehu Vltavy a pochováno. V roce 1396 byly jeho ostatky přeneseny do svatovítského chrámu v Praze. Kladrubský opat utekl s arcibiskupem do Říma stěžovat si na krále a žádat potvrzení své volby. Jenže papež si nemínil znepřátelit českého krále a nechal znovu přezkoumat možnost zřízení biskupství v Kladrubech. Ani Václav IV. se této myšlenky nevzdal. Hospodářskou správu kláštera v Kladrubech, který byl bez opata, vykonávaly zatím světské osoby a výnosy z klášterního hospodářství užíval papežský legát Pileus. Klášter se tím dostával do svízelných finančních situací, a když navíc došlo ke sporům Václava IV. s Panskou jednotou, byl v Kladrubech zvolen nový opat a z ustavení biskupství sešlo.

Svatořečení Jana z Pomuka

V 17. století, po bělohorské porážce, začala církev šířit kult Jana z Pomuka jako nevinně umučeného člověka. Jeho jméno bylo opraveno na tvar Jan Nepomucký a doba jeho smrti tehdy posunuta o deset let zpátky. Hledaly se důkazy, aby mohl být prohlášen za svatého. Při exhumaci jeho ostatků v roce 1719 vypadl z lebky spolu s hlínou kousek organické hmoty červené barvy, který odborná komise tehdy prohlásila za jazyk. Více jak po 300 letech neporušený jazyk měl být důkazem, že tento mučedník nepromluvil a stal se hlavním důvodem ke svatořečení Jana Nepomuckého v roce 1725. V roce 1972 byly ostatky tohoto světce znovu přísně vědecky zkoumány a bylo zjištěno, že nejde o jazyk, ale o měkkou hmotu tvořenou zbytkem mozku a jeho obalů. Kult osoby Jana z Pomuka – Nepomuckého, generálního vikáře pražského arcibiskupa, však přetrval dodnes. Jeho sochy často stávají u zábradlí kamenných mostů a připomínají jeho utopení ve Vltavě. Tato událost ukazuje i to, jakým nelidským způsobem se v té době řešily spory mezi vysoce postavenými lidmi. V Kladrubech tehdy nebylo vytvořeno biskupství, jak si přál král Václav IV. Kdyby k tomu bylo tehdy došlo, kdoví jak by dnes naše obec vypadala. Ale „kdyby" v historii neplatí.

Také v Bavorsku uctívají sv. Jana Nepomuckého

Brzy poté, co byl roku 1729 papežem Benediktem XIII. svatořečen Jan Nepomucký, rozšířil se počátkem 18. století kult „nového svatého" v Bavorsku a v celé Evropě, především zásluhou řádu jezuitů. Nemálo lidí v Německu se pyšní jménem pražského světce. Jeho sochy dodnes stojí na mostech anebo u říčních brodů, v kostelech pak nezřídka dokonce na hlavním oltáři. Mnoho německých umělců tehdy pracovalo v Čechách a památky na tohoto svatého si pak přinášeli do svých domovů. Nejznámějšími a nejvýznamnějšími umělci se stali dva církevní malíři, bratři Cosmas Damian Asam a Egid Quirin Asam. Oba je povolal opat kláštera v Kladrubech

Maurus Fintzgut společně se stavitelem Janem Blažejem Santinim Aichlem (dále jen Santini) do Kladrub, aby tam vyzdobili klášterní kostel. Po návratu do Mnichova vyzdobili oba bratři svými malbami nově postavený kostel zasvěcený Janu Nepomuckému. Dnes je tento kostel známý jako „Asamkirche".

Vztah Jana Nepomuckého k Bavorsku však sahá mnohem hlouběji do minulosti. Okolo roku 1144 byl řádem cisterciáků v Ebrachu založen klášter v Pomuku. Ebrach leží mezi Bamberkem a Würzburkem.

Rodiče Jana Nepomuckého přišli, jak se traduje, společně s mnichy cisterciáky do západních Čech a tam se potom někdy kolem roku 1350 Jan Nepomucký narodil.

Na severu Horní Falce, kterou projížděl český král Karel IV. do Norimberka, stojí vedle mnoha soch českého národního svatého (především na mostech) také kostely zasvěcené Janu Nepomuckému. Například v roce 1730 založil zemský sudí v Kemnathu kapli ve Waldecku (v dnešním okrese Tirschenreuth) a ta byla zasvěcena mučedníku Janu Nepomuckému. Kaple stojí při cestě spojující Franky s Čechami. Ve Waldau (okres Neustadt an der Waldnaab) byl roku 1912 v novobarokním stylu postaven filiální kostel svatého Jana Nepomuckého. Jeden ze dvou nádherných akantových oltářů (i tady se jedná o bavorsko-českou zvláštnost), postavených kolem roku 1700 pro někdejší hradní kostel, je (boční vpravo) zasvěcen Janu Nepomuckému. Vznikl díky rodině svobodných pánů z Rummelu. Ti žili do roku 1681 na hradě Waldau. Uprostřed vesnice u vchodu do zámku je dodnes patrný český vliv, a to na postavě stojící na jednom ze sloupů z 18. století. Patrně nejmladší bavorský kostel sv. Jana Nepomuckého se nachází v Letzau u Weidenu v Horní Falci. Teprve v roce 2005 byla dokončena stavba kostela, jež byla zahájena v roce 1794 a upravována pak až v roce 1830.

Zcela zvláštní Jan Nepomucký je patrně „dvojí Jan Nepomucký" v Schönsee (okres Schwandorf), který stojí u cesty do Gaisthalu. Jedna z naprosto shodných soch se dívá směrem na východ, do sousedních Čech a druhá směrem na západ do Bavorska. Toto ztvárnění sv. Jana Nepomuckého je svého druhu ve světě ojedinělé. Takto pojatý Jan Nepomucký patrně symbolizuje dvojí tvář historie města Schönsee, kterou jí vtiskly zčásti Čechy a zčásti Bavorsko.

Der heilige Johann von Nepomuk und Kladruby

An Johann von Nepomuk erinnert in Kladruby heute nur noch eine Statue in einer Nische des Hauses Nr. 31 am Marktplatz, obwohl die mit dem Kloster Kladruby zusammenhängenden Ereignisse in längst vergangener Zeit eine tragische Auswirkung auf ihn hatten. Eine weitere existierende Statue ist ein hölzerner Torso, den Herr Zdeněk Křen aus Kladruby hinter einem Balken seines Wohnhauses fand und der noch auf die Bewertung durch einen Fachmann wartet. Nach Auskunft von Denkmalschützern stand angeblich auch auf der Dammbrücke des Fischteichs am Weg zum Friedhof eine Figur des Heiligen Nepomuk, aber es ist uns nicht gelungen, eine zeitgenössische Fotografie oder eine schriftliche Erwähnung zu finden. Eine weitere Statue stand auf der Brücke über die Úhlavka unterhalb des Klosters Kladruby. Diese Brücke stammte von 1894 und funktionierte bis 1963, im folgenden Jahr wurde sie durch eine neue Brücke ersetzt. Wohin die Statue des Johann von Nepomuk danach verschwand, ist nicht bekannt. Wenigstens ist eine Fotografie erhalten. Heute befindet sich im Kloster Kladruby eine Ausstellung über Johann von Nepomuk, die wirklich sehenswert ist.

Und nun zur Geschichte

König Wenzel IV. und der Erzbischof

Als Wenzel IV. im Jahre 1378 als Siebzehnjähriger den böhmischen Thron bestieg, übernahm er von seinem Vater Karl IV. einen prosperierenden Staat. Wenzels Kanzler wurde der Prager Erzbischof Johann von Jenštejn, von dem Karl IV. annahm, dass er seinem Sohn ein guter Ratgeber und Helfer sein würde. Allerdings zeigten sich in jener Zeit unter dem Einfluss eines Zwiespalts in der katholischen Kirche schon erste Zerfallserscheinungen und Moralverstöße vieler Priester und Prälaten, die später Ursache der hussitischen Revolution werden sollten.

Der Streit um das Bistum in Kladruby

Gerade zu jener Zeit war das Kloster Kladruby auf dem Höhepunkt seiner wirtschaftlichen Blüte. Es besaß einen riesigen Grundbesitz und gehörte zu den reichsten Klöstern in Böhmen, und zwar auch dank der umsichtigen Politik des Abtes Racek III., der aus Prostiboř stammte. Seine Persönlichkeit war sowohl am Hofe Karls IV. als auch beim Papst in Rom hoch angesehen. Wenzel IV. begann auf Anraten des königlichen Ratsmitglieds Zikmund Huler, seines Günstlings, Erwägungen über die Einrichtung eines neuen Bistums für Westböhmen gerade in Kladruby. Das stieß jedoch auf starken Widerstand bei Erzbischof Johann von Jenštejn und seinem Generalvikar Johann von Pomuk, weil dadurch Westböhmen von der Prager Erzdiözese abgetrennt und die erzbischöflichen Besitzungen und Einkünfte verringert worden wären. Freilich lag die Einrichtung eines Bistums in der Macht des Königs, und dieser schob nur aus Achtung von der Person des alten Abtes Racek sein Vorhaben auf. Er wusste genau, dass Papst

Bonifatius IX. auf seiner Seite und nicht auf der des Erzbischofs stand. Anfang März 1393 starb der Abt von Kladruby. Wenzel IV. weilte in dieser Zeit auf der Burg Žebrák, und so verhandelte Johann von Jenštejn rasch zu seinem Vorteil. In Kladruby wurde sofort ein neuer Abt namens Olen gewählt. Der Erzbischof verordnete eine nur zweitägige Einspruchsfrist und gab sofort danach dem Generalvikar Johann von Pomuk den Befehl, die Wahl des neuen Kladruber Abts zu bestätigen. Dies geschah am 10. März 1393. Als der König von den Ereignissen in Kladruby erfuhr, reagierte er ungewöhnlich heftig und kehrte sofort von Žebrák nach Prag zurück. Der Erzbischof zog sich derweil mit Johann von Pomuk und weiteren seiner Würdenträger auf seine Burg in Roudnice an der Elbe zurück. Der König schrieb ihm einen Drohbrief, in dem er von ihm die Rückgabe der Burg Roudnice und seine sofortige Rückkehr nach Prag forderte. Obwohl der Erzbischof nicht wollte, begab er sich zu der gemeinsamen Versammlung, um den aufgebrachten König zu beruhigen. Dieser jedoch befahl, den Erzbischof und seine Begleitung zu verhaften. Nur der Erzbischof selbst entkam dank seiner Knappen und versteckte sich in seinem Palast.

Der Tod des Johann von Pomuk

Jetzt wendete sich des Königs Zorn gegen Johann von Pomuk und die anderen erzbischöflichen Beamten. Es kam zu ihrem Verhör und zur Folterung. Nach diesem furchtbaren Akt unterschrieben alle bis auf Johann von Pomuk eine Versicherung, nach der sie niemandem verraten würden, was ihnen widerfahren war. Johann von Pomuk hatte die schwere Folter offenbar nicht überlebt. Seine Leiche wurde am 20. März 1393 abends um 9 Uhr von der Karlsbrücke in die Moldau geworfen. Nach vier Wochen wurde sie am Ufer der Moldau gefunden und beigesetzt. Im Jahre 1396 wurden seine sterblichen Überreste in den Wenzelsdom in Prag überführt. Der Kladruber Abt floh mit dem Erzbischof nach Rom, um sich über den König zu beschweren und eine Bestätigung seiner Wahl zu erbitten. Der Papst hatte jedoch nicht vor, sich mit dem böhmischen König zu verfeinden, und ließ erneut die Möglichkeit zur Errichtung eines Bistums in Kladruby prüfen. Auch Wenzel IV. hatte diesen Gedanken nicht aufgegeben. Die Wirtschaftsverwaltung des Klosters Kladruby, das nun ohne Abt war, übernahmen derweil weltliche Personen, und die Einkünfte aus der Klosterverwaltung verwendete der päpstliche Legat Pileus. Das Kloster geriet dadurch in eine schwierige finanzielle Situation, und als es überdies noch zu Prozessen zwischen Wenzel IV. und der Ritterschaft kam, wählte man in Kladruby einen neuen Abt, und aus der Gründung eines Bistums wurde nichts.

Die Heiligsprechung Johanns von Pomuk

Im 17. Jahrhundert, nach der Niederlage am Weißen Berg, begann die Kirche die Verehrung Johanns von Pomuk als eines unschuldigen Märtyrers zu verbreiten. Sein Name wurde zur Form „Johann von Nepomuk" verändert und die Zeit seines Todes damit um zehn Jahre zurück verlegt. Man suchte Beweise, um ihn heilig sprechen zu können. Bei einer Exhumierung seiner Gebeine im Jahre 1719 fiel aus dem Schädel neben Lehm auch ein Stück organischer Masse von roter Farbe, das eine Fachkommission damals als Zunge erklärte. Die mehr als 300 Jahre unversehrte Zunge sollte der Beweis dafür sein, dass dieser Märtyrer nichts verraten hatte, und sie wurde zum Hauptgrund für die Heiligsprechung Johanns von Nepomuk im Jahre 1725. 1972 wurden die Gebeine dieses Heiligen erneut streng wissenschaftlich untersucht, und man stellte fest, dass es sich nicht um die Zunge handelte, sondern um eine weiche Masse aus einem Rest des Gehirns und seiner Rinde. Der Kult um die Person des Johann von Pomuk bzw. von Nepomuk, des Generalvikars des Prager Erzbischofs, überdauerte jedoch bis heute. Seine Statuen stehen oft am Geländer steinerner Brücken und erinnern an seine Versenkung in der Moldau. Dieses Ereignis zeigt auch, auf welch unmenschliche Weise damals Streitigkeiten zwischen hochgestellten Personen ausgetragen wurden. In Kladruby wurde also kein Bistum errichtet, wie sich das König Wenzel IV gewünscht hatte. Wenn es damals dazu gekommen wäre – wer weiß, wie unsere Gemeinde heute aussähe. Aber „wenn" zählt in der Geschichte nicht.

Nepomukverehrung auch in Bayern

Bald nach seiner Heiligsprechung 1729 durch Papst Benedikt XIII. breitete sich im frühen 18. Jahrhundert in Bayern und ganz Europa der Kult um den „neuen Heiligen" vor allem über den Jesuitenorden aus. Nicht wenige Menschen in Deutschland trugen mit Stolz den Vornamen des Prager Heiligen. Bis zum heutigen Tage steht der Heilige Johannes Nepomuk auf den Brücken und Flussübergängen oder in den Kirchen, nicht selten sogar am Hochaltar. Viele deutsche Künstler arbeiteten zu jener Zeit in Böhmen und brachten den Heiligen in ihre Wohnorte. Die bedeutendsten sind die beiden Kirchenmaler Cosmas Damian Asam und Egid Quirin Asam, die vom Kladrauer Abt Maurus Fintzgut zusammen mit dem Baumeister Jan Blažej Santini Aichl (kurz nur Santini) zum Ausmalen der neuen Klosterkirche nach Kladruby berufen waren. Diese Brüder malten nach ihrer Rückkehr nach Hause in die Stadt München die im Jahre 1730 neu erbaute Kirche mit dem Patronat des Johann Nepomuk aus. Heute heißt diese Kirche Asamkirche.

Doch seine Beziehungen zu Bayern gehen weit zurück. Um das Jahr 1144 wurde vom Zisterzienserkloster Ebrach aus ein Kloster in Pomuk gegründet. Ebrach liegt zwischen Bamberg im Osten und Würzburg im Steigerwald. Nepomuks Eltern kamen, so wird berichtet, im Gefolge der Zisterziensermönche nach Westböhmen, dort wurde er um 1350 geboren.

In der nördlichen Oberpfalz, durch die der böhmische König Karl IV. nach Nürnberg zog, tragen neben den vielfältigen Brückenfiguren des böhmischen Nationalheiligen auch Kirchen seinen Namen. So stiftete im Jahre 1730 der Landrichter in Kemnath eine dem Märtyrer Johannes Nepomuk geweihte Wallfahrtskapelle in Waldeck (heute Landkreis Tirschenreuth) an der einstigen Verbindungsstraße zwischen Franken und Böhmen. In Waldau (Lkrs. Neustadt/WN) wurde 1912 die Filialkirche St. Johannes Nepomuk im neubarocken Stil errichtet. Von den beiden herrlichen Akanthusaltären, ebenfalls eine bayerische- böhmische Besonderheit, etwa 1700 für die ehemalige Burgkirche entstanden, ist der rechte Seitenaltar Johannes Nepomuk geweiht. Gestiftet wurde sie wohl von der Familie der Freiherren von Rummel, die seit 1681 auf der Burg Waldau leben. In der Dorfmitte am Eingang zum Schloss wird der böhmische Einfluss in Gestalt einer St. Nepomuksäule aus dem 18. Jh. noch einmal deutlich. Die wohl jüngste bayerische Kirche St. Johannes Nepomuk steht in Letzau bei Weiden in der Oberpfalz. Erst im Jahre 2005 wurde der Kirchenneubau für die 1794 errichtete und 1830 erweiterte alte Kirche fertig gestellt.

Ein besonderer Nepomuk dürfte jedoch der „Doppelte Nepomuk" von Schönsee (Landkreis Schwandorf) an der Straße nach Gaisthal sein. Die eine der beiden ganz gleichen Figuren wendet ihr Gesicht ostwärts zum böhmischen Nachbarland hin, die andere sieht westwärts nach Bayern hinein. Diese Darstellung des Hl. Johannes Nepomuk ist in ihrer Art weltweit einmalig. Die Doppelgestalt des Johannes von Nepomuk mag als Symbol gelten für das doppelte Gesicht der Schönseer Geschichte, die teils geprägt wurde von Böhmen, teils von Bayern

Autor:	*Pavel Nový, Základní škola Kladruby*
Poznámka:	*V pojednání o Janu z Pomuka byl použit zkrácený a mírně upravený text Jiřího Čechury z Kladrub otištěný v Kladrubském zpravodaji.*
Autor:	*Pavel Nový, Grundschule Kladruby*
Anmerkung:	*Für diese Erzählung über Johann von Pomuk wurde ein gekürzter und etwas veränderter Text von Herrn Jiří Čechura aus Kladruby verwendet, der im Mitteilungsblatt für Kladruby abgedruckt ist.*
Foto:	*Klášter Kladruby, Helena Kasalová, Kladruby*
Photo:	*Kloster Kladruby, Helena Kasalová, Kladruby*
Žákovská práce:	*Šárka Pomyjová, 10 let, 5 tř., Základní škola Kladruby*
Schülerarbeit:	*Šárka Pomyjová, 10 Jahre, 5. Kl., Grundschule Kladruby*

Krummennaab

König Wenzel IV. und das Bergbaurecht zu Erbendorf

Eine Sage berichtet, dass der Schöpfer der Erde, als er die Bodenschätze verteilte, sich einen Schurz umband, ihn mit der Hand an den Enden packte und mit allen Bodenschätzen wie Gold, Silber, Blei, Kupfer, Erz sowie Edelsteinen und weiteren Mineralien füllte. Dann schritt er über die ganze Erde und verteilte den Inhalt so, wie er es für richtig hielt. Dabei bröselte von allem etwas ab und blieb in der Schürze liegen. Nachdem er seine Arbeit verrichtet hatte, war er müde und ließ die Schurzenden los, so dass die Reste der Bodenschätze auf die Erde fielen. Das geschah genau da, wo heute der Ort Erbendorf liegt. Dies ist, so sagt man, der Grund, warum es in der Gegend um Erbendorf fast alle Bodenschätze gibt, jedoch von allem zu wenig. Bereits im 12., 13. und 14. Jahrhundert gibt es Anzeichen, die auf eine für die damalige Zeit blühende Förderung von Erzen und Kohle schließen lassen. Auch Kaiser Karl IV., der „Kaufmann auf dem Kaiserthron", wusste um die Bedeutung der Bodenschätze in Bezug auf Wohlstand und Ansehen der Bürger und des Reichs. Um Erbendorf, welches zur damaligen Zeit zu Neuböhmen, dem Reich Karls IV. gehörte, bemühte er sich deshalb mit auffallendem Eifer. So wurde unter der Regierung seines Sohnes Wenzel IV. das Bergwerk zu Erbendorf, in dem gemeinsam Kohle- und Erzvorkommen in einem Schacht vorhanden waren, von Prag aus geleitet. Damals ließen die böhmischen Betreiber zusätzlich im Galgenbach, Steinbach und Silberbach Gold waschen. Im Jahre 1383, als Wenzel auf einer Reise von Prag nach Nürnberg durch Erbendorf kam, stand der Bergbau in voller Blüte. Zu seiner großen Freude wurde der König von mehreren hundert Bergleuten mit einem feierlichen Aufzug empfangen. Im gleichen Jahr, am Sonntag vor St. Gallus verlieh Wenzel in Nürnberg den Brüdern Jakob und Wolfhard Wild zu Wildenreuth das dortige Silberbergwerk und zur besonderen Förderung dessen Gerichtsfreiheit mit „Amtsstock und Galgen und all andere Stadtrecht und Bergwerkrecht". Die Hussiteneinfälle vernichteten diesen Wohlstand. Im Jahre 1440 begann man dann wieder mit dem Abbau von Kohle und Erz. Mit Energie und Ausdauer bemühte man sich immer wieder bis ins Jahr 1924 um erfolgreiche Förderung der Bodenschätze. Wirtschaftliche Veränderungen brachten das Ende für den Bergbau in und um Erbendorf. Die geologischen Besonderheiten der sogenannten „Erbendorfer Linie" allerdings sind heute noch für die Wissenschaft von großer Bedeutung. In den Jahren 1987 bis 1994 untersuchten Wissenschaftler im Rahmen des „Kontinentalen Tiefbohrprojekts (KTB)" an dieser Stelle die Beschaffenheit des Gesteins und führten Bohrungen bis über 9 000 m ins Erdinnere durch.

Die Bemühungen der böhmischen Könige um den Bergbau in Erbendorf beschäftigten auch den Chronisten der Stadt, der so weit ging, dass er über eine Sage den Namen Erbendorfs auf Wenzel zurückführt.

Erbendorfs Chronist Josef Höser verweist als Gründer auf das Kloster Weißenohe (Bistum Bamberg), aber auch den Grafen Berengar von Sulzbach, auf den die Burg Flossenbürg zurückgeht. Über die Stauferkaiser und niederbayerische Herzöge, verpfändete schließlich Ludwig der Bayer 1314 das Gebiet an König Johann von Böhmen. Dies war die erste Begegnung des Ortes mit der böhmischen Krone. Karl IV. aus dem Hause Luxemburg, böhmischer König und deutscher Kaiser, gliederte Erbendorf in das Gebiet Neuböhmens ein. Er förderte hier vor allem den Bergbau. Sohn Wenzel, der 1378 die böhmische Krone übernahm, setzte die Förderung des Bergbaus fort. 1383 soll er auf einer seiner Reisen von Prag nach Nürnberg auch Erbendorf besucht haben.

Auf dem unteren Marktplatz in Erbendorf steht ein Giebelhaus, der frühere Gasthof „zum Goldenen Adler". Seit Jahrhunderten führte er in seinem Schild den goldenen österreichischen Doppeladler. Vom besagten Gasthof weiß Josef Höser von einer Sage zu berichten: Es war das Jahr 1383, als König Wenzel von Böhmen über Eger, Waldershof, Erbendorf und Auerbach zum Reichstag nach Nürnberg reiste. In Erbendorf, wo ihm das Bergwerk von besonderem Interesse war, hielt er sich einige Tage auf und wohnte in dem neu errichteten Wirtshaus (heute Gasthof zum Goldenen Löwen) des Klosters St. Barbara. Hier soll seine Gemahlin von einem Erben oder Prinzen entbunden worden sein. König Wenzel habe daher dem Geburtshause seines Sohnes die Bezeichnung „Zum goldenen Adler" und als Aushängeschild den österreichischen Doppeladler verliehen. Dem Geburtsort seines Erben gab er schließlich den Namen „Erbendorf".

Josef Höser betont jedoch, dass die Geschichte eine Sage und historisch nicht belegt ist. König Wenzel soll erst im Jahre 1388, also fünf Jahre später, mit der Prinzessin Sophie, der Tochter des oberbayerischen Herzogs Johann von Bayern, verheiratet worden sein. Seine erste Gemahlin, Johanna, wurde 1383 wegen beständiger Untreue gefangen gehalten.

Erbendorf, welches früher „Silbertal" hieß, und erst durch Wenzel seinen jetzigen Namen erhalten haben soll, kann keine Gründungsurkunde vorzeigen. Höser verweist bei der Nachforschung der Namengebung auf einen

"Eribo" oder "Erbo". Urkunden aus dem 11. und 12. Jahrhundert zeigen, dass mehrere Besitzer des Ortes diese Namen trugen. Das in der Sage benannte Kloster St. Barbara existierte nach Höser tatsächlich und stand ehemals an der Südseite des Gasthofes, wurde aber als Opfer der Reformation vollkommen zerstört.

Král Václav IV. a horní právo v Erbendorfu

Pověst vypráví, že když Stvořitel rozděloval poklady země, ovázal si zástěru, uchopil cípy na obou koncích a naplnil ji všemi poklady země jako zlatem, stříbrem, olovem, mědí, rudou, ale i drahokamy a jinými minerály. Pak procházel světem a obsah zástěry rozděloval tak, jak pokládal za správné. Přitom se ale od všeho vždycky trochu oddrolilo a zůstalo v zástěře. Když pak Stvořitel svou práci dokončil, byl už unavený, cípy zástěry pustil z rukou, takže zbytky pokladů země spadaly na zem a to právě v místě, kde dnes leží Erbendorf. A to je, jak se říká, důvod, proč se v okolí Erbendorfu nacházejí skoro všechny poklady země, ale od všeho jen troška. Už ve 12., 13. a 14. století existují stopy, podle nichž lze usuzovat na tehdy vzkvétající těžbu uhlí a rud. Také císař Karel IV., "obchodník" na císařském trůně, si byl vědom významu těchto pokladů pro blaho a slávu říše. Proto se velice staral o toto město, které tehdy patřilo k Novým Čechám (Neuböhmen) a k jeho říši. Za vlády Karlova syna Václava IV. proto bylo hornictví v Erbendorfu, kde se v jediné šachtě nacházelo jak uhlí, tak i rudy, řízeno z Prahy. Čeští provozovatelé kromě toho nechali v Galgenbachu, Steinbachu a Silberbachu rýžovat zlato. V roce 1383, když na jedné ze svých cest do Norimberka zavítal Václav do Erbendorfu, nacházelo se hornictví v plném rozkvětu a krále velice potěšilo, že ho ve slavnostním průvodu vítalo několik stovek horníků. V témže roce, v neděli o sv. Gallusovi, vydal Václav v Norimberku bratrům Jakubovi a Wolfhardovi Wildovým z Wildenreuthu povolení k těžbě stříbra v tamním dole a podpořil je "pranýřem a šibenicí a veškerým městským právem i právem horním". Vpády husitů učinily těmto blahým časům konec. V roce 1440 byla obnovena těžba uhlí a rud a s nezměrným úsilím pokračovala až do roku 1924. Geologické zvláštnosti, tzv. "erbendorfská linie" však mají dodnes velký význam pro vědu. V letech 1987–1994 zkoumali vědci v tomto místě v rámci projektu "Kontinentální hlubinné vrty" kvalitu horniny. Prováděly se vrty až do hloubky 9000 metrů.

Zájem a péče českých králů o hornictví v Erbendorfu zaujaly i městského kronikáře. Ten šel tak daleko, že na základě jedné pověsti přisuzuje název Erbendorf Václavu IV.

V této souvislosti poukazuje erbendorfský kronikář Josef Höser na klášter Weißenhohe v biskupství bamberském a také na hraběte Berengara ze Sulzbachu, který má vazby k hradu Flossenbürg. Prostřednictvím císařů z rodu Štaufů a dolnobavorských vévodů udělil nakonec Ludvík Bavor roku 1314 celou oblast v léno králi Janovi z Čech. Tak se poprvé setkala tato oblast s českou korunou. Karel IV. z rodu Lucemburků, král český a císař německý, začlenil Erbendorf do Nových Čech (Neuböhmen) a podporoval zde především hornictví. Jeho syn Václav, který převzal roku 1378 českou korunu, v tomto úsilí pokračoval a na jedné ze svých cest z Prahy do Norimberka roku 1383 navštívil také Erbendorf.

Na dolním náměstí v Erbendorfu stojí dům se štítem, kdysi hostinec U zlatého orla. Dům měl po staletí ve znaku zlatého rakouského dvouhlavého orla a o tomto hostinci zná Josef Höser pověst: Psal se rok 1383, když král Václav cestoval přes Cheb, Waldershof, Erbendorf a Auerbach na říšský sněm do Norimberka. V Erbendorfu se zajímal o hornictví, zdržel se tam několik dní a bydlel v nově zřízeném hostinci kláštera sv. Barbory (dnešní hostinec U zlatého lva). Václavova manželka tu prý porodila jednoho z dědiců či princů, a proto král propůjčil rodnému domu svého syna název U zlatého orla a do znaku mu dal rakouského dvouhlavého orla. Místu narození svého syna pak dal jméno Erbendorf.

Josef Höser však zdůrazňuje, že se jedná o historicky nepodloženou pověst. Král Václav měl teprve v roce 1388, tedy o pět let později, uzavřít sňatek s princeznou Žofií, dcerou hornobavorského vévody Jana Bavorského. Václavova první žena Johana byla pro své ustavičné nevěry držena od roku 1383 v zajetí. Erbendorf, který se předtím nazýval Silbertal a své dnešní jméno měl dostat až od krále Václava, se nemůže prokázat žádnou zakládací listinou. Při pátrání po původu názvu poukazuje Höfer na jakéhosi Erika nebo Erba. Listiny z 11. a 12. století svědčí o tom, že se tak jmenovalo několik vlastníků tohoto území. Klášter sv. Barbory, o němž se pověst zmiňuje, skutečně existoval a stával kdysi na jižní straně hostince. V době reformace však byl klášter úplně zničen.

Autorin: Gabriele Wachter-Kauschinger, Volksschule Krummennaab
Autorka: Gabriele Wachter-Kauschinger, Obecná škola v Krummennaabu

Photo: Ein Buntglasfenster im Rathaus Erbendorf zeigt Wenzel IV. und den böhmischen Löwen, Wolfgang Schraml
Foto: Na okně radnice v Erbendorfu je znázorněn Václav IV. a český lev, Wolfgang Schraml

Schülerarbeit: Annalena Schiml, 3. Kl., Grundschule Krummennaab
Žákovská práce: Annalena Schiml, 3. tř., Základní škola Krummennaab

Leuchtenberg / Kemnath

Jüdische Kaufleute zwischen Prag und Nürnberg

Nach der heutigen Quellenlage ist anzunehmen, dass die ersten Juden mit den Römern nach Bayern und Böhmen kamen. Sie arbeiteten als Kaufleute, als Vermittler des Warenaustausches. Sie kamen hierher, um Schutz und Sicherheit vor den ewigen Verfolgungen zu suchen. Besonders Prag, mit seiner Burg in der Nähe des Flusses, bot für sie eine interessante neue Heimat. Es lag an der Goldenen Straße, die sich hier mit anderen wichtigen Handelswegen kreuzte. Im Mittelalter lebten bis zu 12 000 Juden in Prag, zu Beginn der Naziherrschaft sogar um die 120 000. Immer seit dem Mittelalter galt Prag als wichtiges Zentrum jüdischer Gelehrsamkeit, Philosophie, Theologie, Geschichte, Erziehung und Kunst.

Die Anwesenheit von Juden in Nürnberg ist erst für den Anfang des 12. Jh. bezeugt, aber auch hier gab es wahrscheinlich schon viel früher jüdische Ansiedlungen. Die Geschichte der Nürnberger Juden weist, bei allen Brüchen, eine Konstante auf: Es gab, im Gegensatz zu Prag, eine kontinuierlich judenfeindliche Grundhaltung, die die Präsenz von Juden in Nürnberg – über längere Zeit – nie zuließ.

Bis zum Beginn der Kreuzzüge lebten die Juden weitgehend unbehelligt und gleichberechtigt neben ihren christlichen Mitbewohnern – doch dann wurden sie mehr und mehr gezwungen, sich in erster Linie als Händler und Geldverleiher zu betätigen. Die christlichen Zünfte schlossen die Juden nämlich aus dem Handwerk aus und es wurde ihnen der Erwerb landwirtschaftlicher Grundstücke verboten. Das bedeutete, dass sie mehr als die meisten anderen Gesellschaftsgruppen unterwegs waren. Doch im Mittelalter bedeutete Reisen vor allem Gefahr und die meisten Menschen mieden die Landstraßen. Unterwegs waren hauptsächlich Gauner, wandernde Studenten und Kleriker und die – meist jüdischen – Händler. Fast alle Juden konnten sich, außer in der Sprache ihrer Wirtsvölker, auch hebräisch verständigen und durch die Pflicht des Thoralesens, bereits im Kindesalter, waren zumindest alle männlichen Juden des Lesens kundig. Dies war natürlich ein großer Vorteil für den jüdischen Kaufmann, der so Kontakte in alle Länder knüpfen konnte. Entlang der großen Handelsrouten bildeten sich überall jüdische Siedlungen, in denen die Kaufleute die Möglichkeit hatten, Gastfreundschaft zu erfahren. Für Juden war das Reisen, wegen der strengen Speisegesetze und der sonstigen religiösen Gebräuche, nicht so einfach. Sie waren gezwungen, bei Glaubensbrüdern zu übernachten und zu essen. Deshalb entstanden entlang der Goldenen Straße zwischen Nürnberg und Prag viele kleinere, aber auch große, bedeutende jüdische

Gemeinden, wie z.B. Lauf, Schnaittach, Sulzbach, Neustadt a. d. Waldnaab, Floss, Tachau, Mies (Stribro) und natürlich auch Pilsen, in dessen Zentrum die drittgrößte Synagoge der Welt emporragt.

Die rechtliche Stellung der Juden wurde in den verschiedenen Zeiten durch die unterschiedlichsten Verordnungen und Privilegien geregelt. Im Frühmittelalter organisierten sie ihr innerjüdisches Leben nach den Vorschriften von Talmud und Torah selbst. Die Beziehungen zur christlichen Umwelt waren, wie schon erwähnt, in der Regel friedlich. Durch die blutigen Pogrome des Mittelalters, die mit Beginn des ersten Kreuzzugs 1096 über die Juden hereinbrachen, wurde dieser Friede jäh zerstört. Der existentiellen Bedrohung der Juden konnte nur der König entgegentreten, indem er den Juden Schutz von Leben und Eigentum, freie Religionsausübung und freien Handel zusagte. Allerdings ließ sich der König diesen Schutz bezahlen, durch das sog. Judenschutzgeld und er betrachtete die Juden sozusagen als sein Eigentum, als die sog. Kammerknechte. 1356 wurden in der Goldenen Bulle der Judenschutz und das Recht, Juden aufzunehmen, allen Kurfürsten als Privileg zugesprochen, d.h. der König konnte „seine" Juden gegen Zins, befristet an die Kurfürsten verpachten oder verleihen. Für die Nürnberger Juden bedeutete dies z.B. folgendes: Als die Stadt im 14. Jh. einen großen wirtschaftlichen Aufschwung erlebte und einen zentral gelegenen Marktplatz benötigte, genehmigte Kaiser Karl IV den Abriss des Ghettos. Anstelle der Synagoge wurde die kaiserliche Marienkapelle am Hauptmarkt errichtet. Da nach der Auflösung des Ghettos damit zu rechnen war, dass ein Großteil der Juden Nürnberg verlassen und dem Kaiser als deren „Eigentümer" eine Menge an Schutzgeldern und Steuereinkünften verloren gehen würde, schenkte dieser den Nürnbergern einfach „seine" Juden. Für den finanziellen Ausfall ließ er sich vom Nürnberger Rat reichlich entschädigen. Nach dieser Transaktion entledigten sich die Nürnberger Bürger ihres „Geschenkes", indem sie einen Großteil der Juden einfach erschlugen. Allerdings bestrafte sich die Stadt durch ihre judenfeindliche Politik über Jahrhunderte selbst, denn die überlebenden Juden ließen sich im benachbarten, sehr toleranten Fürth nieder, welches dadurch wirtschaftlich außerordentlich stark profitierte und blühte.

Neben dem jährlichen Schutzgeld hatten die Juden noch eine ganze Reihe regelmäßiger und unregelmäßiger Abgaben sowie Sondersteuern zu entrichten. Art und Höhe waren dabei von Ort zu Ort verschieden. Eine ganz wesentliche Last waren das sog. Geleitgeld und der Leibzoll. Ersteres war eine Abgabe für die Sicherheitsbegleitung auf den Handelsstraßen, die für Juden auch noch zu Zeiten obligatorisch blieb, in denen es keines Geleits mehr bedurfte. Zunächst war es für Juden und Christen gleich hoch, erhöhte sich jedoch im Laufe der Zeit für die Juden durch die Einführung von Sondertaxen. Selbst für jüdische Leichen, die auf den Friedhof eines anderen Territoriums überführt wurden, musste Geleitgeld bezahlt werden. Für die Juden war diese Rechtslage ein Teufelskreis. Durch die Härte der Gesetze zwang man sie, diese immer wieder zu umgehen und zu übertreten. Dies bestärkte wiederum die abschätzige Meinung der christlichen Bevölkerung. Die jüdischen Händler versuchten z.B., ebenso wie auch viele christliche Reisende, die offiziellen Straßen zu meiden und damit die zu entrichtenden Zölle zu umgehen. Sie bewegten sich deshalb auf sog. Judenwegen, die abseits der Handelsstraßen verliefen. Auch die sog. „Verbotene Straße" war ja wegen der drückenden Zölle und Geleitgelder immer beliebter geworden. Viele verarmte Juden waren auch als sog. Schnorr-, Bettel- und Hausierjuden auf den Straßen unterwegs und brachten manche jüdische Gemeinde in zusätzliche finanzielle Bedrängnis, denn Wohltätigkeit und Nächstenliebe, die wohl hervorragendsten ethischen Kennzeichen jüdischer Kultur in der Diaspora, geboten Unterbringung und Verpflegung solcher sozial entwurzelten Wanderjuden. Bayern, das sich über Jahrhunderte als sehr judenfeindlich zeigte, gestattete den Juden nach den endgültigen Ausweisungen 1551 lediglich die Durchreise, die möglichst rasch erfolgen sollte. Deshalb durften sie an einem Ort nur einmal übernachten.

Den Leibzoll empfanden die Juden als besonders demütigend, weil sie sich auf dieselbe Stufe wie Waren und Tiere gestellt sahen. Die bayerische Mautordnung von 1765 führte die Juden auch als Sache unter der Rubrik „Feilschaften" neben Tieren und Waren aller Art. Da allgemeine Vorschriften für die Erhebung dieser Abgaben fehlten, konnte jeder Ort, jeder Zollbeamte willkürlich verfahren. Bei den Pfalz-Sulzbachischen Zollämtern z.B. mussten die Sulzbachischen Juden keine dieser Abgaben bezahlen (Herzog Christian August war sehr judenfreundlich eingestellt). Im Allgemeinen kam es aber immer wieder zu Verwicklungen, besonders im historisch sehr komplizierten Gemeinschaftsamt Parkstein-Weiden. Über Jahrzehnte wurden Beschwerden und Petitionen bis nach München eingereicht, einerseits von den Juden wegen des Leibzolles, andererseits von den Zollbeamten, wenn der Leibzoll ausblieb. Erst die neue Zollverfassung aus dem Jahr 1807 hob den Leibzoll der Juden schließlich auch in Bayern auf. Damit wurde eine der bis dahin schmachvollsten Diskriminierungen der Juden beseitigt. Was dann im Dritten Reich an Diskriminierung folgte, wissen wir ja alle.

Židovští obchodníci mezi Prahou a Norimberkem

Podle současných pramenů lze předpokládat, že první židé přišli do Bavorska a do Čech společně s Římany. Byli to obchodníci, kteří zprostředkovávali výměnu zboží. Přišli proto, aby tu nalezli ochranu a bezpečnost před věčným pronásledováním. Především Praha se svým hradem v blízkosti řeky jim nabízela zajímavý nový domov. Město leželo na Zlaté cestě, křižovatce s jinými obchodními cestami. Ve středověku žilo v Praze asi 12 000 židů, na počátku nacistické nadvlády dokonce 120 000. Od středověku byla Praha pokládána za důležité centrum židovské učenosti, filozofie, teologie, historie, výchovy a umění.

Přítomnost židů v Norimberku je známa teprve od začátku 12. století. S největší pravděpodobností zde však sídlili již dříve. Jejich historie v Norimberku se až na některé výjimky vyznačuje tím, že na rozdíl od Prahy zde vůči nim panovala silná nenávist, což židům dlouho bránilo, aby se tady trvale usadili.

Až do začátku křížových výprav žili židé jako rovnoprávní občané vedle křesťanů, aniž by je kdokoli byl napadal. Později však byli stále častěji nuceni věnovat se především obchodu a půjčování peněz. Křesťanské cechy totiž začaly židy vytlačovat z výroby a bylo jim také zakazováno těžit z jejich zemědělských pozemků. A tak se stalo, že židé byli mnohem víc než jiné skupiny obyvatelstva na cestách, což ve středověku bylo spojeno s velkým nebezpečím. Většina lidí se cestování vyhýbala. Cestovali především podvodníci, potulní studenti, klerikové a – židovští obchodníci. Skoro všichni příslušníci komunity se kromě jazyka země, v níž žili, domluvili také hebrejsky. Protože měli povinnost číst tóru (a to už hned jako děti), uměli přinejmenším všichni muži číst, což byla pro židovského obchodníka obrovská výhoda. Mohl tak navazovat kontakty ve všech zemích. Podél obchodních cest vznikaly židovské osady, kde se obchodníci setkávali se skutečnou pohostinností. Pro židy samotné nebylo cestování kvůli náboženským zvyklostem a přísným pravidlům stravování žádnou jednoduchou záležitostí. Řešením se pro ně stávalo nocování a stolování u souvěrců. Podél Zlaté cesty od Norimberka až po Prahu tak vyrůstaly menší, ale i velké osady, například Lauf, Schnaittach, Sulzbach, Neustadt a. d. Waldnaab, Floss, Tachov, Stříbro a samozřejmě také Plzeň, v jejímž centru se nachází třetí největší synagoga na světě. Právní postavení židů se v nejrůznějších dobách řídilo řadou ustanovení a privilegií. V raném středověku si svůj vnitřní svět organizovali sami podle přikázání tóry a talmudu. Vztah ke křesťanskému světu byl zpravidla mírumilovný. Ovšem s krvavými pogromy ve středověku jako následkem první křížové výpravy v roce 1096 vzala tato mírumilovnost záhy za své. Trvalé ohrožení židů pak mohl odvrátit pouze král, když přislíbil ochranu života a majetku, svobodné vyznání víry a možnost obchodovat. Ale za tuto ochranu si vladař nechal dobře zaplatit. Byl zřízen „poplatek na ochranu židů", přičemž král považoval židy takřka za svůj osobní majetek, tzv. služebníky komory. V roce 1356 byla ve Zlaté bule přiznána všem kurfiřtům (mimo jiné) tato výsada: ochrana židů a právo přijímat je na svém území. Tudíž král mohl za určitý poplatek propůjčit anebo propachtovat „své židy" na předem dohodnutou dobu. Pro norimberské židy to mělo nepříjemný dopad. Když ve 14. století město dosáhlo velkého hospodářského rozmachu a bylo nutné vybudovat centrální náměstí, dal Karel IV. svůj souhlas ke zbourání ghetta. Na místě synagogy byla postavena císařská Mariánská kaple. Po zrušení ghetta, když už bylo jasné, že většina židů Norimberk opustí, čímž císař přišel o značné peníze za jejich ochranu a také o peníze z daní, „své" židy městu jednoduše daroval. Za tuto finanční ztrátu se nechal od městské rady bohatě odškodnit. Obyvatelé Norimberka se tohoto daru zbavili tak, že většinu židů prostě zabili. Za svůj nepřátelský čin se však město potrestalo samo, a to na dlouhá léta. Hrstka těch, kteří přežili, se usadila v sousedním a velmi tolerantním Fürthu a ten pak díky nim začal hospodářsky mimořádně prosperovat a vzkvétat.

Kromě každoročních poplatků za ochranu a daní museli židé odvádět celou řadu dalších pravidelných či nepravidelných poplatků. Jejich výše a druh se lišily podle místa. Zvlášť velkou zátěží bylo placení tzv. průvodního poplatku a osobního cla. Průvodním poplatkem se rozuměl ochranný doprovod na cestách (a ten existuje tu a tam dodnes). Zpočátku byla částka stejná pro židy i křesťany, časem však byla pro židy zvýšena zavedením zvláštní taxy. Ta se týkala především zemřelých, protože mrtvá těla musela být převážena na jiná území, na zvláštní židovské hřbitovy. Tímto právním ustanovením se židé ocitli v bludném kruhu. Stále tvrdší zákony je nutily k tomu, aby je čím dál častěji obcházeli a překračovali, což se zas negativně odráželo v zhoršujícím se mínění křesťanského obyvatelstva.

Židovští obchodníci (i putující křesťané) se snažili vyhýbat oficiálním cestám a placení cla. Pohybovali se proto po tzv. „židovských cestách" a ty se stávaly čím dál oblíbenější.

Mnoho zchudlých židů putovalo jako žebráci anebo jako podomní obchodníci, což zase představovalo finanční ztráty pro některé židovské obce. Pohostinnost a láska k bližnímu patří totiž do etického kodexu židovské kultury, a tak právě tyto obce poskytovaly oněm sociálně vykořeněným a potulným židům ubytování a stravu. Bavorsko, vyznačující se po staletí silným antisemitismem, povolovalo židům (po vydání dokumentu o vyhoštění z roku 1551) pouhý průjezd svým územím, a to jen po nezbytně nutnou dobu. Židé směli přespat na jednom místě pouze jednu noc. Osobní clo je silně ponižovalo. Dostávalo tak židy na úroveň zvířat a zboží různého druhu a v příslušné kolonce byli uváděni jako „zboží na prodej".

Protože neexistovaly jednotné předpisy, každé území či celní úřad si mohlo výši poplatků stanovit po svém. Například na falcko-sulzbašském celním úřadě nemuseli židé platit nic (vévoda Kristián August byl židům příznivě nakloněn). Docházelo tak k ustavičným zmatkům, zejména na historicky komplikovaném území Parkstein-Weiden. Po celá léta docházely nejrůznější petice až do Mnichova. Na jedné straně si stěžovali židé na osobní clo a na druhé straně zas celní úřady, že jim clo nebylo zaplaceno. Teprve až nová celní ústava z roku 1807 osobní clo pro židy v Bavorsku zrušila. Tím byla odstraněna jedna z potupných diskriminací. Jaká pak následovala v období Třetí říše, víme všichni.

Autorin: Monika Ilg, Grundschule Leuchtenberg
Autorka: Monika Ilg, ZŠ Leuchtenberg

Photo: Die Synagoge in Pilsen ist die zweitgrößte Synagoge in Europa, Rainer Sollfrank, Volksschule Kemnath
Foto: Synagoga v Plzni je druhou největší synagogou v Evropě, Rainer Sollfrank, Obecná škola Kemnath

Schülerarbeit: Burg Leuchtenberg, Ramona Gebhardt, Grundschule Leuchtenberg
Žákovská práce: Hrad Leuchtenberg, Ramona Gebhardt, Základní škola Leuchtenberg

Loděnice

Němci v Loděnici

Loděnice je na první pohled obyčejná obec, ale když ji poznáte více, má velmi poutavou minulost. Odedávna zde žily jak české, tak německé rodiny. Potomci německých rodin zde žijí dodnes, ale mají již česká jména.

Roku 1825 se stal vlastníkem místní prádelny Kryštof Neugebauer, který spolupracoval se svými dobrými přáteli a jejich rodinami Goldsteinů a Kleinbergů. Ti vlastnili firmu na výrobu velmi kvalitní a žádané bavlny.

Pan Kleinberg byl původně velmi zámožný statkář. Mladá paní Kleinbergová založila spolu s panem Cífkou vinici na Kněží hoře, kde byl o něco později postaven zámeček v secesním stylu podle návrhu architekta Ignáce Ullmanna.

Roku 1873 byla v Loděnici založena menší pošta, která se pořád rozrůstala. Poštmistr Leopold Czeimer byl zároveň prvním místním lékařem.

Roku 1891 zde bylo založeno Sdružení divadelních ochotníků. Mezi nejvýznamnějšími představeními hranými v tomto divadle zmíníme Maryšu, Fidlovačku a Vinobraní. Mnohé představení režíroval v letech 1935–1938 Karel Weigert, který byl původně učitelem a správcem místní školy.

Roku 1913 přišli navštívit německého železničního přednostu Burgemeistera čeští spisovatelé a velmi dobří přátelé Jaroslav Hašek a Matěj Kuděj. V Loděnici navštívili hospodu pana Neuwirtshause.

Mezi nejvýznamnější události loděnické historie patří bezesporu stavba loděnického zámečku.

Antonín Cífka dříve pracoval jako obchodník a podnikatel v Praze, kde vlastnil hotel Černý kůň. Jeho manželka byla sestra Jindřišky Kleinberkové. Jelikož byl velkým milovníkem dobrého vína, rozhodl se vytvořit vinici. Při projížďce Loděnicí spatřil nádherné slunné místo, nazývané Kněží hora. Toto území bylo majetkem církve. Na křovinatých svazích této hory se páslo jen malé stádo koz, které vlastnil místní farář. Zde postavenému zámečku se také říkalo Letohrádek rodiny Cífkovy. Při slavnostním otevření pronesla přípitek i Jindřiška Kleinbergová.

Nejmladší a také nejznámější dcerou byla Milada Cífková, talentovaná sportovkyně. Stala se mistryní Království koruny české v tenise. Díky její lásce k tenisu nechal jí otec postavit tenisový kurt umístěný blízko zámku. Milada byla velmi oblíbená a velkorysá žena. Měla velice ráda děti a za odměnu jim rozdávala tenisové míčky. Všichni lidé si mysleli, že je krásnější než Trojská Helena. Ženy jí záviděly krásu a muži ji obdivovali.

Milada však nebyla jediná dcera v rodině. Cífkovi měli dohromady 15 dětí.

Roku 1891 po tragické smrti Antonína Cífky převzal rodinný podnik syn Jindřich, za kterého byla Loděnice v rozkvětu. Vybudoval také vápenku a lanovou dráhu.

Roku 1880 přijel na Letohrádek rodiny Cífkových syn Františka Josefa I., korunní princ Rudolf. Jeho neobvykle dlouhý pobyt v zámečku ještě více zvedl prestiž vinice. Zdržel se tu zhruba 20 dnů.

Kdo by byl řekl, že taková malá obec mezi kopci bude takto zajímavá. Její minulost trvá od roku 1088 a doufejme, že bude pokračovat i nadále.

Die Deutschen in Loděnice

Loděnice ist auf den ersten Blick eine ganz gewöhnliche Gemeinde, aber wenn Sie sie näher kennen, hat sie eine sehr fesselnde Geschichte. Schon ewig lebten hier sowohl tschechische als auch deutsche Familien. Ihre Nachkommen leben bis heute hier, aber mittlerweile haben sie tschechische Namen.

Im Jahre 1825 wurde Christoph Neugebauer Besitzer der örtlichen Wäscherei. Er arbeitete mit seinen guten Freunden Goldstein und Kleinberg und ihren Familien zusammen. Diese besaßen eine Firma zur Erzeugung von sehr hochwertiger und gefragter Baumwolle. Herr Kleinberg war ursprünglich ein sehr wohlhabender Gutsbesitzer. Die junge Frau Kleinberg legte zusammen mit Herrn Cífka einen Weinberg auf dem Kněží hora an. Etwas später wurde dort auch ein Schlösschen im Jugendstil nach einem Entwurf des Architekten Ignaz Ullmann erbaut.

1873 wurde in Loděnice eine kleinere Post eröffnet, die sich ständig ausdehnte. Der Postmeister Leopold Czeimer war gleichzeitig der erste Arzt im Ort. Im Jahre 1891 wurde hier die Vereinigung der Theaterliebhaber gegründet. Von den bedeutendsten Stücken, die in diesem Theater gespielt wurden, erwähnen wir „Marysa", „Fidlovačka" und „Vinobraní". Viele Vorstellungen in den Jahren 1935–1938 standen unter der Regie von Karel Weigert, der ursprünglich Lehrer und Verwalter der örtlichen Schule war. 1913 kamen die tschechischen Schriftsteller und sehr guten Freunde Jaroslav Hašek und Matěj Kuděj zu Besuch bei dem deutschen Eisenbahnvorsteher Bürgermeister. In Loděnice besuchten sie die Gastwirtschaft „Neuwirtshaus".

Zu den bedeutendsten Ereignissen in der Geschichte von Loděnice gehört zweifellos der Bau des Schlösschens Loděnice. Antonín Cífka arbeitete früher als Händler und Unternehmer in Prag, wo er das Hotel „Schwarzes Ross" besaß. Seine Frau war die Schwester Jindřiška Kleinberg. Weil er ein großer Liebhaber guten Weines war, entschied er sich, einen Weinberg anzulegen. Bei einer Fahrt durch Loděnice erblickte er eine herrlich sonnige Stelle, genannt Kněží hora. Dieses Gelände war Kirchenbesitz. Auf den mit Gebüsch bewachsenen Hängen dieses Berges weidete nur eine kleine Ziegenherde, die dem örtlichen Pfarrer gehörte. Zu dem hier erbauten Schlösschen sagte man auch „Lustschloss der Familie Cífka". Bei der feierlichen Eröffnung brachte auch die Gründerin Jindřiška Kleinberg einen Trinkspruch aus.

Die jüngste und auch bekannteste Tochter war Milada Cífka, eine talentierte Sportlerin. Sie wurde Meisterin der Böhmischen Krone im Tennis. Wegen ihrer Liebe zum Tennis ließ ihr Vater einen Tennisplatz nahe am Schlösschen anlegen. Milada war eine sehr beliebte und großzügige Frau. Sie hatte Kinder sehr gerne, und als Belohnung verteilte sie Tennisbälle an sie. Alle Leute glaubten, sie sei schöner als die Helena von Troja. Die Frauen beneideten ihre Schönheit, und die Männer bewunderten sie. Milada war aber nicht die einzige Tochter in der Familie. Die Cífkas hatten zusammen 15 Kinder. Nach dem tragischen Tod von Antonín Cífka übernahm der Sohn Heinrich 1891 das Familienunternehmen, zu seiner Zeit erlebte Loděnice seine Blütezeit. Er errichtete auch eine Kalkbrennerei und eine Seilbahn.

Im Jahre 1880 fuhr der Sohn von Franz Josef I., der Kronprinz Rudolf, auf das Lustschlösschen der Familie Cífka. Sein ungewöhnlich langer Aufenthalt im Schlösschen erhöhte das Prestige des Weinbergs noch mehr. Er hielt sich hier etwa 20 Tage auf. Wer hätte das gedacht, dass eine so kleine Gemeinde in den Hügeln so interessant ist. Ihre Geschichte beginnt schon 1088 – hoffen wir, dass sie auch weiter laufen wird.

Autorky: Natálie Postlerová a Štěpánka Vořechová ve spolupráci s paní učitelkou Zdenou Richterovou, Základní škola Loděnice
Autorinen: Natálie Postlerová und Štěpánka Vořechová mit Hilfe ihrer Lehrerin Zdena Richterová, Grundschule Loděnice

Foto: Roubená chalupa v Českém krasu, archiv
Photo: Bauernhaus im Böhmischen Karst, Archiv

Žákovská práce: Novináři a fanoušci obtěžují Miladu Cífkovou, Dominika Girethová, 10 let, Základní škola Loděnice
Schülerarbeit: Journalisten und Fans genieren Milada Cífková, 10 Jahre, Dominika Girethová, Grundschule Loděnice

Mainbernheim

Mainbernheim – Anfang – Auftrag – Aufschwung

Mainbernheim, im Landkreis Kitzingen in Bayern gelegen, wurde als „Heim des Bero" während der Zeit der fränkischen Landnahme im 6./7. Jahrhundert gegründet. Es entwickelte sich schnell zu einem Gemeinwesen von strategischer und wirtschaftlicher Bedeutung. In seiner Frühzeit diente es als Bastion gegen die an den Südrand des Steigerwalds vorgerückten Wenden, Angehörigen eines slawischen Volksstamms. Jahrhunderte später erachtete Kaiser Friedrich I. Barbarossa den aufstrebenden Ort auch wieder auf Grund seiner exponierten Lage für so bedeutsam, dass er ihn in der Urkunde vom 19. April 1172 als „villam suam Bernheim" („sein Dorf Bernheim") unter seinen persönlichen Schutz stellte und es zum kaiserlichen Landsitz (Reichsdorf) erhob. Trotz dieses Privilegs kam es aber im Laufe der Zeit immer wieder zu Verpfändungen und Besitzerwechsel.

Nach seiner Wahl zum römisch-deutschen Kaiser (1355) suchte Karl IV., dieser höchst gebildete, große, bereits gesamteuropäisch denkender Herrscher des Spätmittelalters, im Rahmen seiner Hausmachtpolitik die Landbrücke als eine „via regia", später auch „hohe Straße" und dann „Alte Reichsstraße" genannt, zwischen seinen luxemburgischen Stammlanden und seinem böhmischen Großbesitz auszubauen, zu festigen und zu sichern. So erinnerte sich Karl IV. an die schon von früher her bestehenden Privilegien und Rechte in den in Franken gelegenen Reichsstädten – man denke nur an das von ihm so geliebte Nürnberg – und Reichsdörfern.

Und genau im Herzland Frankens, in der Mitte zwischen Luxemburg und der Residenzstadt Prag, liegt in unmittelbarer Nähe des Flusses Main „meynbernheim", wie es zur Zeit des späten Mittelalters hieß. Mainbernheim stieg unter Kaiser Karl IV. und seinem ältesten Sohn, König Wenzel IV. von Böhmen, zur Stadt zusammen mit dem Würzburg vorgelagerten Heidingsfeld, heute ein Stadtteil der Mainmetropole Würzburg, und dem im Steigerwaldvorland gelegenen Prichsenstadt auf. In der Urkunde vom 18. Januar 1367 findet sich für die genannten Orte nun der juristische Begriff „stat", wenn wir dort lesen „die stete Heytingsfeld und Bernheim, Bryssendorf Burg und stat". In dieser Urkunde geloben die „Bischöfe oder Chorherren zu Würzburg, niemals gegen die Interessen unserer Person und unserer Nachfolger... bezüglich der aufgezählten befestigten Städten... Ansprüche geltend" zu machen. Einige Zeilen später heißt es in dieser Urkunde, dass diesen „befestigten Städten" die Ausübung der hohen und niedrigen Gerichtsbarkeit einschließlich der Verhängung von Gefängnis und Todesstrafe sowie Rädern übertragen werde. Durch die Verleihung des Marktrechts sollte Geld in die Kasse kommen, sicher um auch zum Teil damit den Bau der Wehranlagen finanzieren zu können.

So wurde Mainbernheim einerseits gefördert, andererseits aber auch gefordert.

Rechte und Pflichten waren nicht voneinander zu trennen. Die junge Stadt hatte sich mit Wehranlagen und vorgelagertem Graben zu befestigen, wahrlich eine schwere und aufwändige Verpflichtung für die damals, so schätzt man, ca. 800 Einwohner.

Langsam, vielleicht allzu langsam schien es mit dem Bau der Befestigung voranzugehen, denn in der Urkunde vom 8. August 1382 ermahnt König Wenzel IV. die „lieben Getreuen", wenn sie nicht „unsere Huld" verlieren und „ihr nicht in große Ungnade bei uns fallen wollt", dass jeder, der daselbst Besitz hat, „ihr nach Kräften und seinem Vermögen Lasten übernehmt und euren Beitrag leistet und euch dem in keiner Weise widersetzt".

Das hat gesessen, das hat gewirkt. Wer will sich schon damals wie heute die Gunst der Obrigkeit verscherzen?

Der Mauerring mit den zwei mächtigen Stadttoren, durch die auf der breiten gepflasterten Straße die Fuhrwerke der Bauern, der Kaufleute und der Reisenden und die Karren der einfachen Leute rollten, und den 17 zum Teil noch erhaltenen kleineren Türmen im Bering wurde hochgezogen, ein breiter Wassergraben ausgehoben. Auf den Wehrgängen hielt die Bürgerwehr die Wacht.

Bis auf den heutigen Tag zeugt der Mauerring, an vielen Stellen allerdings auf eine niedrigere Höhe abgetragen, um Sonne, Licht und Luft in das eng bebaute Stadtgebiet dringen zu lassen, von der einstigen Bedeutung Mainbernheims, in dessen gelben Wappenfeld ein schwarzer, aufrecht stehender Bär den Stolz der Mainbernheimer auf ihre Stadt dokumentiert.

Mainbernheim – počátek – úkol – vzestup

Mainbernheim v okrese Kitzingen v Bavorsku byl založen v době franckého záboru v 6.–7. století jako „Heim des Bero" (sídlo Berovo). Rychle se rozvíjel v místě strategického a hospodářského významu. V raných dobách byl baštou proti Lužickým Srbům (Wendům), příslušníkům slovanského kmene, který pronikl až na jižní okraj Steigerwaldu. O několik století později shledal císař Friedrich I. Barbarossa, že vzmáhající se osada je (a to opět na základě její exponované polohy) natolik důležitá, že ji v listině ze dne 19. dubna 1172 povýšil na „villum suam Bernheim" (svou ves Bernheim) a jako říšskou ves ji postavil pod svou osobní ochranu. Vzdor tomuto privilegiu však byl Bernheim mnohokráte zastavován a měnil majitele.

Když byl Karel IV. v roce 1355 zvolen říšsko-německým císařem, snažil se tento vysoce vzdělaný, veliký a už tenkrát celoevropsky smýšlející středověký vladař vybudovat, upevnit a zabezpečit v rámci mocenské politiky propojení svých zemí. Budoval proto jakousi „via regia", královskou cestu, později i tzv. „hlavní cestu" a nakonec „starou říšskou cestu" mezi Lucemburskem, odkud pocházel, a Čechami jako svým hlavním sídlem. Karel IV. tím obnovil někdejší privilegia a práva franckých vesnic a říšských měst (připomeňme si jen jeho milovaný Norimberk).

A právě v srdci Frank, uprostřed cesty mezi Lucemburskem a sídelní Prahou, leží v bezprostřední blízkosti řeky Mohanu „Meynbernheim", jak se v době pozdního středověku nazýval. Mainbernheim byl povýšen za císaře Karla IV. a za jeho nejstaršího syna Václava IV. na město. Stejně tak Heidingsfeld (dnešní městská část Würzburku, metropole nad Mohanem) a Prichsenstadt u Steigerwaldu. V listině ze dne 18. ledna 1367 najdeme pro jmenovaná místa právní označení „stat", tedy něco jako město, a dále v ní čteme „die stete Heytingsfeld und Bernheim, Bryssendorf Burg (hrad) und Stat". V téže listině slibují biskupové a kanovníci z Würzburku, že „nikdy si nebudou

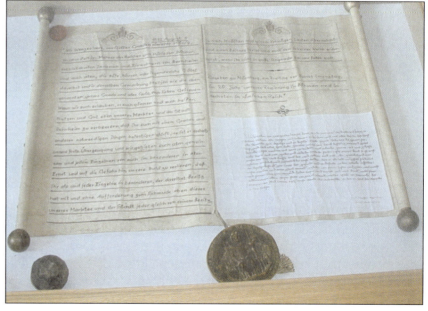

činit žádné nároky, které by byly proti zájmům osoby naší a našich následníků… pokud se jmenovaných měst týká". O několik řádek dále se v listině praví, že těmto „opevněným městům" bude přiřčeno právo vykonávat vyšší a nižší soudnictví, ukládat tresty vězení i trest smrti a lámání kolem. Právo konat trhy pak mělo přinést peníze, z nichž by se zajisté hradila i část nákladů na stavbu obranných valů.

Mainbernheim tak získal na jedné straně podporu, na druhé straně to pro něj znamenalo výzvu. Práva a povinnosti nebylo možné od sebe oddělit. Mladé město mělo za povinnost postavit hradby a před nimi vyhloubit příkop, což pro 800 obyvatel byl těžký a nákladný úkol. Opevňovací práce postupovaly jen velmi pomalu, protože v listině ze dne 8. srpna 1382 varuje král Václav IV. své „milé věrné", že každý, kdo vlastní nějaký majetek a nechce ztratit nic z „naší přízně a upadnout u nás v nemilost, musí podle svých sil a výše svého majetku přijmout zátěž a tomuto se žádným způsobem nevzpírat". To zapůsobilo. Kdo by si byl tenkrát (stejně jako dnes) chtěl „rozházet" vrchnost?

A tak byl v Beringu vybudován okruh hradeb se dvěma mohutnými městskými branami, jimiž se po široké dlážděné cestě valily povozy sedláků, obchodníků a poutníků a káry prostých lidí. Na hradbách se tyčilo sedmnáct věží, dodnes zčásti dochovaných. Byl vyhlouben široký vodní příkop. Na ochranných náspech hlídkovala občanská stráž.

Dodnes svědčí okruh hradeb (který však byl na mnoha místech už snížen, aby do hustě zastavěného prostoru města mohlo proniknout slunce a vzduch) o někdejším významu Mainbernheimu. Černý vzpřímený medvěd ve žlutém poli městského znaku je symbolem hrdosti mainbernheimských na jejich město.

Autoren: Kurt Neußner, Gymnasium Mainbernheim und Irmgard Franz, Grund- und Hauptschule Mainbernheim
Autoři: Kurt Neußner, Gymnázium v Mainbernheimu a Irmgard Franz, Základní škola v Mainbernheimu

Photo: Urkunde Wenzel IV. im Rathaus, Rainer Christoph, Altenstadt
Foto: Listina Václava IV. na radnici, Rainer Christoph, Altenstadt

Schülerarbeit: Bau der Festunganlage, Romina Danner, 4 Kl., Volksschule Mainbernheim
Žákovská práce: Stavba opevnění, Romina Danner, 4 tř., Obecná škola Mainbernheim

Mitterteich

„Friedrich Barbarossa, der Neffe des Kaisers Konrad III., heiratet Adela von Vohburg, die Tochter des Klostergründers von Waldsassen"

So hätte vermutlich die Schlagzeile des Jahres gelautet – wenn es im Jahre 1147 schon eine Regenbogenpresse gegeben hätte. So ganz genau wissen wir es nicht, wann die Hochzeit stattgefunden hat! Nur, dass das Fest in Eger stattfand, als Stammburg der Markgrafen von Vohburg und dass der königliche Bräutigam das ganze Gebiet um Eger, die „regio egire", angrenzend an das Stiftland des Klosters Waldsassen angrenzt, als Mitgift seiner Braut erhielt.

Eger wurde bereits 1061 erstmals urkundlich erwähnt.

Wir stellen uns also vor, dass Friedrich, von seinen salischen Stammlanden anreisend, durch unsere Heimatstadt Mitterteich über Waldsassen nach Eger zu seiner bevorstehenden Hochzeit reitet. Die Untertanen des Klosters Waldsassen, die den bereits ein Jahr vorher verstorbenen Vater der Braut als Stifter des Klosters seit 1133 kannten und verehrten, wollen ihm sicher einen würdigen Empfang bereiten.

Das Jahr 1147 als Hochzeitsjahr gilt als am wahrscheinlichsten, da Friedrich zu dieser Zeit nachweislich in Waldsassen weilte. Er unterzeichnete nämlich als Zeuge eine Urkunde, in der Kaiser Konrad III. dem Kloster erhaltene Schenkungen bestätigte. Außerdem nahm er die nächsten zwei Jahre am zweiten Kreuzzug ins Heilige Land teil, der zur damaligen Zeit sehr gefährlich war und von dem er erst 1149 wieder zurückkehrte. In seinem Interesse lag es deshalb, vorher zu heiraten und seine Nachfolge zu sichern. Da Friedrich aber kein besonderes Interesse an der Region Eger hatte, überließ er sie seinem kaiserlichen Onkel, der es vorher schon als Reichslehen, 1146 nach dem Tode Diepolds III. von Vohburg, eingezogen hatte. Damit sich die Adeligen nicht über den Einzug des Lehens beschweren, ließ es der Kaiser als Mitgift zur Hochzeit seines Neffen Friedrich deklarieren. Deshalb vermutet man, dass Kaiser Konrad III. die Hochzeit Adelas mit seinem Neffen Friedrich initiiert hat.

Dass Friedrich 1152 zum deutschen König und drei Jahre später in Rom sogar zum Kaiser gekrönt wird, konnte bei seiner Hochzeit noch keiner ahnen. Die Ehe zwischen Adela und Friedrich stand unter keinem guten

Stern, sie wurde am 4. März 1153 auf dem Hoftag zu Konstanz wieder geschieden. Offiziell begründet mit „zu naher Verwandtschaft der Ehegatten", erzählen andere Quellen auch von „mangelnder Treue der Gattin". Friedrich weilte auch später noch einmal im Stiftland. Er kam 1179 zur Einweihung der Klosterkirche (dem Vorgängerbau der heutigen Basilika) nach Waldsassen.

Mit seinem Gefolge reiste er aus der nahen Burg Eger an, die er zur Kaiserpfalz ausbauen ließ. Man erzählt sich, dass die Waldsassener Mönche bei diesem Anlass ein großes Fischessen aufboten. Das Stiftland ist heute noch bekannt für seine Karpfen. Die Gestaltung der Kulturlandschaft der bekannten Tirschenreuther Teichpfanne geht auf die Waldsassener Mönche zurück.

„Fridrich Barbarossa, synovec císaře Konráda III., se žení s Adélou z Vohburgu, dcerou zakladatele kláštera Waldsassen"

Takhle nějak mohl znít titulek roku – kdyby v roce 1147 už existovaly nějaké řezenské noviny. Docela přesně ale nevíme, kdy se svatba konala. Víme jen, že to bylo v Chebu na rodinném hradě markrabích z Vohburgu a že královský ženich získal jako věno nevěsty celou chebskou oblast „regio egire", hraničící s pozemky kláštera Waldsassen. Z roku 1061 máme první listinnou zmínku o Chebu.

Dokážeme si proto představit, jak Fridrich jede na koni ze svých salických zemí přes Mitterteich a Waldsassen do Chebu na svou svatbu. Poddaní kláštera Waldsassen, kteří znali a ctili právě před rokem zesnulého otce nevěsty, zakladatele kláštera (1133), jistě chtěli Fridrichovi připravit důstojné přivítání.

Rok 1147 se jeví jako nejpravděpodobnější rok sňatku. V ten čas Fridrich ve Waldsassenu prokazatelně žil. Jako svědek tam totiž podepsal listinu, v níž císař Konrád III. potvrzuje dary, které klášter obdržel. Kromě toho se Friedrich v následujících dvou letech zúčastnil druhé křížové výpravy do Svaté země, v tehdejších dobách velmi nebezpečné, a vrátil se z ní až roku 1149. Bylo proto v jeho vlastním zájmu, aby se před tím oženil a zajistil si tak následníka. Protože však Fridrich neměl o chebský region příliš velký zájem, přenechal jej svému císařskému strýci. Ten jej už předtím, roku 1146, po smrti Děpolda III. z Vohburgu, připojil ke svým državám. Aby si ale šlechta nestěžovala na připojení léna, prohlásil je císař za věno k sňatku svého synovce Fridricha. Lze se domnívat, že to byl císař Konrád III., kdo inicioval sňatek Adély se svým synovcem Fridrichem.

Skutečnost, že byl Fridrich potom roku 1152 korunován na německého krále a o tři roky později v Římě dokonce na císaře, nemohl tehdy na jeho svatbě ještě nikdo tušit. Manželství Adély a Fridricha nebyly hvězdy nakloněny. 4. března 1153 bylo na sněmu v Kostnici zrušeno s oficiálním zdůvodněním: příliš těsné příbuzenství obou manželů. Jiné prameny se zmiňují o problematické věrnosti manželky. Fridrich se i později zdržoval na klášterním panství. Roku 1179 přijel do Waldsassenu na vysvěcení klášterního kostela (tehdejší stavba předcházela dnešní bazilice). Vyprávělo se, že mniši z Waldsassenu připravili k této příležitosti velkou rybí hostinu. Klášterní panství je

dodnes proslulé svými kapry. Kulturní oblast známá jako Tirschenreuther Teichpfanne (Tirschenreutské rybníky) má co do činění s mnichy z Waldsassenu.

Autorin:	Monika Beer-Helm, Otto-Wels- Hauptschule Mitterteich
Autorka:	Monika Beer-Helm, Měšťanská škola Otto-Wels v Mitterteichu
Photo:	*Die Kaiserburg in Eger, Monika Beer-Helm, Otto-Wels- Hauptschule Mitterteich*
Foto:	*Císařský hrad v Chebu, Monika Beer-Helm, Měšťanská škola Otto-Wels v Mitterteichu*
Schülerarbeit:	*Barbarossa auf dem Weg nach Eger, Kathrin Zintl, M9a Kl., Otto-Wels- Hauptschule Mitterteich*
Školní práce:	*Barbarossa na cestě do Chebu, Kathrin Zintl, tř. M9a, Měšťanská škola Otto-Wels v Mitterteichu*

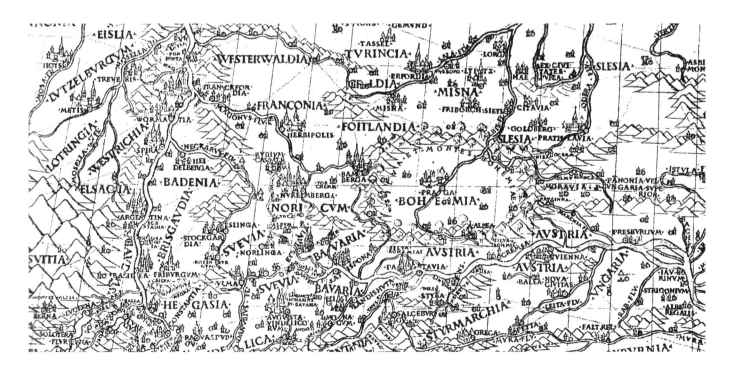

Mýto

Alfons Maria Mucha a jeho vztah ke Zbirohu

Stručný životopis

Alfons Maria Mucha se narodil 24. července 1860 v Ivančicích na Moravě. V letech 1879–1880 začal pracovat ve vídeňské malířské dílně divadelních dekorací Kautsky-Brioschi-Burghardt. Asi po roce odešel do služeb hraběte Khuena, ten se stal jeho mecenášem a svojí podporou mu umožnil v letech 1885–1887 studium na mnichovské Akademii. Po ukončení studií v Německu odešel Mucha do Francie. Zde se věnoval svobodnému povolání a studoval na pařížské Akademii Julian. Pracoval především jako ilustrátor pro mnohá pařížská nakladatelství a časopisy. Zároveň v ulici Grande Chaumiere vedl vlastní výtvarnou školu.

V počátcích své malířské tvorby maloval Mucha zejména obrazy akademického aranžmá, ale postupně nachází svůj vlastní osobitý styl, představovaný výraznou linií kresby, dekorativností a symboličností. První velký úspěch mu přinesl dekorativně pojatý plakát pro hru „Gismond" (1894) v pařížském divadle Sarah Bernhardtové. Nejen pro toto divadlo vytvořil v dalších letech celou řadu plakátů a návrhů dekorační malby. Až do konce století se pak Mucha věnoval zejména užité a knižní grafice. Po roce 1900 se začíná navracet k historické malbě. Jeho snem je vytvořit sérii monumentálních obrazů, která by připomínala národu významné okamžiky jeho dějin. V roce 1904 poprvé odjel do Spojených států amerických, kde působil jako výtvarník a učitel. V roce 1906 se oženil s mladou Marií Chytilovou. Roku 1909 založil Mucha americkou Slovanskou společnost a setkal se s chicagským průmyslníkem Charlesem R. Cranem, který se nadchl pro jeho myšlenky vytvořit malířské dílo zobrazující historii Slovanů a přislíbil mu finanční podporu. V roce 1910 začal konečně pracovat na vytouženém dvacetidílném malířském cyklu velkoformátových obrazů nazvaném „Slovanská epopej" (1910–1928), který zobrazuje mýty a legendy slovanských národů a shrnuje jejich dějiny. Pro práci si pronajal ateliér v zámečku nad městem Zbirohem. V letech 1911 a 1924 podnikl několik cest na Balkán a do Ruska, kde zhotovoval skici a návrhy pro Slovanskou epopej a studoval kulturu Slovanů do nejmenších detailů. Po návratu do Čech Mucha také spolupracoval na výzdobě Primátorského sálu pražského Obecního domu. 1. září 1928 Mucha slavnostně věnoval cyklus dvaceti monumentálních pláten Slovanské epopeje darem městu Praze bez nároku na honorář, ale pod podmínkou, že postaví důstojný pavilón, ve kterém by zůstaly uloženy. Obrazy se staly majetkem Galerie hlavního města Prahy, byly vystaveny ve Veletržním paláci, ale vhodný objekt pro jejich trvalou expozici město dosud nenalezlo. Prozatím se nachází na zámku v Moravském Krumlově. Po vzniku samostatného Československa se

Mucha opět částečně navrátil ke svému originálnímu stylu z konce 19. století a tvořil návrhy bankovek, plakátů a poštovních známek. 24. července roku 1939 Alfons Mucha zemřel v Praze na zápal plic.

Mucha na zbirožském zámku

Se jménem světově známého secesního malíře a dekoratéra Alfonse Muchy je spojeno i město Zbiroh. Tím, co přivedlo Alfonse Muchu do Zbirohu, byla jeho Slovanská epopej. V roce 1910 se ve svých padesáti letech vrací jako uznávaný umělec z pobytu ve Francii a USA do Prahy, aby v Čechách namaloval monumentální cyklus velkoformátových obrazů z historie, mýtů a legend Slovanů: Slovanskou epopej. Toto dílo mělo působit vskutku velkolepě. Plátna velká až 9 × 7 metrů si žádala odpovídající prostor s dostatečnou světelností, ve kterém by mohl malíř nerušeně tvořit.

Zbirožský zámek byl od roku 1879 ve vlastnictví knížete Josefa Colloredo-Mansfelda, který nevyužívané zámecké prostory pronajímal. Když Mucha navštívil na zámku své přátele, našel ve velkém Strousbergovském sále ideální podmínky pro svoji práci. Sál byl tehdy zastřešen skleněnou střechou a prostor uvnitř byl dostatečně velký pro umístění několika obrovských pláten vedle sebe. V roce 1910 si Mucha sál v zámečku nad městem Zbirohem pronajímá jako ateliér. Uzavírá se před světem a realizuje svůj velký umělecký sen – Slovanskou epopej. Do Zbirohu později přivedl i svoji mladou manželku a děti, pronajal pro ně celé patro ve východním křídle zámku, kde žili od roku 1912 až do ukončení Muchovy práce na Slovanské epopeji v roce 1928.

K malování Slovanské epopeje použil Mucha dvě techniky – vaječnou temperu a olejovou barvu. Plátna napínal na vlastnoručně zhotovené konstrukce, které rozmístil po celém Strousbergovském sálu tak, aby mohl pracovat na více plátnech najednou. Po dokončení sedmi obrazů v původním rozměru 8,10 × 6,10 metrů musel formáty dalších pláten dělit, aby splnil záměr namalovat všech dvacet obrazů. Poprvé byla část Slovanské epopeje vystavena v roce 1919 v pražském Klementinu, později v New Yorku a v Chicagu. Souborně pak po úplném dokončení v prostorách Veletržního paláce v Praze (1928), později i v Brně a v Plzni.

Během práce na Slovanské epopeji realizoval Mucha hlavně z finančních důvodů i další výtvarné zakázky. Na zbirožském zámku se dochovala divadelní opona pro ochotnický divadelní spolek Sokol Zbiroh, kterou zhotovil v roce 1923.

Dnes má zámek oproti době, kdy jej Mucha obýval, změněnou podobu. Skleněná střecha Muchova ateliéru byla po roce 1928 nahrazena břidlicovou krytinou, došlo k obnovení fasád a k některým adaptacím. Od roku 1945 byl zámek státním majetkem a sloužil armádě. V roce 1990 byl zámek v restituci navrácen rodině Colloredo-Mansfeldů, která jej prodala státu. Poté, co armáda zámek definitivně opustila, přešel do vlastnictví města Zbiroh. Město zámek prodalo roku 2004 firmě Gastro Žofín, která začala stavbu restaurovat a zpřístupnila ji veřejnosti. Kromě komerčně využívaných prostor byl na zámku vybudován i prohlídkový okruh, který mimo jiné zahrnuje dva salónky věnované Alfonsu Muchovi. Jeden představuje jeho působení jako velmistra zednářské lóže a druhý jako malíře. Velký sál, který užíval jako ateliér, slouží jako koncertní sál a k jednorázovým výstavám.

Alfons Maria Mucha und seine Beziehung zu Zbiroh

Kurzer Lebenslauf
Alfons Maria Mucha wurde am 24. Juli 1860 in Ivančice in Mähren geboren. In den Jahren 1879–1880 hatte er seine erste Arbeitsstelle in der Wiener Malerwerkstatt für Theaterdekorationen Kautsky-Brioschi-Burghardt. Nach etwa einem Jahr trat er in die Dienste des Grafen Khuen, der zu seinem Mäzen wurde und ihm durch seine Unterstützung in den Jahren 1885–1887 ein Studium an der Münchener Akademie ermöglichte. Nach Abschluss des Studiums in Deutschland ging Mucha nach Frankreich. Hier widmete er sich freiberuflicher Tätigkeit und studierte an der Pariser Akademie Julian. Er arbeitete vor allem als Illustrator für viele Pariser Verlage und Zeitschriften. Gleichzeitig leitete er eine eigene bildkünstlerische Schule in der Straße Grande Chaumiére.

Zu Beginn seines Malerschaffens malte Mucha insbesondere Bilder für akademische Arrangements, aber allmählich fand er seinen eigenen individuellen Stil, der sich durch eine ausgeprägte Zeichenlinie, Dekorativität und Symbolität auszeichnet. Den ersten großen Erfolg brachte ihm das dekorativ konzipierte Plakat zum Schauspiel „Gismond" (1894) im Pariser Theater von Sarah Bernhardt. In den folgenden Jahren schuf er nicht nur für dieses Theater eine ganze Reihe von Plakaten und Entwürfen zu Dekorationsmalereien. Noch bis zum Ende des Jahrhunderts widmete Mucha sich dann vor allem der Gebrauchs- und Buchgraphik. Nach dem Jahre 1900 begann er, sich wieder der Historienmalerei zuzuwenden. Sein Traum war, eine Serie von monumentalen Bildern zu schaffen, die der Nation wichtige Augenblicke ihrer Geschichte vergegenwärtigen sollten. 1904 ging er zum ersten Mal in die Vereinigten Staaten von Amerika, wo er als bildender Künstler und Lehrer wirkte. 1906 heiratete er die junge Marie Chytilová. Im Jahre 1909 gründete Mucha die Amerikanisch-Slawische Gesellschaft und traf auf den Chicagoer Industriellen Charles R. Crane. Dieser begeisterte sich für seinen Gedanken zur Schaffung eines Gemäldewerkes, das die Geschichte der Slawen abbildet, und sicherte ihm finanzielle Unterstützung zu. 1910 endlich begann Mucha mit der Arbeit an dem lang ersehnten zwanzigteiligen Gemäldezyklus von großformatigen Bildern mit dem Titel „Slovanská epopej" – Slawisches Heldengedicht (1910–28), der die Mythen und Legenden der slawischen Nationen darstellt und ihre Geschichte zusammenfasst. Für die Arbeit mietete er sich ein Atelier im Schlösschen oberhalb der Stadt Zbiroh. In den Jahren 1911 und 1924 unternahm er mehrere Reisen auf den Balkan und nach Russland, wo er Skizzen und Entwürfe für das „Slawische Heldengedicht" anfertigte, und studierte die Kultur der Slawen bis in die kleinsten Details. Nach der Rückkehr nach Böhmen arbeitete Mucha auch noch an der Ausschmückung des Oberbürgermeister-Saales im Prager Gemeindehaus mit. Am 1. September 1928 widmete Mucha den Zyklus von zwanzig monumentalen Gemälden „Slawisches Heldengedicht" feierlich der Stadt Prag als Geschenk ohne Honorar, jedoch mit der Bedingung, dass sie einen würdigen Pavillon bauen sollte, in dem sie untergebracht werden sollten. Die Bilder wurden Eigentum der Galerie der Hauptstadt Prag und wurden im Messepalast ausgestellt, aber ein geeignetes Objekt für ihre dauerhafte Ausstellung hat die Stadt bisher nicht gefunden. Vorläufig befinden sie sich im Schloss in Moravský Krumlov. Nach der Entstehung der selbstständigen Tschechoslowakei kehrte Mucha teilweise zu seinem originellen Stil vom Ende des 19. Jahrhunderts zurück und entwarf Banknoten, Plakate und Briefmarken. Am 24. Juli 1939 verstarb Alfons Mucha in Prag an einer Lungenentzündung.

Mucha auf dem Schloss Zbiroh

Mit dem Namen des weltberühmten Jugendstilmalers und Dekorateurs Alfons Mucha ist auch die Stadt Zbiroh verbunden. Was Alfons Mucha nach Zbiroh zog, war sein „Slawisches Heldengedicht". Im Jahre 1910 kehrte er fünfzigjährig und als geachteter Künstler von seinen Aufenthalten in Frankreich und den USA nach Prag zurück, um in Böhmen einen monumentalen Zyklus von großformatigen Bildern aus der Geschichte, den Mythen und Legenden der Slawen zu malen – das Slawische Heldengedicht. Dieses Werk sollte wirklich monumental wirken. Die Leinwände in einer Größe von bis zu 9 × 7 Metern erforderten einen entsprechenden Raum mit ausreichenden Lichtverhältnissen, in dem der Maler ungestört arbeiten konnte.

Das Schloss Zbiroh befand sich seit 1879 im Besitz des Grafen Josef Colloredo-Mansfeld, der die ungenutzten Schlossräume vermietete. Als Mucha seine Freunde im Schloss besuchte, fand er in dem großen Strousbergischen Saal ideale Bedingungen für seine Arbeit. Der Saal war damals von einem Glasdach überwölbt, der Innenraum genügend groß für die Unterbringung von mehreren riesigen Gemälden nebeneinander. Im Jahre 1910 mietete Mucha sich den Saal im Schlösschen oberhalb der Stadt Zbiroh als Atelier. Er schloss sich vor der Welt ein und verwirklichte seinen großen künstlerischen Traum – das slawische Heldengedicht. Später holte er auch seine junge Frau und die Kinder nach Zbiroh und mietete für sie ein ganzes Stockwerk im Ostflügel des Schlosses, wo sie von 1912 bis zur Vollendung seiner Arbeit am slawischen Heldengedicht im Jahre 1928 lebten.

Zum Malen des slawischen Heldengedichtes benutzte Mucha zwei Techniken – Eitempera und Ölfarbe. Die Leinwände spannte er auf eigenhändig angefertigte Konstruktionen, die er so im gesamten Strousbergischen Saal anordnete, dass er an mehreren Gemälden gleichzeitig arbeiten konnte. Nach der Vollendung von sieben Bildern in den ursprünglichen Maßen 8,10 × 6,10 Meter musste er die Formate der anderen Gemälde teilen, um das Ziel von zwanzig Bildern zu erreichen. Ein Teil des slawischen Heldengedichtes wurde erstmals 1919 im Prager Klementinum gezeigt, später in New York und in Chicago. Nach der Vollendung war das Gesamtwerk dann in den Räumen des Messepalasts in Prag (1928), später in Brünn und in Pilsen zu sehen. Während der Arbeit am slawischen Heldengedicht realisierte Mucha hauptsächlich aus finanziellen Gründen auch andere Kunstaufträge. Im Schloss Zbiroh ist der Theatervorhang für die Gesellschaft der Theaterliebhaber Sokol Zbiroh erhalten, den er im Jahre 1923 anfertigte.

Heute hat das Schloss ein anderes Aussehen als zu der Zeit, in der Mucha es bewohnte. Das Glasdach von Muchas Atelier wurde nach 1928 durch eine Schieferdeckung ersetzt, es gab eine Fassadenerneuerung und mehrere Adaptionen. Seit 1945 war das Schloss Staatsbesitz und diente der Armee. In den 1990er Jahren wurde das Schloss in der Restitution der Familie Colloredo-Mansfeld zurückgegeben, die es jedoch dem Staat verkaufte. Nachdem die Armee das Schloss endgültig verlassen hatte, ging es ins Eigentum der Stadt Zbiroh über. Die Stadt verkaufte das Schloss im Jahre 2004 an die Firma Gastro Žofín, die mit der Restaurierung des Gebäudes begann und es der Öffentlichkeit zugänglich machte. Neben kommerziell genutzten Räumen wurde im Schloss auch ein Besichtigungsrundgang eingerichtet, der unter anderem zwei Salons umfasst, die Alfons Mucha gewidmet sind. Der eine stellt sein Wirken als Großmeister der Freimaurerloge dar, der zweite die Arbeit als Maler. Der große Saal, den er als Atelier nutzte, dient zu Konzerten und Sonderausstellungen.

Text: *Jana Roučková, Základní škola Mýto*
Text: *Jana Roučková, Grundschule Mýto*

Foto: *Zámek ve Zbiroze, Rainer Christoph, Altenstadt/WN*
Photo: *Schloss Zbiroh, Rainer Christoph, Altenstadt/WN*

Žákovská práce: *Kaplička Svatého Vojtěcha, Rudolf Dick, Základní škola Mýto*
Schülerarbeit: *St. Adalbert Kapelle, Rudolf Dick, Grundschule Mýto*

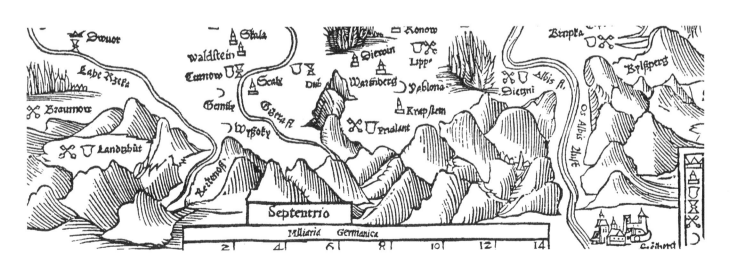

Náchod

Felix Anton Scheffler – bavorský malíř v Náchodě

Narozen 29. 8. 1701 v Mnichově.
Zemřel 10. 1. 1760 v Praze.

Pocházel z malířské rodiny, otec Johann Wolfgang a bratr Thomas Christian byli také malíři. V roce 1725 se vydal na studia do Stuttgartu k dvornímu malíři J. C. Grothoovi. Roku 1730 na doporučení mohučského kurfiřta a wroclavského knížecího biskupa přišel i s bratrem do Slezska. Usadil se ve Wroclavi a roku 1734 je jmenován biskupským dvorním malířem. V roce 1747 přesídlil do Prahy, kde se stává dvorním malířem fresek. Pracoval na území Slezska, Moravy a Čech, kde jeho hlavní činností bylo malování barokních fresek a oltářních obrazů. Hojně pracoval pro benediktiny a zejména pro české, o čemž svědčí malby v kostele sv. Jiří a sv. Martina v Martinkovicích na Broumovsku (1748), fresky v kostele sv. Václava v Broumově (1748) a v klášterním kostele sv. Vojtěcha též v Broumově. Pracoval také pro benediktiny v Břevnovském klášteře, kde vytvořil fresku, kterou najdeme v zadní části klášterní knihovny. V období let 1741–1753 vytvořil nejvýznamnější soubor pláten v kostele slezského cisterciáckého kláštera v Křesoboru. Maloval církevní obrazy pro kostely v Brně, v Liberci, v Loretě v Praze, v Jemništi u Benešova, v Okrouhlicích, v Broumově a také v Náchodě.

F. A. Scheffler v Náchodě působil dvakrát. Poprvé v období, kdy byl vývoj zámku dokončen stavbou zděné jízdárny a novým majitelem panství se stal kníže Ottavio II. Piccolomini. Kníže zahájil úpravy interiérů, především v reprezentačním prvním patře jižního křídla. Trámové stropy zakryly podhledy se štukovou výzdobou, nově byl upraven Španělský sál, v němž F. A. Scheffler přemaloval starší centrální fresku. Španělský sál byl vybudován podle plánů italského architekta Carla Luraga v polovině 17. stol. patrně na místě bývalé zámecké kaple. Jeho původní štuková a fresková výzdoba ustoupila o sto let později za Ottavia II. radikálním změnám v duchu rokoka. Právě v tomto sále se setkáváme několikrát s osobností Ottavia Piccolominiho. Na čelní stěně proti oknům je jeho portrét vynikajících uměleckých kvalit od předního malíře, mědirytce a teoretika umění Joachima Sandrarta. Další Ottaviovy vojenské zásluhy připomíná panoramatická bitevní scéna zobrazující bitvu u Thioville. Celek uzavírá Schefflerova nástropní freska. Malba je patrně z roku 1751. Představuje triumfální vstup Ottavia Piccolominiho na Olymp věčné slávy v doprovodu boha války Marta a boha času Chrona za asistence alegorických postav a jásajících andělů.

Druhé působení F. A. Schefflera v Náchodě spadá právě do roku 1751, kdy maloval hlavní oltářní obraz pro bývalý farní kostel sv. Jana Křtitele na hřbitově. Oltářní obraz je signován: Anton F. Scheffler pinx. Prag 1751.

Kostel sv. Jana Křtitele vznikl ve vsi již asi ve 12. století, do roku 1310 byl farním pro Starý i Nový Náchod. Zde byli pochováni i držitelé zámku až po Albrechta Smiřického. Poté byla založena panská hrobka v děkanském kostele. Roku 1441 byl kostel vypálen Slezany a snad i pobořen. Historie Schefflerova obrazu je dnes opředena mnoha dohady. Originál i kopie obrazu visely v kostele sv. Jana Křtitele. Jeden z obrazů je dodnes v majetku Farního úřadu v Náchodě. Předpokládá se, že jde o kopii. Po smrti bratra Thomase Christiana se zdržoval F. A. Scheffler v Bavorsku a v Augšpurku, kde pravděpodobně dokončil práce započaté bratrem. F. A. Scheffler je pochován na hřbitově u sv. Jindřicha v Praze, kde je dosud při zdi kostela jeho náhrobní kámen s nápisem.

Felix Anton Scheffler – ein bayerischer Maler in Náchod

Geboren 29. 8. 1701 in München.
Gestorben 10. 1. 1760 in Prag.

Scheffler stammte aus einer Malerfamilie, sein Vater Johann Wolfgang und der Bruder Thomas Christian waren ebenfalls Maler. In den Jahren 1725–26 begab er sich zu Studien nach Stuttgart zu dem Hofmaler J. C. Grotho. 1730 kam er mit seinem Bruder auf Empfehlung des Mainzer Kurfürsten und des Breslauer Fürstbischofs nach Schlesien. Er ließ sich in Warschau nieder und wurde 1734 zum bischöflichen Hofmaler ernannt. Im Jahre 1747 übersiedelte er nach Prag, wo er zum Hofmaler von Fresken wurde. Er arbeitete in Schlesien, Mähren und Böhmen, und seine Haupttätigkeit bestand im Malen von Barockfresken und Altarbildern. Häufig arbeitete er für die Benediktiner, insbesondere für die böhmischen. Davon zeugen die

Gemälde in der Kirche St. Georg und St. Martin in Martinkovice bei Broumov (1748), die Fresken der Kirche St. Wenzel in Broumov (1748) und in der Klosterkirche St. Adalbert, ebenfalls in Broumov. Für die Benediktiner im Kloster Břevnov schuf er das Fresko, das sich im hinteren Teil der Klosterbibliothek befindet. Im Zeitraum von 1741–1753 schuf er die bedeutendste Reihe von Gemälden in der Kirche des schlesischen Zisterzienserklosters in Křesobor. Er malte kirchliche Gemälde für die Kirchen in Brünn, in Liberec, im Loretto in Prag, in Jemniště bei Benešov, in Okrouhlice, in Broumov und auch in Náchod.

F. A. Scheffler wirkte zwei Mal in Náchod. Das erste Mal in der Zeit, als die materielle Entwicklung des Schlosses mit dem Bau des gemauerten Reitstalls abgeschlossen wurde und Graf Ottavio II. Piccolomini neuer Besitzer der Herrschaft wurde. Der Graf begann Umbauten im Inneren, vor allem im repräsentativen Obergeschoss des Süd-flügels. Die Balkendecken wurden durch Unteransichten mit Stuckverzierung ver-deckt, und auch der Spanische Saal wurde neu umgestaltet. Hier übermalte F. A. Scheffler das ältere zentrale Fresko. Der Spanische Saal war Mitte des 17. Jh. nach Plänen des italienischen Architekten Carlo Lurago offenbar an der Stelle der früheren Schlosskapelle ausgebaut worden. Seine ursprüngliche Stuck- und Freskenverzie-rung verlor sich hundert Jahre später unter Ottavio II. durch radikale Veränderungen im Geist des Rokoko. Gerade in diesem Saal begegnen wir mehrmals der Persönlichkeit von Ottavio Piccolomini. An der Stirnseite gegenüber den Fenstern ist sein Porträt in ausgezeichneter künstlerischer Qualität von  dem hervorragenden Maler, Kupferstecher und Kunsttheoretiker Joachim Sandrart. Außerdem erinnert ein Schlachtenpanorama, das die Schlacht bei Thionville zeigt, an Ottavios militärische Verdienste. Abgeschlossen wird das Ensemble durch Schefflers Deckenfresko. Die Malerei stammt offenbar aus dem Jahre 1751. Sie zeigt den triumphalen Einzug von Ottavio Piccolomini in den Olymp des ewigen Ruhmes, begleitet von dem Kriegsgott Mars und dem Gott der Zeit Chronos und assistiert von allegorischen Gestalten und jauchzenden Engeln.

Das zweite Wirken von F.A. Scheffler in Náchod war ebenfalls 1751, damals malte er das Altarhauptbild für die ehemalige Pfarrkirche St. Johannis der Täufer auf dem Friedhof. Das Altarbild ist signiert: Anton F. Scheffler pinx. Prag 1751. Die Kirche St. Johannis der Täufer entstand wohl schon im 12. Jh. im Dorf, bis zum Jahre 1310 war sie die Pfarrkirche für Alt- und Neu-Náchod. Hier wurden auch die Besitzer der Herrschaft bis zu Albrecht Smiřický bestattet. Danach wurde eine Herrengruft in der Dekanatskirche eingerichtet. Im Jahre 1441 wurde die Kirche von den Schlesiern angezündet und wohl auch demoliert. Die Historie über Schefflers Bild ist heute von vielen Vermutungen umgarnt. Das Original und eine Kopie des Bildes wurden in der Kirche St. Johannis der Täufer aufgehängt. Eines der Bilder ist heute im Besitz des Pfarramtes in Náchod. Es wird vermutet, dass es sich um die Kopie handelt. Nach dem Tode seines Bruders Thomas Christian hielt sich F. A. Scheffler in Bayern und in Augsburg auf, wo er wahrscheinlich die vom Bruder begonnenen Arbeiten zu Ende führte. F. A. Scheffler ist auf dem Friedhof bei der Kirche St. Georg in Prag begraben, wo sein Grabstein mit Inschrift bis heute an der Kirchenmauer steht.

Autorka: Petra Řehounková, Základní škola Náchod
Autorin: Petra Řehounková, Grundschule Náchod

Foto: Burg Náchod, Marek Macek, Základní škola Náchod
Photo: Hrad Náchod, Marek Macek, Grundschule Náchod

Žákovská práce: Veronika Nyklíčková, 14 let, 9. tř., Základní škola Náchod
Schülerarbeit: Veronika Nyklíčková, 14 Jahre, 9. Kl., Grundschule Náchod

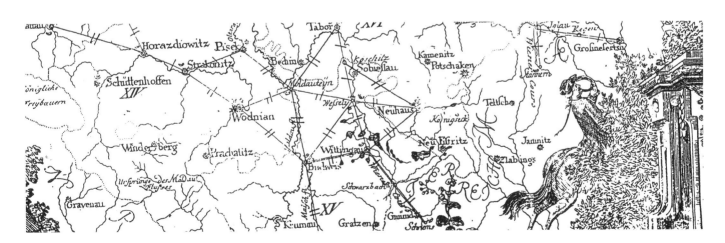

Neustadt an der Waldnaab

Neustadt an der Waldnaab und seine besondere Beziehung zu Böhmen

Bereits unter Karl IV. erlebte Neustadt einen enormen Aufschwung. Neustadt erhielt Karl von seinem wittelsbachischen Schwiegervater Pfalzgraf Rupert I. am 17. Juli 1553. Noch im gleichen Jahr erwarb er Neustadt und Störnstein endgültig als böhmisches Kronlehen. 1358 erweiterte er die heutige Kreisstadt durch eine Vorstadt, „die Freyung". Die Bürger erhielten zehn Jahre Zins- und Steuererlass.

Weiterhin gab der Böhmenkönig den bedürftigen Bürgern der Stadt und der Freiung am Freitag nach dem St. Jakobstag 1354 in einer Verfügung das Recht „auf ewige Zeiten Holz zum Brennen und zur anderen Notdurft" zu erhalten. Im Grundsteuer- und im Liegenschaftskataster der Stadt ist die genossenschaftliche private Einrichtung mit rund 500 Tagwerk seit über 600 Jahren vermerkt. Das Holzrecht kann nicht veräußert werden und ist jeweils mit dem zugehörigen Haus verbunden. Die Urkunde des Kaisers liegt im Original im Stadtarchiv der Stadt, trägt keine Unterschrift, aber das Siegel. Als Bekräftigung seines Wortes hinterließ Karl 1354 einen „Pfand Handschuh" als Faustpfand, der im Original im Stadtmuseum zu bewundern ist. Die Holzrechtler achten ihren Kaiser noch heute und errichteten ihm zwei Gedenksteine im Bürgerwald.

Verbunden mit der Waldverleihung bestand zudem der Erlass, dass im Umkreis von einer ganzen Meile um Neustadt niemand malzen, brauen, schenken, Lederwerk verarbeiten, backen oder schmieden darf. Dieses Gesetz, das Karl vielen Orten gab, sollte die Bürgerschaft stärken und die Konkurrenz eindämmen. Nach dem Rückzug des Kaisers aus Neuböhmen blieb Neustadt zusammen mit Auerbach weiterhin bei der Krone Böhmens.

1374 erhält die böhmische Familie Pflug von Rabenstein durch Verpfändung das Lehen Neustadt-Störnstein. Am Neujahrstag 1504 wurde die Familie der Guttensteiner von Prag aus eingesetzt. 1538 bewilligte Ludwig von Guttenstein den Bürgern der Stadt den Bau eines Rathauses. 1540 ließ der Herr von Neustadt, Wolf von Guttenstein, anstelle zweier Bürgerhäuser ein Schloss bauen. In einem Deckenbalken ist die Jahreszahl 1543 eingeschnitzt.

Zeit der Lobkowitzer

Im Oktober 1562 begann eine glanzvolle böhmische Epoche für Neustadt. Das Geschlecht der Lobkowitzer, an der Spitze Ladislaus II. Popel von Lobkowitz, vom Rang her Obersthofmeister im Königreich Böhmen, erhielt das Städtchen vom Habsburger Kaiser Ferdinand I. verpfändet. 1641 erhob Kaiser Ferdinand III. die Herrrschaft „Sternstein-Neustadt" zur gefürsteten Grafschaft.

Mit diesem Besitz erhielt die einflussreiche böhmische Adelsfamilie aus dem gleichnamigen Dorf Lobkovice bei Melnik an der Elbe nicht nur ein eigenes Fürstentum in Bayern, sondern zugleich auch Sitz und Stimme beim immerwährenden Reichstag in Regensburg.

Aus der Reihe der Fürsten müssen Zdenko-Adalbert Lobkowitz und seine Gattin Polyxena von Rosenberg, geborene Pernstein, erwähnt werden. Sie brachte den Besitz ihrer Vorfahren, Schloss Raudnitz, das Palais Lobkowitz auf der Prager Burg und die Burg Schreckenstein in Böhmen mit in die Ehe ein. Polyxena verbreitete auch den Ruf des berühmten Prager Jesuleins, ein spanisches Geschenk anlässlich des ersten Hochzeitstages.

Ihr Sohn Wenzel Eusebius stieg in die höchsten Positionen der Habsburger Monarchie auf. Gedient unter Wallenstein, wurde er auf Grund seiner Erfolge über den Generalfeldmarschall zum Präsidenten des Hofkriegsrates am österreichischen Kaiserhof 1652 befördert. Unter Kaiser Leopold I. erfolgte der Aufstieg zum Ersten Geheimen Rat und Stellvertreter des Kaisers. Verheiratet mit Augusta Sophie, der Wittelsbacher Pfalzgräfin zu Sulzbach, verwandt mit dem Winterkönig Friedrich V., war sie protestantisch. Für sie wurde Neustadt von 1653 bis 1682 zu ihrer Heimat, nach Prag zog es die überzeugte Protestantin nicht. Im Nachbarhaus des Schlosses wurde eine evangelische Kapelle eingerichtet, in der heute der Kreistag seine Versammlungen hat.

Wenzels Sohn Ferdinand-August- Leopold wurde in Neustadt am 7. September 1655 geboren. Mit Mutter und Ehefrau Claudia Franziska Prinzessin von Nassau-Hadamar lebte er im Alten Schloss. 1677 übernahm er die Regentschaft, 1698 entschloss er sich zum Neubau eines Schlosses, dem jetzigen Landratsamt, das stets ein Torso blieb, da nur ein Flügel gebaut wurde, nie wohnte ein Lobkowitzer darin. Leopold ließ 1678 die Wallfahrtskirche St. Quirin bei Püchersreuth erbauen. Um 1700 zogen sich die Lobkowitzer in ihre böhmischen Ländereien zurück, die Aufsicht oblag fürstlichen Beamten. 1806 endete die böhmische Beziehung infolge der Rheinbundakte endgültig. Fürst Franz Joseph von Lobkowitz verkaufte 1807 die Herrschaft Neustadt-Störnstein an den Bayerischen König.

An diese glanzvolle Zeit erinnern heute die Besuche der Lobkowitzer Nachkommenaus Schloss Melnik und anderen Regionen in Neustadt. Der „rote und weiße Ludmilla", ein edler trockener Wein, gereift an böhmischen Elbhängen von Melnik, geht in manchen Weinkellern der kleinsten Kreisstadt Bayerns nie so richtig aus. Die fürstliche Garde der Lobkowitzer wurde 1993 anlässlich der 775-Jahr-Feiern neu zum Leben erweckt und erlebt in vielen Auftritten mit ihrem Kommandanten eine Renaissance.

Neustadt an der Waldnaab a jeho vztah k Čechám

Právě za Karla IV. zažil Neustadt mohutný vzestup. Karel dostal město od svého wittelsbašského tchána Ruperta I. 17. července 1353. Ještě v témže roce získal Neustadt a Störstein definitivně jako české korunní léno. Roku 1358 rozšířil dnešní okresní město o nové předměstí „die Freyung". Obyvatelé byli na deset let osvobozeni od placení poplatků a daní.

Dále český král udělil právo „užívat na věčné časy dřevo na otop a jiné potřeby" ve zvláštním ustanovení, které pomáhalo chudým obyvatelům předměstí Freiung od pátku po sv. Jakubu roku 1354. V pozemkovém katastru města je už déle než 600 let uváděno družstevní soukromé zřízení s téměř 500 denními úkoly. Právo užívat dřevo nebylo možné prodat a jeho platnost byla vázána na příslušný dům. Originál císařské listiny se nachází v městském archivu, není podepsán, nese však císařskou pečeť a na stvrzení svého slova zanechal Karel městu jako zástavu rukavičku, rozumí se, že „podepsal vlastní rukou". Dodnes můžeme rukavičku obdivovat v městském muzeu. Uživatelé tohoto práva na svého císaře dodnes vzpomínají a na jeho počest umístili do lesa dva pamětní kameny.

Současně s propůjčením lesa bylo vydáno ustanovení, podle něhož se v okruhu jedné míle od Neustadtu nesměla provozovat řemesla jako sladovnictví, pivovarnictví, šenkýřství, zpracování kůží, pekařství nebo kovářství. Tento zákon, který Karel vydal i v řadě dalších obcí, měl podpořit měšťanstvo a omezit konkurenci. Také potom, co se císař stáhl z území Nových Čech, zůstaly Neustadt i Auerbach nadále v majetku Koruny české.

Roku 1374 dostala rodina Pluhů z Rabštejna zástavou léno Neustadt-Störnstein, které pak na Nový rok 1504 přešlo do vlastnictví rodiny Gutštejnů z Prahy. Roku 1538 povolil Ludvík z Gutštejna obyvatelům stavbu radnice. Roku 1540 si na místě dvou měšťanských domů nechal neustadtský pán Vlk z Gutštejna postavit zámek. Do jednoho ze stropních rámů je vyřezán letopočet 1543.

Éra Lobkoviců

V říjnu 1562 začalo skvělé období města Neustadt. Šlechtická rodina Lobkoviců v čele s Ladislavem II. Popelem z Lobkovic, vrchním hofmistrem českého království, obdržela město od císaře Ferdinanda I. Habsburského. V roce 1641 povýšil císař Ferdinand III. panství „Störnstein-Neustadt" na „pokněžněné hrabství". Vlivná česká šlechtická rodina ze stejnojmenné vesnice Lobkovice u Mělníka tak získala nejen vlastní knížectví v Bavorsku, nýbrž současně i křeslo a hlas ve stálém Říšském sněmu v Řezně.

Z řady knížat Lobkoviců je třeba jmenovat Zdeňka Vojtěcha Lobkovice a jeho ženu Polyxenu z Rožmberka rozenou z Pernštejna, která přinesla do manželství vlastnictví svých předků – zámek Roudnici nad Labem, dále lobkovický palác pod pražským hradem a hrad „Schreckenstein" v Čechách. Polyxena kromě toho rozšířila slávu a věhlas známého Pražského Jezulátka, španělského dárku k prvnímu výročí svatby.

Její syn Václav Eusebius dosáhl v habsburské monarchii nejvyšších mocenských pozic. Sloužil pod Valdštejnem a na základě svých úspěchů byl roku 1652 povýšen nejprve na polního maršála a posléze až do funkce prezidenta válečné dvorní rady rakouského císařského dvora. Za císaře Leopolda I. postoupil na místo prvního tajného rady a zástupce císaře. Oženil se s protestantkou Augustou Sofií, wittelsbašskou falchraběnkou ze Sulzbachu, příbuznou „zimního krále" Fridricha V. Falckého. Neustadt se stal v letech 1653–1682 jejím novým dvorem, Praha oddanou protestantku nelákala. V domě sousedícím se zámkem byla zřízena evangelická kaple. Dnes tam zasedá okresní rada. Václavův syn Ferdinand August Leopold se narodil v Neustadtu 7. září 1655. Se svou matkou a s manželkou Claudií Františkou, princeznou z Nassau-Hadamar žil ve Starém zámku. V roce 1677 převzal regentství a v roce 1698 se rozhodl postavit zámek, v němž dnes sídlí úřad zemské rady. Stavba nebyla nikdy dokončena a zůstala pouhým torzem. Postaveno bylo pouze jedno křídlo a také tam žádný Lobkovic nikdy nebydlel. V roce 1678 nechal Leopold u Püchersreuthu postavit poutní kostel sv. Quirina. Kolem roku 1700 přesídlili Lobkovicové zpět na svá česká panství. Německé državy spravovali knížecí úředníci. Po ustavení Rýnského spolku v roce 1806 skončily natrvalo vazby Lobkoviců k tomuto území. Kníže František Josef Lobkovic prodal roku 1807 panství Neustadt-Störnstein bavorskému králi.

Slávu starých časů dnes připomínají návštěvy potomků rodu Lobkoviců ze zámku v Mělníku a z jiných koutů Čech. Jakostní suché víno, červená a bílá Ludmila, zrající na svazích v Mělníce nad Labem, jde dnes na odbyt ve vinných sklepích malého bavorského okresního města jako nikdy dřív. V roce 1993 při příležitosti 775. výročí obnovila svou činnost knížecí garda Lobkoviců a spolu se svými veliteli zažívá při četných vystoupeních skutečnou renesanci.

Autor: Rainer Christoph, Grundschule Altenstadt
Autor: Rainer Christoph, Základní škola Altenstadt

Photo: Neustadt – Ansicht im Winter und Handschuh Karl IV. im Stadtmuseum, Rainer Christoph, Grundschule Altenstadt
Foto: Neustadt – zimní pohled a rukavice Karla IV. v městském muzeu, Rainer Christoph, Základní škola Altenstadt

Schülerarbeit: Stadtplatz in Neustadt a.d.WN, Olga Dobrovolská, 7. Kl., Hauptschule Neustadt
Žákovská práce: Hlavní náměstí Neustadt an der Waldnaab, Olga Dobrovolská, 7. tř., Měšťanská škola v Neustadtu

Nittendorf / Regensburg

Die Taufe der böhmischen Adeligen zu Regensburg

Eine der tiefgreifensten Änderungen, die sich in der Geschichte Böhmens abspielte, war die Christianisierung. Es handelte sich dabei nicht nur um die Ablösung einer älteren Religion, in der Naturkräfte und tote Vorfahren verehrt wurden, durch eine neue Religion oder um den Ersatz alter Symbole durch neue christliche Symbole.

Das Christentum stellte eine fast vollständige Verwandlung des öffentlichen und privaten Lebens sowie der Staats-, Verwaltungs- und Wirtschaftsverhältnisse dar. Man sollte auf alle bewussten und weniger bewussten Traditionen sowie auf fast die ganze bislang übliche Lebensweise verzichten, die von der christlichen Weltanschauung für sündhaft und barbarisch erklärt wurden.

Diese große Änderung im Leben der Tschechen ist mit dem Namen des Přemyslidenfürsten Bořivoj und dessen Frau Ludmilla eng verbunden. Da Bořivoj verhältnismäßig jung gestorben ist, ist die Christianisierung Böhmens vor allem ein Werk der Fürstin Ludmila. Schon vor Bořivoj und Ludmila ließen sich 14 böhmische Fürsten 845 in Regensburg taufen. Die böhmischen Adeligen machten König Ludwig II., genannt der Deutsche, in Regensburg ihre Aufwartung. Regensburg war damals die Hauptstadt des Deutschen Reiches. Sie trugen an den König die Bitte heran, in Regensburg das Sakrament der Taufe zu erhalten.

Vielfach wird erzählt, dass der König die Adeligen zur Taufe gezwungen hätte. Dem ist nicht so. Das Ansuchen kam von den böhmischen Adeligen. Der König erfüllte den Wunsch und beauftragte Bischof Baturich, die Taufe zu spenden. Wegen der adeligen Herkunft wurde die Taufe vom Bischof selber vorgenommen und zwar in der Kirche St. Johannis.

Wer war Ludwig II. Der Deutsche?

Der ostfränkische König Ludwig II. der Deutsche wurde um 805 in Aquitanien geboren und starb am 28 August 876 in Frankfurt am Main. Ludwig war der dritte Sohn des Kaisers Ludwig I. des Frommen und seiner Gemahlin Irmingard. Bis 814 verbrachte Ludwig seine Kindheit am Hofe des Vaters. In dem 817 erlassenen Thonfolgegesetz, der „Ordinatio imperii", mit dem der Bestand des fränkischen Großreiches gewahrt werden sollte, wurde auf einem Hoftag zu Aachen dem noch minderjährigen Ludwig Bayern samt den slavischen Grenzgebieten zugewiesen.

In der Urkunde heißt es: „Ludwig, durch Gottes Gnade König von Bayern". 819 wurde er nach Bayern entsandt. Unter Ludwig wird in Bayern die Einheit gewahrt. Mit dem Zentrum Regensburg blieb es ihm während seiner ganzen Regierungszeit (843–876) eine wichtige Machtbasis.

Zur Festigung seiner Macht und dem Aufbau des Landes stützte sich Ludwig unter anderem auf die bayerische Kirche, der er sich auch bei der Slavenmissionierung bediente.

In den nördlichen Grenzgebieten gelang es Ludwig, die Slaven weitgehend ruhig zu halten und die Grenze zu wahren. Größere Schwierigkeiten bereitete der dem bayerischen Grenzland vorgelagerte Grenzraum gegen Böhmen. Ein großer Erfolg war es deshalb für Ludwig, als 845 vierzehn böhmische Große (duces) in Regensburg die Taufe empfingen.

Damit man sich auch später dieser Begebenheit erinnert, wurde 1995 im Beisein von Kardinal Ratzinger, dem jetzigen Papst Benedikt II., an der Ostseite der Taufkirche neben der Eingangstür eine kunstvoll gestaltete Tafel angebracht. Die jetzige Kirche ist seit dem 11. Jahrhundert als Taufkirche nachgewiesen. Es handelt sich um einen Saalbau mit eingezogenem Chor.

Ergänzung:

Bereits im ersten Jahr seines Episkopats stimmte der Regensburger Bischof Wolfgang – gegen den Willen seines Domkapitels, das materielle Einbußen befürchtete – für die Abtrennung Böhmens aus dem Regensburger Jurisdiktionsgebiet und der Errichtung eines eigenständigen Prager Bistums, eine Entscheidung von weitreichender kirchenpolitischer Bedeutung. Der Grund lag in den Plänen Kaiser Ottos I.. Er wollte Böhmen dem bayerischen Einfluss entziehen. Hinzu kam der Wunsch Herzog Boleslav II. für sein Land eine eigene kirchliche Organisation zu erlangen. Wolfgang ging es nicht um Geld oder Macht oder persönlichen Einfluss, Maßstab für ihn war das Wohl und das Erstarken der Kirche in Böhmen. So gab es in Böhmen mehrere Kirchen, die ihm geweiht wurden, u .a. die Klosterkirche in Kladruby.

Křest českých knížat v Řezně

Jednu z nejhlubších proměn v historii Čech přineslo křesťanství. Přitom se nejednalo o pouhou výměnu staršího náboženství, které uctívalo přírodní síly a mrtvé předky, za náboženství nové či o náhradu starých symbolů symboly novými, křesťanskými. Křesťanství s sebou přineslo téměř úplnou změnu veřejného a soukromého života a také státních, správních a hospodářských poměrů. Člověk se měl rázem vzdát všech dosavadních vědomých i podvědomých tradic, protože ty byly podle křesťanského světového názoru hříšné a barbarské.

Tato velká změna v životě Čechů je těsně spjata se dvěma jmény, Přemyslovcem Bořivojem a jeho manželkou Ludmilou. Protože Bořivoj zemřel poměrně mlád, je christianizace v Čechách spojována především s kněžnou Ludmilou. Už před Bořivojem a Ludmilou se roku 845 nechalo v Řezně pokřtít 14 českých knížat. Česká knížata se v Řezně poklonila králi Ludvíku II. Němci. Řezno bylo v tehdejší době hlavním městem německé říše a knížata tam přednesla králi svou prosbu, aby směla v Řezně přijmout svátost křtu.

Často se traduje, že německý král knížata ke křtu donutil. Ale není tomu tak. Prosba vyšla od českých knížat. Král ji vyslyšel a pověřil biskupa Butericha udělením svátosti křtu. Protože se jednalo o šlechtice, pokřtil je sám biskup, a to v kostele sv. Jana.

Kdo byl Ludvík II. Němec?

Východofrancký král Ludvík II. Němec se narodil roku 805 v Aquitanii a zemřel 28. srpna 876 ve Frankfurtu nad Mohanem. Byl třetím synem císaře Ludvíka I. Pobožného a jeho ženy Irmingardy. Dětství strávil Ludvík až do roku 814 na dvoře svého otce. V souladu s „Ordinatio imperii", zákonem o následnictví trůnu, vydaném v roce 817, podle nějž mělo být zachováno trvání Francké říše, bylo tehdy ještě nezletilému Ludvíku Bavorovi přisouzeno i slovanské pohraničí.

V listině čteme: „Ludvík, z Boží milosti král bavorský". Roku 819 byl tento mladý král vyslán do Bavor. Za jeho vlády byla uchována jednota Bavorska a to se pak s Řeznem jako centrem říše stalo Ludvíku II. po celou dobu jeho vlády (843–876) důležitou mocenskou základnou.

Pro upevnění své moci a při budování země se Ludvík, mezi jiným, opíral o bavorskou církev. Využíval ji i pro svůj záměr šířit křesťanství mezi Slovany. V severním pohraničí se Ludvíkovi dařilo udržet Slovany v klidu a hranice ochránit. Větší problémy už měl s oblastí hraničící s Čechami. Pokřtění čtrnácti českých knížat v Řezně roku 845 proto znamenalo pro Ludvíka II. velký úspěch.

Aby bylo možno připomínat tyto události i později, byla roku 1995 za přítomnosti kardinála Ratzingera, současného papeže Benedikta XVI., na východní straně křestního kostela hned vedle hlavního vchodu umístěna umělecky cenná pamětní deska. Dóm v Řezně je proto od 11. století dokládán jako křestní chrám. Jedná se o sálovou stavbu s tzv. vtaženým kůrem.

Dodatek:

Už v prvním roce svého episkopátu dal řezenský biskup Wolfgang souhlas (a to proti vůli své kapituly, která se obávala materiálních ztrát) k oddělení Čech od řezenské jurisdikce a ke zřízení samostatného biskupství pražského. Bylo to rozhodnutí dalekosáhlého významu. Důvodem byly plány císaře Oty I. na vymanění Čech z bavorského vlivu. To také odpovídalo přání knížete Boleslava II. domoci se pro svou zemi vlastní církevní organizace. Wolfgangovi nešlo o peníze ani o moc či osobní vliv. Pro něho bylo rozhodující blaho a posílení církve v Čechách. Proto dnes v Čechách najdeme několik kostelů, které mu byly zasvěceny. Mezi jinými i klášterní kostel v Kladrubech.

Hinweis: Über die Stiftskirche St. Johann gibt es einen tschechischen Führer: KOLEGIÁTNÍ KOSTEL SV. JANA Regensburg (Řezno)
Poznámka: Pod názvem „Kolegiátní kostel sv. Jana v Řezně (Regensburg)" je k dispozici průvodce v češtině.

Autor: Josef Bauer, Volksschule Nittendorf bei Regensburg
Autor: Josef Bauer, Obecná škola v Nittendorfu u Řezna

Photo: Regensburg/Gedenktafel, Josef Bauer, Volksschule Nittendorf bei Regensburg
Foto: Řezno/Pamětní deska, Josef Bauer, Obecná škola v Nittendorfu u Řezna

Schülerarbeit: Fürstentaufe, Max Dauscher, Markus Hartl, 7.Kl., Hauptschule Undorf
Žákovská práce: Knížecí křest, Max Dauscher, Markus Hartl, 7. tř., Měšťanská škola Undorf

Nýřany

Uhlí pro bavorské sklárny

S rozvojem lidské civilizace a pokroku, množstvím vynálezů, průmyslu a obchodu vzrůstá potřeba energií. Jednou z možností je i těžba a zpracování uhlí.

Pro Německo a Rakousko se dolovalo černé uhlí v našem okolí, kde doly vlastnili zejména majitelé z těchto zemí. Uhlí, převážně zpracované jako koks, končilo ve sklárnách a hutích hlavně na území Bavorska.

Celé generace horníků dýchaly neustále černý prach a větší část nocí prokašlaly. Hodně stařečků spalo v posteli vsedě, zpříma jako tyčky. Po životě stráveném v dolech už žádný z nich nedokázal dýchat vleže. I když se podmínky postupem času zlepšovaly, pořád to byla velice namáhavá práce. V Nýřanech chodily každé ráno stovky horníků do práce, aby zajistily své rodiny a aby zajistily dodávky nejen po českých, ale i sousedních zemích.

Počátek dolování a využití uhlí v západočeském revíru patří mezi nejstarší na území České republiky. První zprávu o výskytu uhlí v západních Čechách kladou jednotliví autoři do první poloviny 40. let 16. století. V Nýřansko-stříbrském revíru lze doložit dolování až od druhé poloviny 18. století. O dobývání uhlí se zmiňuje švédský geolog Ferber, který uvádí, že na jihu Vlkýše se dolovalo už v roce 1774 a o několik let dříve u Chotěšova.

Skutečný rozmach těžby ovšem proběhl teprve ve druhé polovině 19. století v souvislosti s nárůstem spotřeby uhlí v průmyslu a zajištěním expedice prostřednictvím nově vybudované železnice.

V 19. století prožívalo hornictví neobyčejný rozvoj na celém území Čech, Moravy a Slezska, kde se těžilo 80 % celkového množství těžby v Rakousku-Uhersku.

Z historického hlediska mají největší význam radnická a mirošovská pánev a z hlediska hmotných dokladů provozního vývoje povrchových objektů vlastní plzeňská pánev ve své jihozápadní části. Plzeňská pánev se rozkládá po obou stranách Mže zhruba ve třech pásmech: první pásmo se táhlo od Kaznějova přes Hromnice k Plzni, druhé se nacházelo mezi Dobřany a Chotěšovem a třetí vedlo od Líní přes Nýřany k Vlkýši a Všerubům. Plzeňský revír byl dokonce největším vývozcem kamenného uhlí do zahraničí, díky vysoce kvalitnímu kanelovému uhlí.

K největším těžařům na Plzeňsku patřil Západočeský horní a hutní spolek. Tato těžařská společnost, která nesla ve svém názvu slovo „západočeská", neměla ve vedení jediného Čecha. Jádro tvořili Němci, bankovní kapitál a společníci z jiných států. Její veškerý důlní majetek převzal v roce 1875 Západočeský báňský akciový spolek, nově založený Vídeňskou bankou.

Prvním dolem Západočeského horního a hutního spolku byl důl Humbolt v Nýřanech, založený roku 1863. Uhlí z tohoto dolu bylo vhodné pro výrobu koksu a svítiplynu, a proto byl o ně velký zájem v zahraničí: v Maďarsku, v jižním a severním Německu, v Itálii, ve Švýcarsku a samozřejmě v Rakousku. Druhým dolem báňského spolku byl Sulkovský důl, s jehož hloubením bylo započato v roce 1868. V roce 1877 bylo na Sulkově postaveno třicet nových pecí na výrobu koksu. Dalším dolem Západočeského báňského akciového spolku byl důl zvaný Pomocný. Těžilo se tu uhlí výborné kvality, které se vyváželo hlavně do jižního Německa a Rakouska, kde o něj byl velký zájem hlavně ve sklárnách.

V posledních letech se znovu obnovuje spolupráce našich regionů v mnoha oblastech: v obchodu, v průmyslu a zemědělství, ale i v kultuře a v neposlední řadě i ve spolupráci škol a dětských organizací.

Kohle für die bayerischen Glashütten

Mit der Entwicklung der menschlichen Zivilisation und dem Fortschritt, den vielen Erfindungen, der Industrie und dem Handel wächst auch der Energiebedarf. Eine Möglichkeit zur Deckung ist die Förderung und Verarbeitung von Kohle.

In unserer Umgebung von Nýřany (Nürschan) wurde Steinkohle für Deutschland und Österreich abgebaut, vor allem Besitzer aus diesen Ländern waren hier die Eigentümer der Gruben. Die Kohle, vorwiegend zu Koks verarbeitet, ging hauptsächlich in die Hütten und Glashütten auf bayerischem Gebiet.

Ganze Generationen von Bergleuten atmeten ständig den schwarzen Staub ein, und der größte Teil von ihnen hustete auch die Nächte durch. Viele Alte schliefen sitzend im Bett, aufgerichtet wie Stäbe. Nach einem in den Gruben verbrachten Leben konnte keiner von ihnen mehr im Liegen atmen. Auch wenn sich die Bedingungen allmählich verbesserten, blieb dies stets eine sehr mühevolle Arbeit. In Nýřany gingen jeden Morgen Hunderte von Bergleuten zur Arbeit, um ihre Familien zu ernähren und um die Lieferungen nicht nur in den böhmischen Ländern, sondern auch in den Nachbarländern zu sichern.

Der Beginn des Abbaus und der Nutzung von Kohle im westböhmischen Revier gehört zu den ältesten auf dem Gebiet der Tschechischen Republik. Einzelne Autoren datieren die erste Nachricht über das Vorkommen von Kohle in Westböhmen auf die erste Hälfte der vierziger Jahre des 16. Jahrhunderts. Im Revier Nýřany-Stříbro lässt sich der Abbau erst ab der zweiten Hälfte des 18. Jahrhunderts belegen. Der schwedische Geologe Ferber erwähnt den Kohleabbau und gibt an, dass er im Süden von Vlkýš schon im Jahre 1774 existierte und einige Jahre früher bei Chotěšov.

Der wirkliche Aufschwung der Förderung kam jedoch erst in der zweiten Hälfte des 19. Jahrhunderts in Zusammenhang mit dem wachsenden Kohleverbrauch in der Industrie und mit der Sicherung des Abtransports durch die neu erbauten Eisenbahnen.

Im 19. Jahrhundert erlebte das Bergbauwesen eine ungeahnte Entwicklung auf dem gesamten Gebiet von Böhmen, Mähren und Schlesien, wo sich 80 Prozent der gesamten Fördermenge in Österreich-Ungarn befanden.

Aus historischer Sicht haben die Becken von Radnice und Mirošov die größte Bedeutung, unter dem Aspekt der materiellen Belege für die Entwicklung des Betriebs von Tagebauobjekten das eigentliche Pilsener Becken in seinem südwestlichen Teil. Das Pilsener Becken erstreckt sich auf beiden Seiten der Mže, grob in drei Zonen: die erste Zone zog sich von Kaznějov über Hromnice nach Pilsen, die zweite befand sich zwischen Dobřany und Chotěšov und die dritte führte von Líně über Nýřany nach Vlkýš und Všeruby. Das Pilsener Revier war sogar Dank der sehr guten kannelierten Kohle der größte Exporteur von Steinkohle ins Ausland.

Zu den größten Bergbauunternehmen der Region Pilsen gehörte der Westböhmische Berg- und Hüttenverein. In dieser Grubengesellschaft, die in ihrem Namen das „Westböhmisch" führte, war kein einziger Tscheche vertreten. Deutsche, Bankkapital und Gesellschafter aus anderen Staaten bildeten den Kern der Gesellschaft. Den gesamten Grubenbesitz übernahm 1875 der Westböhmische Montan Aktienverein, die von der Wiener Bank neu gegründet worden war.

Die erste Grube der Westböhmischen Berg- und Hüttenvereins war die Zeche Humbolt in Nýřany, gegründet im Jahre 1863. Die Kohle aus dieser Zeche war zur Herstellung von Koks und Leuchtgas geeignet, und deshalb gab es großes Interesse an dieser Kohle im Ausland: in Ungarn, im südlichen und nördlichen Deutschland, in Italien, in der Schweiz und natürlich in Österreich. Die zweite Grube, nun schon des Montanvereins, war die Zeche von Sulkov, mit deren Abbau 1868 begonnen worden war. Im Jahre 1877 wurden in Sulkov dreißig neue Öfen zur Koksherstellung gebaut. Eine weitere Grube des Westböhmischen Montan Aktienvereins war die „Pomocný" genannte Zeche. Hier wurde ebenfalls Kohle von ausgezeichneter Qualität gefördert, die hauptsächlich nach Süddeutschland und Österreich ausgeführt wurde, wo vor allem in Glashütten ein großes Interesse daran bestand.

In den letzten Jahren bahnen sich von neuem Kooperationen unserer Regionen auf vielen Gebieten an, im Handel, in der Industrie und in der Landwirtschaft, aber auch in der Kultur und nicht zuletzt auch Kooperationen von Schulen und Kinderorganisationen.

Autorka: *Jana Trkovská, Základní škola a Mateřská škola Nýřany*
Autorin: *Jana Trkovská, Grundschule und Kindergarten Nýřany*

Foto: *Radnice v Nýřanech, Jan Musil*
Photo: *Rathaus Nýřany, Jan Musil*

Žákovská práce: *Nikola Ježková, Petra Ostrovská, 14 let, 9. tř., Základní škola a Mateřská škola Nýřany*
Schülerarbeit: *Nikola Ježková, Petra Ostrovská, 14 Jahre, 9. Kl., Grundschule und Kindergarten Nýřany*

Oberviechtach

Hussiten und die Oberpfälzer

Bayern (und darin die Oberpfalz) und Böhmen sind mehr als einem Jahrtausend geschichtlich eng und meist nachbarschaftlich miteinander verbunden. In der Blütezeit der bayerisch-böhmischen Nachbarschaft sollte die Oberpfalz nach dem Willen von Karl IV. zur Nova Bohemia werden. Im Zuge des Religionsstreits im 15. Jahrhundert wurde dieses freundschaftliche Verhältnis getrübt, als es zu kriegerischen Auseinandersetzungen mit den Hussiten kam. Von diesem unheilvollen Kapitel der bayrisch-böhmischen Geschichte zeugen noch heute Straßennamen in der Region um Oberviechtach.

Der Theologe und Kirchenreformator Jan Hus, der in Prag lehrte, prangerte die Missstände in der Kirche an, ließ einzig die Bibel als gültig für Glaubensfragen gelten und erkannte den Vorrang des Papstes nicht an. Vorgeladen vor das Konzil in Konstanz wollte er seine Anschauungen verteidigen, wurde aber trotz der königlichen Zusage des freien Geleits zum Tod verurteilt und Mitte 1415 auf dem Scheiterhaufen verbrannt. Diese Hinrichtung löste bei der Bevölkerung und beim Adel in Böhmen großen Widerstand aus. Daraus entwickelte sich die böhmische Freiheitsbewegung, die die wesentlichen Anschauungen von Jan Hus übernahm und sich in den folgenden Jahrzehnten zu einer offenen Erhebung gegen die Kirche sowie gegen die deutschen und böhmischen Herrscher aus dem Hause Luxemburg ausweitete. Aufgrund ihrer geographischen Lage hatte besonders häufig die Oberpfalz unter den Einfällen und Plünderungen der Hussiten zu leiden.

Mehrmals versuchten kaiserliche Heere die Anhänger des Jan Hus, die Hussiten, in Böhmen zu besiegen, scheiterten jedoch unter anderem an der ausgeklügelten Kampftaktik der Hussiten. Besonders die gefürchteten Wagenburgen, die die Hussiten aufgrund ihrer Disziplin und Beweglichkeit geschickt handhaben konnten, galten für den Gegner als uneinnehmbar. Auf Anhöhen auffahrend, ordneten sie ihre Wagen rechteckig oder oval an und verbarrikadierten sich in mehreren Ringen hintereinander, so dass sie die angreifenden Ritter von erhöhtem Standpunkt aus mit ihren eisenbewehrten Dreschflegeln bekämpfen konnten.

Als ein Teilkontingent des hussitischen Belagerungsheeres, das zum Beutemachen in die „Obere Pfalz" eingedrungen war und im Jahr 1433 erneut die Region heimsuchte, die heute zum Einzugsgebiet des Ortenburg-Gymnasiums Oberviechtach gehört, kam es am 21. September 1433 zum entscheidenden Kampf bei Hiltersried. Das wesentlich kleinere Heer des Pfalzgrafen Johann zu Pfalz- Neunburg- Neumarkt unter der Führung des Feldhauptmanns Heinrich Pflug zu der Schwarzenburg nutzte das Auffahren zur Wagenburg, eine Schwachstelle der hussitischen Taktik, aus. Er setzte auf Schnelligkeit und griff, noch bevor die Böhmen vollständig zur Verteidigung eingerichtet hatten, am späten Nachmittag an und besiegte die Hussiten. Der Legende nach soll ein Neunburger Schmied die Ketten, die die Wagen miteinander verbanden, gesprengt und so maßgeblich zum Erfolg beigetragen haben. Nach dem fast vollständigen Aufreiben des hussitischen Heeres kam es zum Streit unter den Hussiten.

In den Folgejahren ließ die Heftigkeit der hussitischen Bewegung nach, wofür die Niederlage bei Hiltersried mit ein Grund war. Pfalzgraf Johann zu Neunburg bekam seit dieser Zeit den Beinamen „Hussitengeißel" oder „Hussitenhammer". Das jährlich aufgeführte historische Freilichtfestspiel „Vom Hussenkrieg" erinnert bis heute an diese ereignisreiche Zeit.

Husité a lidé z Horní Falce

Bavorsko (a Horní Falc jako jeho součást) a Čechy jsou spolu historicky těsně spjaty více než jedno tisíciletí a povětšinou jsou to vztahy sousedské. V období rozkvětu tohoto bavorsko-českého sousedství se z vůle Karla IV. měla Horní Falc stát územím Nova Bohemia. Avšak náboženské spory v 15. století tyto až dosud přátelské vztahy zkalily natolik, že došlo až k válečným střetům s husity. O této neblahé kapitole bavorsko-českých dějin dodnes svědčí názvy cest v okolí Oberviechtachu.

Teolog a církevní reformátor Jan Hus, který kázal v Praze, pranýřoval nešvary v katolické církvi a za jedinou platnou autoritu v oblasti víry prohlásil Bibli. Přednost papeže neuznával. Proto byl předvolán před koncil do Kostnice. Hus tam chtěl obhajovat svoje názory. Vzdor královskému slibu, že mu bude zaručena bezpečnost, však byl odsouzen k smrti a v polovině roku 1415 upálen na hranici. Husova poprava vyvolala u obyvatel i šlechty v Čechách mohutný odpor, který přerostl v české osvobozenecké hnutí. To v podstatě převzalo Husovy myšlenky a v následujících desetiletích vyvrcholilo v otevřeném povstání proti katolické církvi, ale i proti německým a českým vladařům z rodu Lucemburků. Pro svou zeměpisnou polohu musela především Horní Falc snášet časté husitské vpády a rabování.

Císařská vojska se několikrát pokusila zvítězit v Čechách nad husity, avšak marně. Důvodem těchto nezdarů byla dobře vymyšlená bojová taktika husitů, především jejich obávané vozové hradby, s nimiž disciplinovaní husité dokázali obratně manévrovat, takže byla pro nepřítele takřka nedobytná. Husité vyjížděli se svými vozy na návrší a tam je sestavili buď do pravého úhlu anebo do oválu. Za nimi se v několika sledech zabarikádovali a útočící rytíře pak ze svého vyvýšeného stanoviště snadno zahnali cepy obitými železem. Když v roce 1433 znovu pronikla část husitských vojsk do Horní Falce (dnes je to „sféra" Ortenburgského gymnázia v Oberviechtachu), došlo u Hiltersriedu 21. září 1433 k rozhodujícímu střetnutí. Mnohem menší vojsko falckraběte Johanna z Falce-Neuburgu a Neumarktu pod vedením Jindřicha Pluha ze Schwarzenburgu využilo výjezdu k vozové hradbě, což bylo slabé místo taktiky husitů. Jindřich vsadil na rychlost a v pozdním odpoledni zaútočil ještě dřív, než se Češi stačili pořádně připravit k obraně. Husity porazil. Říká se, že prý jeden kovář z Neuburgu rozťal řetězy, jimiž byly vozy spojeny, a významně tak přispěl k úspěchu. Brzy poté, co bylo husitské vojsko téměř úplně rozdrceno, došlo mezi husity ke sporu.

V následujících letech agresivita husitského hnutí polevila. Jistě k tomu přispěla i porážka husitů u Hiltersriedu. Falckrabě Johann z Neuburgu se od té doby honosil přízviskem „bič na husity" či „kladivo na husity". Letní hry O válce s husity, pořádané každým rokem v létě pod širým nebem, dodnes připomínají tuto bouřlivou dobu.

Autorinen: Martina Süßl, Susanne Kiowski, Ortenburg Gymnasium Oberviechtach
Autorky: Martina Süssl, Susanne Kiowski, Ortenburgské gymnázium v Oberviechtachu

Photo: Hussitendenkmal in Hiltersried, Martina Süßl, Susanne Kiowski, Ortenburg Gymnasium Oberviechtach
Foto: Památník husitů v Hiltersriedu, Martina Süssl, Susanne Kiowski, Ortenburgské gymnázium v Oberviechtachu

Schülerarbeit: Tomáš Kydlíček, 13 Jahre, 7. Kl., Grundschule Dobřany
Žákovská práce: Tomáš Kydlíček, 13 let, 7. tř., Základní škola Dobřany

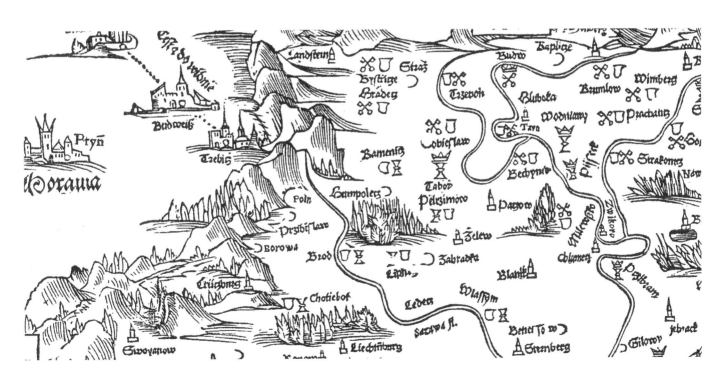

Oberviechtach

Die „Straß von Regensburg nach Behemb"

Religiöse und wirtschaftliche Aspekte einer Altstraße im Raum Oberviechtach

Schwarzhofen, Sattelross, Johannisberg, Nunzenried, Pirkhof, Rackenthal, Schwand und Schönsee markieren den Verlauf der einstigen Handelsstraße, die von Regensburg bzw. Amberg kommend über den Oberviechtacher Raum nach Böhmen führte. Als „frei kay. Landstraß" (1588) oder als „Straß von Regensburg nach Behemb" (1606) wird diese Hochstraße in Quellen (Staatsarchiv Amberg, Bestand Murach, Fasz. 23 und 41) bezeichnet. Diese Verbindung verzweigte sich nach Dietersdorf in eine Route über Friedrichshäng, Plöß und Weißensulz, während die ältere über Schwanenbrückl und Wasserau nach Muttersdorf und Hostau führte. Diese Hochstraße am nördlichen Reichenstein trägt auf älteren Karten den Namen „Böhmische Straß". Im 19. Jahrhundert verlagerte sich aber wegen des enormen Höhenanstiegs der Verkehr zusehends auf den südlicher gelegenen Übergang von Schwarzach, wohin daher 1825 auch das Zollamt verlegt wurde. Bereits 1626 ist in Schwarzach aber eine Wegemautstelle belegt.

Einer der markanten Punkte an dieser Altstraße nach Böhmen ist die Johannisbergkirche von Oberviechtach. Ist der ganze ostbayerische Raum reich an Statuen, Bildstöcken und Kapellen, die diesem böhmischen Heiligen geweiht sind, so wurde ihm an der alten Handelsstraße bereits frühzeitig eine Kirche errichtet. 25 Jahre vor der 1729 erfolgten Heiligsprechung des Prager Generalvikars und Hochschullehrers wurde 1704 „an der belebten Straße von

Regensburg nach Böhmen" eine Feldkapelle aufgestellt. Mündlich weiter gegebene Erzählungen im benachbarten Konatsried schreiben den Ursprung dieser Wallfahrt gar böhmischen Fuhrleuten zu, die nach einem glimpflich abgelaufenen Fuhrunglück die Wallfahrt stifteten.

Historisch belegt ist die Holzkapelle im Jahre 1704, als in Oberviechtach der bekannte Bauernanführer im Spanischen Erbfolgekrieg, Pfarrer Florian Sigmund von Miller, wirkte. Die Spenden vorbeiziehender Fuhrmänner und Kaufleute waren so beträchtlich, dass man 1732 bereits mit dem Bau einer massiven Kirche beginnen konnte, die zwei Jahre später fertiggestellt war. Von der Kirche aus, die am höchsten Punkt der Hochstraße errichtet ist, genießt man ein herrliches Panorama nach Osten und Süden bis weit in den Bayerischen Wald. Den Blick nach Norden verwehrt der Wald, so dass die einst freie Sicht von Oberviechtach auf das Gotteshaus heute nicht mehr gegeben ist.

Von enormer wirtschaftlicher Bedeutung war die böhmische Handelsstraße für die angrenzenden Ortschaften. So nahm die „Taferne und Schmiedstatt" in der kleinen Ortschaft Nunzenried, durch die die Straße führte, einen nachweisbaren Aufschwung. Hannß Schmidt aus Nunzenried tauschte 1606 sein Söldengütlein (kleiner Bauernhof) gegen den Hof des Wirts Georg Meindl samt dessen Schankrecht ein. Schmidts Schreiben, in dem er beim Pfleger von „Haus Murach" die Erlaubnis für dieses Tauschgeschäft einholte, offenbart die weitschauenden wirtschaftlichen Beweggründe für diesen Kauf. Das Anwesen sei besonders geeignet, „weil die Straß durch den Hoff khann gerichtet werden", zudem seien „stallungen und Weittschafft" (Weidemöglichkeiten) vorhanden. Nach dem Dreißigjährigen Krieg, nämlich 1649, wurde auf Initiative des Oberviechtacher Bürgermeisters Simon Wellenhofer eine Schmiede errichtet, da eine „solche Schmitstadt den frembten, durchreisenten Führleiten" von Nutzen sei.

Auch manche Bauern profitierten von der vorbeiführenden Landstraße. Viele Bauernhöfe sind in dieser Zeit sogenannte „Menatgüter", wo neben der Landwirtschaft auch ein Fuhrunternehmen betrieben wurde, welches beträchtliche Zusatzeinkünfte brachte. Mit Vorspanndiensten an besonders steilen Abschnitten der Handelsstraße konnten sich die angrenzenden Bauern ein willkommenes Zubrot verdienen, etwa in dem Ort Denglarn oder am nördlichen Reichenstein.

Cesta z Řezna do Čech

Náboženské a hospodářské aspekty staré cesty v oblasti Oberviechtachu

Schwarzhofen, Sattelross, Johanisberg, Nunzenried, Pirkhof, Rackenthal, Schwand a Schönsee jsou místa, kterými procházela někdejší obchodní cesta z Řezna, resp. Ambergu přes území v okolí Oberviechtachu do Čech. Ve starých pramenech (Státní archiv v Ambergu) je tato cesta zmiňována jako „svobodná císařská cesta" (1588), nebo jako „cesta z Řezna do Čech" (1606).

Rozvětvovala se ve směru na Dietersdorf a vedla dále přes Friedrichshäng, Plöss a Weissensulz, zatímco starší cesta vedla přes Schwanenbrückl a Wasserau do Muttersdorfu a Hostau. Tato horská cesta při severním Reichensteinu je na starších mapách označována jako „Böhmische Strass" (Česká cesta). V 19. století se však kvůli přílišnému stoupání doprava výrazně přesunula směrem k jižněji položenému přechodu ve Schwarzachu. Tam se také v roce 1825 přemístil i celní úřad. Písemnou zmínku o mýtnici ve Schwarzachu však nacházíme už v roce 1626.

Jedním z výrazných bodů na této staré cestě do Čech je horský kostelík sv. Jana v Oberviechtachu. Celý východobavorský prostor je plný soch, božích muk a kapliček zasvěcených tomuto českému svatému, a proto mu byl na staré obchodní cestě už v raných dobách postaven i kostel. Ale už 25 let předtím, než byl pražský generální vikář a vysokoškolský učitel v roce 1729 prohlášen za svatého, byla v roce 1704 „na rušné cestě z Řezna do Čech" postavena kaplička. V sousedním Konatsriedu se traduje, že ji založili povozníci z Čech jako dík za šťastný konec jedné nehody.

Dřevěná kaple je historicky doložená v roce 1704, tedy v době, kdy v Oberviechtachu působil známý vůdce sedláků ve válce o španělské dědictví, farář Florián Sigmund von Miller. Dary od pozdějších povozníků a obchodníků byly tak bohaté, že už v roce 1732 začala stavba masivního kostela. Dokončena byla o dva roky později. Od kostela, který stojí na nejvyšším bodě horské cesty, se rozprostírá krásné panorama od východu směrem na jih až hluboko do Bavorského lesa. Ve směru na sever brání ve výhledu les, takže z Oberviechtachu už dnes dům boží není vidět.

Pro obce ležící na hranicích měla česká obchodní cesta ohromný hospodářský význam. Hospoda a kovárna v malé obci Nunzenried tehdy zažívaly zlaté časy. Vysloužilý voják Hans Schmidt z Nunzenriedu tak v roce 1606 vyměnil svůj malý statek, který získal za svoje žoldnéřské služby, za statek hostinského Georga Meindla i s jeho právem výčepním. Ve Schmidtově listu, v němž žádá správce domu Murach o povolení k tomuto výměnnému obchodu, se dovídáme o prozíravých pohnutkách a hospodářských důvodech, jež vedly k této koupi. Jedná se prý o mimořádně vhodnou usedlost, „protože tady cesta může procházet dvorem" a nacházejí se zde i „stáje a pastviny". Po třicetileté válce, v roce 1649, byla z iniciativy oberviechtachského purkmistra Simona Wellenhofera zřízena kovárna, protože „taková kovárna může být projíždějícím povozníkům k užitku".

Z obchodní cesty profitovali i sedláci. Mnoho statků v té době slouží jako tzv. „menatgüter", kde se vedle zemědělství provozovalo i povoznictví, což přinášelo značné peníze navíc. Na zvlášť příkrých úsecích obchodní cesty poskytovaly projíždějícím povozníkům přípřež, např. v obci Denglarn anebo v severním Reichensteinu.

Autor: *Georg Lang, Ortenburg-Gymnasium Oberviechtach*
Autor: *Georg Lang, Ortenburg-Gymnasium Oberviechtach*

Photo: *Grenzstein am historischen Übergang von Friedrichshäng bei Schönsee, Georg Lang, Ortenburg-Gymnasium Oberviechtach*
Foto: *Hraniční kámen na historickém přechodu Friedrichshäng u Schönsee, Georg Lang, Ortenburg-Gymnasium Oberviechtach*

Schülerarbeit: *Stadtwappen Oberviechtach, Andreas Schneider, 6. Kl., Ortenburg Gymnasium Oberviechtach*
Žákovská práce: *Městský znak Oberviechtachu, Andreas Schneider, 6. tř., Ortenburg-Gymnasium Oberviechtach*

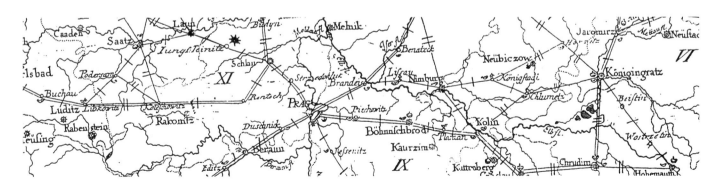

Parkstein

Böhmischer Pfleger auf der Burg Parkstein

Die Entstehung der Burg Parkstein liegt geschichtlich im Dunkeln, erstmals quellenmäßig erwähnt wird sie im Jahr 1052. In diesem Jahr ließ Herzog Konrad von Bayern die Burg von seinen Soldaten aus Rache und Vergeltung an Lehensherr Bischof Eckhard von Regensburg, einem Halbbruder König Konrads III., niederbrennen und zerstören. Auf Veranlassung Kaiser Heinrichs IV. wurde die zerstörte Burg Parkstein gegen Ende des 11. Jahrhunderts wieder aufgebaut und dem Sulzbacher Grafen als Lehen gegeben. In der Herrschaft der Sulzbacher lebten auf der Burg Parkstein Ministeriale, die als Verwaltungsbeamte im 12. Jahrhundert bei Beurkundungen fungierten. Nach dem Tod des letzten Sulzbacher Grafen gelangte die Burg in den Besitz der Staufer, wie 1189 urkundlich erwähnt.

Im 13. Jahrhundert verpfändeten die Staufer die Burg mehrmals an andere Adelige, so 1298 auch an König Wenzel III. von Böhmen. 1314 erhielt Johann von Luxemburg die Burg als Pfandgut für die Unterstützung Herzog Ludwig des Bayern bei der deutschen Königswahl. 1347 ordnete Kaiser Karl IV. an, dass die Burggrafen von Nürnberg die Festung Parkstein im baulichen Zustand wieder herrichten. Durch Heirat, Erbe, Kauf, Tausch und Pfandschaft erweiterte Karl IV. seinen Landbesitz in Bayern zu einem zusammenhängenden Gebietskomplex, zu dem auch Parkstein gehörte. Auf der Burg Parkstein fungierte der von Karl eingesetzte Pfleger Heinrich der Ramsperger. 1337 wird urkundlich erwähnt, dass ihm das Kloster Waldsassen mit seinen Besitzungen zum Schutz anvertraut worden ist. Der Pfleger von Parkstein war zugleich Landrichter. Als dieser war er alleiniger Träger der Amtsgewalt in seinem Bezirk. Gleichzeitig war er Herr über die Niedere Gerichtsbarkeit, übte Verwaltungs- und Polizeiaufgaben aus. Zu den Aufgaben des Pflegers gehörte auch, die Verbindungswege in seinem Gebiet zu schützen. Kostbare Güter waren durch Raubritter bedroht und deshalb hatte der Kaiser auch angeordnet, die Veste Parkstein zu renovieren und das Raubritterunwesen zu beseitigen.

Die Burgbesatzung war angewiesen, die Kaufmannszüge auf der Strecke von Kohlberg bis Altenstadt zu begleiten und zu schützen. Dieser Geleitschutz war nicht umsonst und floss in die Kasse des Kaisers. Als der Kaiser später einen Zugang zur Ostsee anstrebte und die Mark Brandenburg gegen Gebietsteile in Bayern eintauschte, kam auch Parkstein in die Herrschaft der Wittelsbacher.

Im 18. Jahrhundert verfiel die Burg Parkstein, 1759 wurde angefangen, die Burg niederzureißen und 1763 wurde ein neues Landgerichtsgebäude errichtet. Einen Landrichter gab es aber noch einige Zeit in Parkstein, bis das Amt am 1. Oktober 1808 nach Neustadt an der Waldnaab verlegt wurde.

Parkstein und Böhmen von 1273 bis 1478

1237 schließt der böhmische König Ottokar einen friedlichen Vergleich. Er verzichtet auf die Burgen Parkstein und Floß. Herzog Heinrich von Bayern gibt seine Ansprüche auf den Besitz in Böhmen und Eger auf.

1298 werden in Wien in einer Urkunde von Albrecht, Herzog von Österreich und der Steiermark und König Wenzel III. die Gebiete von Eger, Parkstein und Floß als Reichsland ausgewiesen.

1314 verpfändet König Ludwig der Bayer das Egerland, Parkstein und Floß „terram Egrensum et castra Floss et Parkstein…" an König Johann von Böhmen.

1339 ist König Johann von Böhmen mit Zustimmung Kaiser Ludwig des Bayern noch immer Pfandinhaber von Eger, Parkstein und Floss.

1357 erhält der oberste Kanzler in Böhmen, Dietrich von Kugelweit, Bischof von Minden, durch Kaiser Karl IV. das Schloss Parkstein und die Stadt Weiden als Lehen.

1358 Pfleger des Amtes Parkstein ist Dawisch von Gablonz (Nordböhmen).

1360 vertauscht Kaiser Karl IV. seine Besitzungen Lauterburg, Aalen, Rosenstein und Heubach mit dem Reich gegen die Festen Parkstein und Karlswald (Kreis Reichenstein im Egerland). Ein Jahr später stimmen die Kurfürsten zu.

1362 Burggraf in Parkstein ist der böhmische Pfleger Dobsius.

1366 hält Hanyk von Knoblauchsdorf, oberster Hauptmann des Königs von Böhmen in Bayern, Gericht zu Parkstein.

1368 im neuböhmischen Salbüchlein Kaiser Karl IV. wird Parkstein und seine Abgaben beschreiben. Kaiser Karl IV. und Burggraf Friedrich von Nürnberg einigen sich, dass bei der Hochzeit ihrer Kinder die Feste Parkstein und die Stadt Weiden als Pfand gesetzt werden.

1401 Wenzel IV. , König von Böhmen, verpfändet Parkstein zusammen mit anderen Orten und Burgen „um 6 000 Schock großer Prager Münze" an Johann Landgraf zu Leuchtenberg.

1418 kommt es zu einem Gerichtsverfahren. Herzog Ludwig der Bärtige klagt Seitz den Erlacher an, er habe einen „Böhmen" gefangen und somit dem Herzog von Parkstein und Weiden Schaden zugefügt. Die Verhandlung führte Landrichter Lotterpech.

1421 nach kriegerischen Auseinandersetzungen bekommt die Herrschaft Parkstein-Weiden zwei neue Landesherren. Es sind Pfalzgraf Johann von Neumarkt und Markgraf Friedrich von Brandenburg, noch immer ist „die Herrschaft der Krone zu Beheime" zugehörig.

1478 Böhmenkönig Matthias verpflichtet Herzog Otto von Bayern als seinen Rat und Diener. Die Folge, der Herzog öffnet ihm Parkstein und Weiden.

Český správce na hradě Parkstein

Kdy byl hrad postaven, není známo, ale první historicky doložená zmínka pochází z roku 1052. V tom roce nechal vévoda Konrád Bavorský svými vojáky hrad vypálit a zničit. Byla to pomsta a odplata lennímu pánu, biskupu Eckhardovi z Řezna, nevlastnímu bratru krále Konráda III. Na přímý popud císaře Jindřicha IV. byl zničený hrad Parkstein na konci jedenáctého století znovu postaven a dán v léno hraběti ze Sulzbachu. Za vlády jeho rodu (ve dvanáctém století) žili na hradě správní úředníci, kteří ověřovali důležité listiny. Po smrti posledního hraběte ze Sulzbachu přešel hrad podle listinného dokladu z roku 1189 do vlastnictví Štaufů.

Ve třináctém století Štaufové hrad mnohokrát zastavili u jiných šlechticů a stejně pak v roce 1298 u českého krále Václava III. V roce 1314 obdržel hrad jako zástavu Jan Lucemburský za to, že podporoval vévodu Ludvíka Bavora při volbě německého krále. V roce 1347 nařídil císař Karel IV. purkrabím z Norimberka, aby uvedli pevnost Parkstein opět do obyvatelného stavu. Sňatkem, dědictvím, koupí, výměnou a zástavou rozšířil Karel IV. své majetky v Bavorsku tak, že vznikl souvislý územní celek, k němuž patřil i Parkstein. Na hrad byl císařem dosazen správce Jindřich Ramsberger. Je doloženo, že mu byl v roce 1337 svěřen do ochrany klášter Waldsassen s celým územím. Správce Parksteinu byl současně zemským soudcem a z titulu této funkce se stal i vykonavatelem úřední moci ve svém kraji. Současně byl vykonavatelem nižší soudní moci, což představovalo i správní a policejní úkony. Dalším úkolem správce byla ochrana obchodních cest procházejících jeho územím, protože cenné zboží neustále lákalo loupeživé rytíře. Císařovo nařízení obnovit pevnost proto mělo učinit přítrž i neustálému přepadávání obchodníků.

Posádka hradu dostala příkaz doprovázet a ochraňovat kupecké výpravy od Kohlenbergu až po Altenstadt. Doprovod však nebyl zadarmo a poplatky za ochranu plynuly do císařské pokladny. Když pak později císař usiloval o přístup k Baltskému moři a braniborskou marku vyměnil za území v Bavorsku, přešel i Parkstein do vlastnictví Wittelsbachů.

V osmnáctém století byl hrad Parkstein už v rozvalinách. V roce 1759 se začalo s jeho postupným bouráním. V roce 1763 byla postavena nová budova zemského soudu. Zemský soudce však přesto působil ještě nějakou dobu na Parksteinu, než byl úřad 1. 10. 1788 přeložen do města Neustadt an der Waldnaab.

Parkstein a Čechy v letech 1273–1478

V roce 1237 činí český král Přemysl Otakar smírné vyrovnání. Vzdává se hradů Parkstein a Floss. Vévoda Jindřich Bavorský se na oplátku vzdává nároků na vlastnictví v Čechách a na Cheb.

V roce 1298 je ve Vídni v listině rakouského a štýrského vévody Albrechta a krále Václava III. prohlášeno Chebsko a hrady Parkstein a Floss říšským územím.

V roce 1314 dává král Ludvík Bavorský Chebsko, Parkstein a Floss „terram Egrensum et castra Floss et Parkstein" do zástavy českému králi Janu Lucemburskému.

V roce 1339 zůstává český král Jan se souhlasem Ludvíka Bavorského nadále zástavním vlastníkem Chebu, Parksteinu a Flossu.

V roce 1357 dostává nejvyšší český kancléř Dietrich z Kugelweitu a biskup Mindenský od císaře Karla IV. Parkstein a město Weiden v léno.

V roce 1362 je správcem Parksteinu Diviš z Jablonce (severní Čechy).

V roce 1360 vyměňuje Karel IV. svoje državy Lautenburg, Aalen, Rosenstein a Heubach s Říší za pevnosti Parkstein a Karlswald (okres Reichenstein na Chebsku). O rok později k tomu dávají svůj souhlas i kurfiřti.

Roku 1362 je purkrabím na Parksteinu český správce Dobšík.

V novočeské pozemkové knize císaře Karla IV. jsou v roce 1348 uvedeny Parkstein a jeho odvody. Karel IV.

a purkrabí Bedřich z Norimberka se usnášejí, že při svatbě jejich dětí budou dány do zástavy pevnost Parkstein a město Weiden.

V roce 1401 zastavuje český král Václav IV. Parkstein spolu s ostatními územími a hrady za 6 000 kop pražských grošů lankraběti Janu z Leuchtenbergu.

V roce 1418 dochází k soudnímu jednání. Vévoda Ludvík Bradatý žaluje Seitze Erlachera za to, že zajal jednoho Čecha, a způsobil tak škodu vévodovi z Parksteinu a Weidenu. Jednání řídil zemský soudce Lotterpech.

V roce 1421 získalo po válečném konfliktu panství Parkstein-Weiden dva nové zemské pány. Jsou jimi falckrabě Jan z Neumarktu a markrabě Bedřich Braniborský. Panství ještě stále náleží ke Koruně české.

V roce 1478 získává český král Matyáš vévodu Otu Braniborského za svého rádce a služebníka. Na oplátku mu vévoda zpřístupňuje Parkstein a Weiden.

Autor: Christian Kauschinger, Volksschule Parkstein
Autor: Christian Kauschinger, Obecná škola Parkstein

Photo: Michael Ascherl, Weiden
Foto: Michael Ascherl, Weiden

Schülerarbeit: Burg Parkstein, Judith Lamche, 9 Jahre, 4 Kl.
Žákovská práce: Hrad Parkstein, Judith Lamche, 9 let, 4 tř.

Planá

Zlatý potok – Goldbach – Silberhütte

Zlatý potok je místo, v jehož názvu se skrývá vzpomínka na středověké rýžoviště zlata a kde byla mnohem později vystavěna sklárna, v níž se od třicátých let 18. století vyrábělo především tabulové sklo. V době největší prosperity v ní pracovalo 40 zaměstnanců. Po jejím uzavření v roce 1894 se rychle zmenšoval počet obyvatel a počátkem 20. století ve vesnici stála již jen hospoda, hájovna, myslivna a dům pro sklářské dělníky, který byl později využíván jako škola. Převzetím moci komunisty po roce 1948 se i v oblasti Českého lesa zásadně změnila společenská situace. Bez nároku na úplnost můžeme její obsah definovat jako odstranění politických svobod a demokratických principů, likvidaci občanské společnosti. V krajině zčásti pusté a neobydlené se po vysídlení sudetských Němců život v této příhraniční oblasti prakticky zastavil na více než 40 let. Střežený prostor, známý pod názvem „železná opona", obklopený ostnatým drátem, tvořil polovinu centrálního území Českého lesa a běžný člověk se do těchto míst neměl šanci podívat.

Nové možnosti využít tuto nádhernou část Českého lesa pro turistiku, cyklistiku a především pro běžecké lyžování se objevily až se změnou politické situace v tehdejším Československu po roce 1989. Již v roce 1990 se uskutečnily první kontakty mezi představiteli Centra pro běžecké lyžování ze Silberhütte a Svazem lyžování při Československém svazu tělesné výchovy. Společnou snahou bylo navázání spolupráce s cílem vybudovat právě v lokalitě Zlatého potoka lyžařskou chatu a v budoucnu rozšířit běžecké stopy na českou stranu. Bylo třeba vynaložit obrovské úsilí k překonání nejrůznějších byrokratických překážek. Prvním významným mezníkem bylo v roce 1992 získání stavebního povolení k výstavbě chaty a její následná realizace. Stavbu financovala německá strana, čeští lyžaři se podíleli především na brigádnických pracích.

Historickým datem pro nás zůstal 30. leden 1993. Po řadě složitých jednání se podařilo získat povolení k jednorázovému překročení hranice mimo hraniční přechod v prostoru Křížového kamene pro uskutečnění Českobavorského lidového běhu. Akce, které se zúčastnilo kolem 300 lyžařů a turistů, se setkala s obrovským zájmem a ohlasem a utvrdila nás v tom, že přeshraniční spolupráce má nejen smysl, ale i perspektivu. Novým impulzem bylo založení česko-německého spolku „Ski klub Zlatý potok" v roce 1994. Jeho hlavním cílem bylo dosáhnout v rámci malého příhraničního styku otevření hraničního přechodu Křížový kámen pro turistiku, cyklistiku a běžecké lyžování.

Tato snaha byla korunována úspěchem a přechod byl na jaře roku 1995 oficiálně otevřen za účasti představitelů okresů Tachov a Tirschenreuth. Jednalo se o další zlomový moment ve vzájemné spolupráci. Otevření hraničního přechodu totiž umožnilo pravidelnou úpravu běžeckých stop na české straně s využitím techniky našich německých přátel, a tím i rozšíření možností sportovního vyžití. Každoročně pořádaný česko-bavorský běh se stal již tradicí a na jeho organizaci se už po čtrnácté podíleli společně němečtí i čeští příznivci lyžování.

Věříme, že se nám podaří uskutečnit v blízké budoucnosti i další společné plány. Z tohoto pohledu je významnou plánovanou akcí vybudování cyklostezky Tachov – Křížový kámen, na kterou se podařilo za finanční spoluúčasti města Tachov získat prostředky z Evropské unie. V rámci tohoto projektu za téměř dva miliony korun je počítáno i s vylepšením zázemí lyžařské chaty a jejího okolí.

Co říci závěrem? Historici i politici se často přou o výklad minulosti, o míru viny na určitých historických událostech. Spolupráce českých i bavorských přátel běžeckého lyžování naproti tomu směřovala vždy do budoucna. Jsme přesvědčeni, že 15 let společných aktivit několika desítek nadšenců z obou stran hranice ukázalo oboustrannou prospěšnost našich úzkých kontaktů a výrazně přispělo ke vzájemnému poznání. V neposlední řadě jsme řadou konkrétních akcí přispěli k rozvoji dobrých sousedských vztahů. Můžeme proto s klidným svědomím říci, že námi postavený iluzorní „společný most" stojí na pevných základech.

Zlatý potok – Goldbach – Silberhütte

Zlatý potok ist ein Ort, in dessen Name sich die Erinnerung an ein mittelalterliches Goldwaschfeld versteckt und an dem viel später eine Glashütte erbaut wurde. In dieser wurde seit den dreißiger Jahren des 18. Jahrhunderts vor allem Tafelglas erzeugt. Zur Zeit ihrer größten Blüte arbeiteten hier 40 Angestellte. Nach ihrer Schließung im Jahre 1894 sank die Einwohnerzahl rasch, und zu Beginn des 20. Jahrhunderts standen hier nur noch eine Gastwirtschaft, ein Forsthaus, eine Jagdhütte und ein Haus für Glashüttenarbeiter, das später als Schule genutzt wurde. Mit der Machtübernahme der Kommunisten nach 1948 änderte sich die gesellschaftliche Situation auch im Gebiet des Böhmerwaldes deutlich. Ohne Anspruch auf Vollständigkeit können wir als ihre Wesenszüge die Beseitigung von politischen Freiheiten und demokratischen Prinzipien und die Zerstörung der bürgerlichen Gesellschaft definieren. In der Landschaft dieser Grenzregion, die nach der Aussiedlung der Sudetendeutschen teilweise öde und unbewohnt war, blieb das Leben für über 40 Jahre.

Erst mit der Veränderung der politischen Situation in der damaligen Tschechoslowakei nach 1989 eröffneten sich neue Möglichkeiten zur Nutzung dieses herrlichen Teils des Böhmerwaldes für Tourismus, Radtourismus und vor allem für Skilanglauf. Schon 1990 gab es erste Kontakte zwischen Vertretern des Skilanglaufzentrums aus Silberhütte und dem Skiverband des Tschechoslowakischen Bundes für Körpererziehung. Man bemühte sich um Anbahnung einer Zusammenarbeit mit dem Ziel, gerade in Goldbach eine Skihütte zu bauen und in Zukunft die Langlaufloipen auf tschechischer Seite zu verbreitern. Es mussten riesige Kräfte aufgeboten werden, um die verschiedensten bürokratischen Hindernisse zu überwinden. Der erste wichtige Meilenstein war der Erhalt einer Baugenehmigung zum Bau der Hütte im Jahre 1992 und ihre folgende Umsetzung. Finanziert wurde der Bau von der deutschen Seite, die tschechischen Skiläufer beteiligten sich vor allem mit Eigenarbeiten.

Zu einem historischen Datum wurde für uns der 30. Januar 1993. Nach einer Reihe von komplizierten Verhandlungen gelang es, die Genehmigung zu einem einmaligen Grenzübertritt außerhalb eines Grenzübergangs zu erhalten, und zwar im Bereich des „Křížový kámen" zur Durchführung des tschechisch-bayerischen Volkslaufs. Die Veranstaltung, an der sich etwa 300 Skiläufer und Wanderer beteiligten, traf auf riesiges Interesse und Echo und bestärkte uns darin, dass grenzüberschreitende Zusammenarbeit nicht nur Sinn, sondern auch eine Perspektive hat. Ein neuer Impuls war die Gründung des tschechisch-deutschen Vereins „Skiklub Zlatý potok" im Jahre 1994. Sein Hauptziel war es, im Rahmen des „kleinen Grenzverkehrs" die Öffnung des Grenzübergangs „Křížový kámen" für Wandertourismus, Radtourismus und Skilanglauf zu erreichen.

Dieses Bemühen wurde von Erfolg gekrönt, und im Frühjahr 1995 wurde der Übergang im Beisein von Vertretern der Kreise Tachov und Tirschenreuth offiziell eröffnet. Dies war ein weiterer Durchbruch in der Zusammenarbeit. Die Öffnung des Grenzübergangs ermöglichte nämlich die regelmäßige Unterhaltung der Langlaufloipen auf der tschechischen Seite unter Nutzung der Technik unserer deutschen Freunde, und dadurch auch die Vergrößerung der Möglichkeiten für die sportliche Nutzung. Der jährlich durchgeführte tschechisch-deutsche Lauf ist schon zu einer Tradition geworden, und in diesem Jahr haben sich schon zum vierzehnten Mal deutsche und tschechische Anhänger des Skisports gemeinsam an seiner Vorbereitung beteiligt.

Wir hoffen, dass es uns in naher Zukunft gelingt, auch weitere gemeinsame Pläne zu verwirklichen. Eine wichtige, für dieses Jahr geplante Aktion in dieser Hinsicht ist der Bau eines Radweges Tachov – Křížový kámen, bei dem es gelungen ist, unter finanzieller Beteiligung der Stadt Tachov Mittel aus der Europäischen Union zu erhalten. Im Rahmen dieses Projekts für fast zwei Millionen Kronen wird auch mit einer Verbesserung der Infrastruktur der Skihütte und ihrer Umgebung gerechnet.

Was wäre am Schluss noch zu sagen? Historiker und Politiker streiten sich oft über die Auslegung der Geschichte, um das Maß an Schuld an bestimmten historischen Ereignissen. Die Kooperation der tschechischen und der deutschen Freunde von Skilanglauf war dagegen immer auf die Zukunft ausgerichtet. Wir alle sind überzeugt, dass 15 Jahre gemeinsamer Aktivitäten von einigen zig Enthusiasten auf beiden Seiten der Grenze den beiderseitigen Nutzen unserer engen Kontakte gezeigt haben und deutlich zum gegenseitigen Kennenlernen beigetragen haben. Nicht zuletzt haben wir mit einer Reihe von konkreten Aktionen zur Entwicklung von guten nachbarschaftlichen Beziehung beigetragen. Wir können deshalb mit ruhigem Gewissen sagen, dass die von uns gebaute bildliche „gemeinsame Brücke" auf festen Grundlagen steht.

Autor: Jindřich Kolesa, Základní škola Planá
Autor: Jindřich Kolesa, Grundschule Planá

Foto: Rozcestník na Loipe, Rainer Christoph
Photo: Wegweiser an der Loipe, Rainer Christoph

Žákovská práce: Nicole Bohuňková, 7 let, Základní škola Planá
Schülerarbeit: Nicole Bohuňková, 7 Jahre, Grundschule Planá

Plzeň

Plzeňské pivo – pivo proslulé na celém světě

Historie piva v Plzni je stejně tak dlouhá jako zajímavá. Již v roce 1295 udělil 260 plzeňským občanům král Václav II. várečné právo pro jeho výrobu. V Plzni se pivo nejen vařilo, ale Plzeň dala tomuto nápoji i jméno, které se užívá v mnohých zemích dodnes.

Přesto však v rozsáhlé historii nastala doba, kdy plzeňští občané dávali přednost pivu dováženému, protože plzeňské nebylo dobré. Bylo to ve třicátých letech devatenáctého století, kdy se plzeňští občané-právovárečníci domluvili a rozhodli se postavit Měšťanský pivovar, který by pro všechny vařil dobré pivo podle nového způsobu výroby. Požádali tedy zkušeného plzeňského stavitele Martina Stelzera, aby pivovar postavil. Ten, vědom si důležitosti svého úkolu, se nejdříve vydal do Bavorska získat zkušenosti. Tam také našel prvního sládka našeho pivovaru. Byl to Josef Groll, rodák z bavorského města Vilshofen, kterého provázela pověst vynikajícího odborníka. Ten se svými pomocníky přijel z Bavorska do Plzně na jaře roku 1842 a první várku piva začal vařit v tomtéž roce – 5. října.

Pivo uvařené podle postupu Josefa Grolla mělo výbornou chuť a jeho sláva se šířila neuvěřitelnou rychlostí. K jeho kvalitě prý přispěly i místní suroviny. Na prvního sládka svého pivovaru Plzeň nezapomíná. Dnes je Josefu Grollovi věnována expozice v Plzeňském pivovarském muzeu i v samotném pivovaru. Jeho následovníci se o kvalitu piva pečlivě starají, a tak sláva plzeňského piva nepomíjí. A město Plzeň je díky tomuto zlatavému nápoji známé po celém světě.

Jinou představu o tom, jak pivo vzniklo, ovšem mají děti. Jejich fantazie dala vzniknout následující pohádce.

Autorka: Dagmar Svatková, Knihovna města Plzně

Jak plzeňské pivo zachránilo princeznu

Bylo, nebylo: V jednom českém městě uprostřed Evropy, nazvaném po svém zakladateli – Plzeň, stál krásný zámek a v něm žila ještě krásnější princezna se svojí maminkou královnou a panem otcem králem. Malé princezně dali rodiče jméno Plzanka. To proto, že měli rádi město, ve kterém žili, a jejich královský rod žil ve městě Plzeň již celá dlouhá století. Princezna Plzanka, když dosáhla osmnácti let, se stala velmi krásnou dívkou. Pro její půvab a její milou a příjemnou povahu ji měli moc rádi nejen její rodiče, ale hlavně všichni obyvatelé města, kteří na svoji princeznu byli náležitě hrdi a vážili si nejen oni jí, ale i princezna všech Plzeňanů.

Společná radost však měla brzy dojít konce. Jednoho dne na sklonku léta, kdy ještě květiny voněly, louky a stromy se zelenaly a ptáci pěkně zpívali, zastínil zlaté slunce na obloze podivný mrak. Na královský zámek i celé město Plzeň jako by padl soumrak. Bylo však pravé poledne. „Co se to děje?" ptali se všichni a jejich pohledy se upíraly k obloze. A najednou to všichni uviděli: „Drak! Utíkejte! Schovejte se! Devítihlavý, obrovský, hrozivý drak!" volali měšťané jeden přes druhého, a co jim nohy stačily, každý se rychle utíkal schovat.

Plzeňané nevěděli, co se to děje, ale starý král, otec Plzanky, věděl… Nadešla chvíle, které se po celých osmnáct let, co je Plzanka na světě, velice převelice bál…

Zlatá vrata do královského zámku se s kovovým lomozem rozletěla a devítihlavý drak, páchnoucí sírou, se usadil přímo uprostřed dvora v zámku. Hlubokým a hrozivým hlasem zvolal: „Jsem tu, pane králi. Mám hlad a tvoje dcera Plzanka bude za tři dny a tři noci mojí snídaní! Tak jsem řekl již před osmnácti lety, a co řeknu, vždy dodržím!" Král se zachvěl. A princezna, stojící v okně vedle něj, hrůzou omdlela. Jaké neštěstí, o kterém neměla ani tušení, ji to potkalo!

A celé město upadlo do smutku. Plzeňané plakali pro svoji princeznu a Plzanka plakala pro celý svět. „Lidé, najde se někdo, kdo mi pomůže?" volala neustále. Poslední den před jejím sežráním a stále nikdo nevěděl, jak jí pomoci. Celá zoufalá se šla ještě naposledy rozloučit se svými oblíbenými květinami, stromy a lesy kolem Plzně. Šla dlouho, předlouho a plakala. Utírajíc slzy, posadila se na zelenou mez u cesty. Najednou slyší kroky a vidí: po cestě kráčí hezký mládenec, na vozíčku táhne velký dřevěný sud a hvízdá si. „Jak si můžeš pohvizdovat, kluku, když já nebohá zítra v tuhle dobu budu stát před skalní jeskyní a čekat na svůj konec v dračích tlamách!" zvolala princezna. Mládenec se zarazil. „A hele, princezna Plzanka," povídá a kouká chvíli na Plzanku, chvíli na sud na vozíčku a najednou zakřičí: „Mám to, Plzanko, ničeho se neboj, myslím, že jsem na něco přišel! A dovol, abych se představil. Jsem sládek z plzeňského pivovaru Jaroslav a zrovna vezu sud našeho výborného piva do Prahy." Princezna podala Jaroslavovi ruku, a než se stačila zeptat, co myslí tím, že jí může pomoci, chlapec zmizel v zatáčce cesty.

Nastal den princeznina sežrání. Drak létal nad Plzní jako šílený, devět hlav plivalo oheň a síru a pomlaskávalo vždy, když prolétal kolem zámku. V podvečer vyjel z brány zámku směrem k dračí skále průvod v čele se zlatým kočárem s princeznou. Princezna ve světle modrých šatech vystoupila u jeskyně a plakajíc, čekala na draka, který se pomalu začal sunout z otvoru ve skále a okukovat ji. Tu na cestě poblíž princezny zarachotila kola dřevěného vozu a na plácek před dračí jeskyni dopadlo devět velkých dřevěných sudů plných piva. „Jaroslav z pivovaru!" zvolala princezna a čekala, co bude dál. „Jsem tady, draku!" zvolal sládek Jaroslav a pokračoval: „Dřív než slupneš princeznu, napij se našeho plzeňského piva, ať ti Plzanka pak lépe chutná!" Princezna žasla nad Jaroslavovou troufalostí. Drak se podíval na sudy, jedním úderem tlapy urazil víko prvního sudu a jedna hlava jej naráz vypila. Odhodila sud od obrovské tlamy a podívala se na princeznu. A ejhle. Místo strašného šklebu se na princeznu začala usmívat a pomlaskávat. Stejně tak každá další dračí hlava vyhltla jeden sud piva a stalo se totéž. Po vypití všech devíti sudů všemi devíti dračími hlavami začaly se hlavy mezi sebou pošťuchovat, pochechtávat a dokonce pobrukovat nějaký popěvek. Princezna nevěřila svým očím. Drak se začal pohupovat do rytmu písničky, zpívané devíti hlavami, a vyzval princeznu k tanci. Sládek Jaroslav se k oběma přidal a všichni se na sebe usmívali. Drak objal Jaroslava kolem krku a povídá: „Chlapče, už nemám chuť na hubenou princeznu. Tu nechám tobě. Mám však jednu podmínku. Každý večer mi do mého doupěte ve skále přivezeš devět velikých sudů tohoto plzeňského piva z tvého pivovaru pro každou moji hlavu. Nápoj je to tak výborný, že mi na princeznu už docela přešla chuť. Nechci už jíst princezny. Chci raději plzeňské pivo!"

Sládek rád souhlasil. Princeznu odvezl v pivovarském voze zpět do Plzně a do zámku, kde všichni její návrat přeradostně vítali a uspořádali pro celé město obrovskou oslavu. Hlavním nápojem celé slavnosti se stalo plzeňské pivo, které zachránilo princeznu. Sládek Jaroslav požádal krále o ruku Plzanky, která ráda souhlasila. A byl další důvod k ještě větší oslavě, na kterou byl pozván i devítihlavý drak. Ten na oslavu, kde teklo plzeňské pivo proudem, přijal pozvání velmi rád. Na oplátku sládkovi Jaroslavovi navrhl, že bude výborné plzeňské pivo rozvážet na svých širokých zádech do celého světa.

A tak se stalo, že jedinečná chuť plzeňského piva nejen zachránila princeznu, ale díky drakovi zachraňuje od smutku a špatné nálady i další spoustu lidí a princezen po celém širém světě.

Autorky: Petra Brychová a Eva Klečková, 14 let, 8. tř., 4. základní škola Plzeň, Kralovická ul., Plzeň

Pilsener Bier – ein Bier mit Weltruhm

Die Geschichte des Biers in Pilsen ist ebenso lang wie interessant. Schon im Jahre 1295 erteilte König Wenzel II. 260 Pilsner Bürgern des Braurecht. Dort wurde Bier nicht nur gebraut, sondern die Stadt hat diesem Getränk auch ihren Namen verliehen. Bis heute wird es in vielen Ländern „Pils" oder „Pilsner" genannt.

Trotzdem gab es in der ruhmreichen Geschichte des Pilsner Biers mehrere Jahre, in denen die Pilsner Bürger importiertes Bier bevorzugt haben, weil das eigene nicht schmeckte. So haben sich in den dreißiger Jahren des neunzehnten Jahrhunderts die braubefugten Bürger entschieden, ihre eigene Brauerei zu bauen und dort nach einem neuen Rezept für alle ein gutes Bier zu brauen. Sie haben den bekannten Pilsner Architekten Martin Stelzer gebeten, die Brauerei aufzubauen. Dieser war sich der Wichtigkeit seiner Aufgabe bewußt und fuhr zuerst nach Bayern, um dort Erfahrungen zu sammeln. In Bayern hat Stelzer auch den ersten Bierbrauer für die Pilsner Brauerei gefunden. Es war Josef Groll, geboren im bayerischen Vilshofen, der sich dort des Rufes eines hervorragenden Fachmanns erfreute. Groll kam mit seinen Gehilfen aus Bayern im Frühjahr 1842 nach Pilsen, und das erste Gebräu begann er noch im selben Jahr am 5. Oktober zu brauen.

Das nach seinem Rezept hergestellte Bier hatte einen erstklassigen Geschmack und sein Ruhm verbreitete sich unglaublich schnell. Zur hervorragenden Qualität dieses Gerstensafts sollten auch die herkömmlichen Rohstoffe beitragen.

Den ersten Bierbrauer in ihrer Bürgerbrauerei hat die Stadt Pilsen niemals mehr vergessen. Heute finden wir im Pilsner Brauerei-Museum und dann noch direkt in der Brauerei eine selbstständige, dem Josef Groll gewidmete Ausstellung. Grolls Nachfolger sorgen bis heute mit größter Sorgfalt für die Qualität und somit für den Ruhm des Pilsner Biers. Und die Stadt Pilsen ist dank diesem goldfarbenen Getränk überall in der Welt bekannt geworden.

Eine durchaus andere Vorstellung davon, wie Bier entstanden ist, haben freilich die Kinder. Ihre Phantasie führte zur Entstehung des folgenden Märchens.

Autorin: Dagmar Svatková, Stadtbibliothek Pilsen

Wie das Pilsener Bier die Prinzessin rettete

Es war einmal in einer böhmischen Stadt mitten in Europa, die nach ihrem Begründer Pilsen genannt wurde. Dort gab es ein schönes Schloss, in dem eine noch schönere Prinzessin mit ihrer Mutter, der Königin, und ihrem Herrn Vater, dem König, wohnte. Die Eltern hatten der kleinen Prinzessin den Namen Plzanka gegeben. Und zwar deshalb, weil sie die Stadt liebten, in der sie lebten, und weil ihre königliche Familie in der Stadt Pilsen schon ziemlich viele Jahrhunderte lebte. Als Prinzessin Plzanka achtzehn Jahre alt wurde, war sie zu einem sehr schönen Mädchen herangewachsen. Nicht nur ihre Eltern hatten sie wegen ihrer Anmut und ihrem lieblichen und angenehmen Wesen sehr lieb, sondern hauptsächlich alle Einwohner der Stadt, die gehörig stolz auf ihre Prinzessin waren, und sie schätzten nicht nur sie hoch, sondern die Prinzessin auch alle Pilsener.

Die allgemeine Freude sollte jedoch bald zu Ende sein. Eines Tages zu Beginn des Sommers, als die Blumen noch dufteten, die Wiesen und Bäume grün wurden und die Vögel schön sangen, verdunkelte ein seltsamer Schatten die goldene Sonne am Himmelszelt. Auf das königliche Schloss und auf die ganze Stadt Pilsen fiel es wie eine Dämmerung. Dabei war es gerade mal Mittag. „Was geht da vor?" fragten sich alle und hoben ihre Blicke zum Himmel. Und auf einmal sahen es alle: „Ein Drache! Flieht! Versteckt Euch! Ein neunköpfiger, riesiger, bedrohlicher Drachen!", riefen die Bürger einer nach dem anderen und liefen, was ihre Beine hergaben, um sich zu verstecken.

Die Pilsener wussten nicht, was da geschah, aber der alte König, der Vater von Plzanka, der wusste es... Der Augenblick war gekommen, vor dem er sich in den ganzen achtzehn Jahren, in denen Plzanka auf der Welt war, übermächtig gefürchtet hatte...

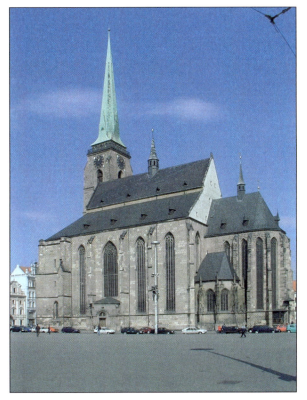

Das goldene Tor zum königlichen Schloss zersprang mit metallenem Kreischen, und der neunköpfige Drache, der vor Schwefel stank, setzte sich genau in die Mitte des Schlosshofes. Mit tiefer und drohender Stimme rief er aus: „Hier bin ich, Herr König. Ich habe Hunger, und Deine Tochter Plzanka wird in drei Tagen und drei Nächten mein Frühstück sein! So habe ich es schon vor achtzehn Jahren gesagt, und wenn ich etwas sage, dann halte ich auch Wort!" Den König schauderte. Die Prinzessin aber, die neben ihm am Fenster stand, wurde vor Schrecken ohnmächtig. Was für ein Unglück, von dem sie nicht einmal eine Ahnung hatte, sollte ihr da widerfahren!

Und die ganze Stadt verfiel in tiefe Trauer. Die Pilsener weinten um ihre Prinzessin, und Plzanka weinte um die ganze Welt. „Ihr guten Leute, gibt es jemanden, der mir hilft?", rief sie in einem fort. Es war schon der letzte Tag, bevor sie gefressen werden sollte, und noch immer wusste niemand, wie man ihr helfen könnte. Die völlig Verzweifelte ging ein letztes Mal, um sich von ihren geliebten Blumen, Bäumen und Wäldern um Pilsen zu verabschieden. Lange ging sie so, sehr lange, und weinte. Schließlich setzte sie sich auf den grünen Rain am Wege, um ihre Tränen abzuwischen. Auf einmal hörte sie Schritte und sah, dass da ein hübscher junger Mann die Straße entlang ging, auf seinem Wagen ein großen Holzfass hinter sich herzog und vor sich hin pfiff. „Wie kannst Du pfeifen, Junge, wenn ich Ärmste morgen um diese Zeit vor der Felsenhöhle stehen werde und auf mein Ende in den Mäulern des Drachen warte!", rief die Prinzessin. Der Jüngling blieb stehen. „Da schau her, die Prinzessin Plzanka," sprach er und schaute ein Weilchen auf Plzanka, dann eine Weile auf das Fass auf dem Wagen, und plötzlich rief er aus: „Ich hab´s, Plzanka, hab keine Angst, ich glaube, ich habe da eine Idee! Und erlaube, dass ich mich vorstelle. Ich bin Jaroslav, der Brauer aus der Pilsener Brauerei, und gerade bringe ich ein Fass von unserem ausgezeichneten Bier nach Prag." Die Prinzessin gab Jaroslav die Hand, und bevor sie noch fragen konnte, womit er ihr denn helfen könnte, war der junge Mann schon um die Wegbiegung verschwunden.

Dann war der Tag gekommen, an dem die Prinzessin gefressen werden sollte. Der Drache flog wie wahnsinnig über Pilsen, die neun Köpfe spieen Feuer und Schwefel, und jedes Mal, wenn er um das Schloss flog, schmatzte er mit der Zunge. Gegen Abend fuhr das Gefolge aus dem Schlosstor, vorneweg eine goldene Kutsche mit der Prinzessin, zum Felsen des Drachen. An der Höhle stieg die Prinzessin in einem hellblauen Kleid mit Tränen in den Augen aus der Kutsche und wartete auf den Drachen, der sich langsam aus der Öffnung im Felsen hinauswand, um sie sich anzuschauen. Da klapperten auf dem Weg nahe bei der Prinzessin die hölzernen Räder eines Wagens, und auf den Platz vor dem Drachen rollten neun große Holzfässer voller Bier. „Jaroslav aus der Brauerei!" rief die Prinzessin aus und wartete, was weiter geschah. „Hier bin ich, Drache!" rief der Brauer Jaroslav und fuhr fort: „Bevor Du die Prinzessin verschlingst, solltest Du unser Pilsener Bier kosten, damit Plzanka Dir danach noch besser schmeckt!". Die Prinzessin staunte über Jaroslavs Kühnheit. Der Drache besah sich die Fässer, dann zerschlug er mit einem Hieb seiner Pranke den Deckel des ersten Fasses, und einer seiner Köpfe trank es in einem Zug aus. Er warf das Fass mit seinem riesigen Maul zur Seite und schaute die Prinzessin an. Und siehe da – statt einer grauslichen Fratze begann er, die Prinzessin anzulächeln und zu schnalzen. Danach soff jedes der Drachenhäupter ein Bierfass aus, und jedes Mal wiederholte sich das  Schauspiel. Nachdem alle neun Fässer von allen neun Drachenköpfen geleert worden waren, fingen die Köpfe an, sich untereinander zu stoßen, zu kichern und schließlich irgendein Liedchen vor sich hin zu summen. Die Prinzessin traute ihren Augen nicht. Der Drache fing an, sich im Rhythmus des Liedes zu wiegen, das die neun Köpfe sangen, und forderte die Prinzessin zum Tanz auf. Jaroslav der Brauer gesellte sich zu den beiden, und alle lachten sich an. Der Drache fiel Jaroslav um den Hals und meinte: „Junge, ich hab´ keine Lust mehr auf die magere Prinzessin. Die lass´ ich Dir. Aber unter einer Bedingung: jeden Abend bringst Du mir neun große Fässer von diesem Pilsener Bier aus Deiner Brauerei für jeden meiner Köpfe an meine Felsenhöhle. Das Gesöff hier ist so was von gut, dass mir schon völlig der Appetit auf die Prinzessin vergangen ist. Ich will sie nicht mehr fressen. Ich will lieber Pilsener Bier!"

Der Brauer willigte gerne ein. Er brachte die Prinzessin auf dem Brauereiwagen zurück nach Pilsen und ins Schloss, wo alle die Heimgekehrte überglücklich begrüßten und ein riesiges Fest in der ganzen Stadt ausrichteten. Das Hauptgetränk auf dem Fest wurde das Pilsener Bier, das die Prinzessin gerettet hatte. Der Brauer Jaroslav bat den König um die Hand von Plzanka, die gerne einwilligte. Und das war dann ein weiterer Grund für ein noch größeres Fest, zu dem auch der neunköpfige Drache eingeladen wurde. Dieser nahm die Einladung zu einem Fest, bei dem Pilsener Bier in Strömen floss, natürlich sehr gerne an. Als Entgelt bot er dem Brauer Jaroslav an, das ausgezeichnete Pilsener Bier auf seinem breiten Rücken in die ganze Welt zu liefern.

Und so geschah es, dass der einzigartige Geschmack des Pilsener Bieres nicht nur die Prinzessin rettete, sondern dank dem Drachen auch eine Menge anderer Leute und Prinzessinnen in der ganzen weiten Welt vor Trauer und trüber Stimmung schützt.

Autorinen: Petra Brychová und Eva Klečková, 14 let, 8. Kl., 4. Grundschule Pilsen, Kralovická str., Pilsen

Foto:	*Chrám sv. Bartoloměje v Plzni, Rainer Christoph*
	Brána měšťanského pivovaru a centrum města Plzně, Jiří Berger
Photo:	*Der St. Bartolomeus Kirche, Pilsen, Rainer Christoph*
	Das Tor der Bürgerlichen Brauerei und Stadtzentrum von Pilsen, Jiří Berger
Žákovská práce:	*Barbora Pivoňková, 12 let, Základní umělecká škola Domažlice*
Schülerarbeit:	*Barbora Pivoňková, 12 Jahre, Kunstschule Domažlice*

Praha

Petr Parléř, stavitel Karla IV.

Panovník české země Jan Lucemburský se svým synem Karlem a arcibiskupem Arnoštem z Pardubic za přítomnosti církevních a mnohých světských hodnostářů slavnostně položili základní kámen budoucí katedrále sv. Víta na Pražském hradě. Stalo se tak 21. listopadu 1344, jak o tom informuje písemný pramen, téměř souběžný opis zprávy kronikáře a třetího ředitele stavby chrámu, Beneše Krabice z Weitmile. Tady se začíná náš příběh velkého stavitele, sochaře a architekta Petra Parléře. Nápis nad jeho bustou v triforiu pražského Sv. Víta sděluje, že se jedná o syna Jindřicha Parléře, mistra ze švábského Gmündu, který byl Karlem pozván do Prahy roku 1356, aby vystavěl chór katedrály, chór Kaple všech svatých a pokračoval ve stavbě mostu přes Vltavu.

Petr se narodil patrně v pozdním podzimu v Kolíně nad Rýnem v roce 1333, kde jeho otec pracoval ve zdejší chrámové stavitelské huti jako parléř (polír, stavitel, vedoucí stavební hutě). Označení jako parléř se objevuje nejprve jako povolání, velmi často se vyskytuje v Kolíně nad Rýnem a mohlo by být dokladem kolínského původu Parléřovy rodiny. Byl také zakladatelem význačné stavitelské a kamenické dynastie. Členové tohoto rodu pracovali na mnohých, především sakrálních stavbách po celé Evropě. Používali také shodnou mistrovskou značku – dvakrát zalomenou kamenickou úhelnici na štítku.

Petr se záhy přestěhoval do švábského města Gmündu. Jeho otec se zde stal vedoucím huti u Svatého Kříže. V této huti se Petr začal učit kameníkem. Huť se podílela také na stavbě východního kněžiště dómu v Augspurku, navrhovala chrám v Ulmu a jejím dílem je také kostel Panny Marie v Norimberku. Tento chrám založil Karel IV. v roce 1355. Jako tovaryš se Petr Parléř s otcovou hutí rozloučil a odešel na zkušenou do Kolína nad Rýnem, aby našel prostor pro rozvoj vlastních uměleckých představ. Zde stavěl známý kolínský dóm. V té době hledal Karel IV. stavitele, který by po zesnulém Matyáši z Arrasu citlivě pokračoval v práci na rozestavěné katedrále sv. Víta. Volba padla na Petra Parléře a byla to volba šťastná.

Je možné, že Karel IV. chtěl původně angažovat otce, ale ten doporučil panovníkovi svého syna. Zřejmě ho na cestu vybavil i plány, ty se v každé stavitelské a kamenické huti dědily z pokolení na pokolení a patřily k největším pokladům rodu. Karel IV. si ve své prozíravosti vybral mladého stavitele možná i proto, že stavba takového rozsahu, jakou zamýšlel, se nedala provést za jediný lidský věk, a proto chtěl, aby jeden stavitel dovedl stavbu co nejdále.

Petr se důkladně seznámil s Matyášovým dílem. Jeho předchůdce mu zanechal solidní základ, kněžiště, osm kaplí polygonálního závěru a přilehlý ochoz s arkádami kůru, zatímco Svatováclavskou kapli, ze stavebního i ideového hlediska nejdůležitější, pouze započal. Vlastní stavební činností se odklonil od původně francouzsky orientované koncepce navržené Matyášem. Stavba katedrály postupovala na středověké poměry rychlým tempem.

Takže ve výčtu vzpomeňme, co bylo vykonáno.

- 1362 dokončena sakristie
- 1367 dokončena a vysvěcena kaple sv. Václava, vztyčena podle představ císaře Karla nad světcovým hrobem
- 1368 vysvěcena jižní brána – Porta Aurea. Tu stejně jako následně hlavní věž umístil Parléř do jižní boční stěny katedrály a obrátil tak chrám symbolicky k panovníkovu paláci a k jeho sídelnímu městu
- 1370 dostavěn věnec kaplí a ochoz chóru do výše triforia
- 1370–71 osazena mozaika nad jižní branou
- 1371 počátek výstavby horní části chóru a dokončení velkého šnekovitého schodiště při jižní příčné lodi
- 1373 uzavřen vítězný oblouk a oblouk boční lodi chóru
- 1374–75 provedena stavba triforia
- 1376 dokončeno jedenáct oken vysokého chóru
- 1377 zahájeno budování vnější opěrné soustavy
- 1392 položen základní kámen ke stavbě trojlodí
- 1396 založena velká jižní věž

Úctyhodné dílo na jeden lidský život Mistra vrcholné gotiky!

Avantgardní systém síťové klenby je dodnes obdivován odborníky i milovníky stavitelského umění. Parléř byl první, kdo přestal dělit klenbu na izolovaná klenební pole a nad celým prostorem rozvinul soustavu vzájemně skloubených krátkých úseků žeber tvořící systém řídké sítě. V nejposvátnějším místě – Svatováclavské kapli, srdci svatyně, kterou povýšil na chrám v chrámu – vztyčil nad náhrobkem sochu svatého panovníka. Parléř s pomocníky vytesal z opuky dvoumetrovou postavu a pokryl ji barvami. Zpodobnil světce jako mladého, elegantního rytíře se štítem a kopím, nad nímž vládne laskavá tvář knížete míru. Z kaple vyzvedl schodiště vzhůru do komnaty, kam byly jako do pokladnice uloženy korunovační klenoty a osobní relikvie Václavovy; meč, přilba a drátěná košile. Sem Karel přikázal ukládat také vzácné pergameny, státní listiny, korunní archiv a státní poklad.

Parléř byl i neméně geniálním sochařem a řezbářem, jak o tom svědčí řada portrétních bust v triforiu katedrály – prvního stavitele Matyáše z Arrasu, memoriálních zpodobnění Karla IV., členů královské rodiny, pražských arcibiskupů a ředitelů stavby, vedle nichž zpodobnil i sebe. Na příkaz císaře zhotovil náhrobek Přemysla Otakara I.

Na stavbě katedrály pod jeho vedením pracovala huť kameníků a parléřovská huť stálých zaměstnanců, která se nazývala svatovítská fabrika.

Současně se stavbou svatovítské katedrály řídil Parléř ještě stavbu Kamenného, dnešního Karlova mostu, jehož základní kámen byl položen 9. července 1357 a který je úžasným technickým dílem středověkého mostního stavitelství. Parléř stavěl i Staroměstskou mosteckou věž, stojící na prvním pilíři mostu s branou vedoucí na Karlův most. Ta je označována jako nejkrásnější středověká věž v Evropě, významná svou plastickou výzdobou, na níž měl Parléř svůj rozhodující podíl. V Čechách pak ještě stojí za zmínku Parléřova stavba kůru kostela sv. Bartoloměje v Kolíně.

Petr Parléř byl zcela právem zámožným pražským občanem. Dostával nemalý plat a pobíral četné naturální požitky. Měl svůj vlastní dům na Hradčanském náměstí č. p. 62 a další č. p. 177 si postavil na místě dnešního Hrzánského paláce v Loretánské ulici. Spolu s majetkem stoupala jeho společenská prestiž. Mimo jiné se stal radním na Hradčanech.

Zemřel 13. července 1399 v Praze a byl pohřben v katedrále vedle svého předchůdce Matyáše z Arrasu. Místo posledního odpočinku mu vybrali jeho synové Václav a Jan, kteří mu zhotovili kamenný náhrobek. Dnes leží na důstojném místě ve střední části chrámu v blízkosti náhrobku sv. Jana Nepomuckého, Karla IV. a Rudolfa II. Petr Parléř se nesmazatelně zapsal do dějin českého národa.

Peter Parler, Baumeister Karl IV.

Johann von Luxemburg, der Herrscher des Landes Böhmen, legte gemeinsam mit seinem Sohn Karl und dem Erzbischof Arnošt von Pardubice in Anwesenheit vieler kirchlicher und weltlicher Würdenträger feierlich den Grundstein für die zukünftige Kathedrale des Heiligen Veit auf der Prager Burg. So geschehen am 21. November 1344, wie eine schriftliche Quelle überliefert, eine fast gleichzeitige Abschrift von einer Nachricht des Chronisten und dritten Leiters des Dombaus Beneš Krabice von Weitmil. Hier beginnt unsere Geschichte über den großen Baumeister, Bildhauer und Architekten Peter Parler. Die Inschrift über seiner Büste im Triforium des Prager St. Veitsdomes besagt, dass er der Sohn von Heinrich Parler war, einem Meister aus Schwäbisch Gmünd, und 1356 von Karl nach Prag geholt wurde, um den Chor der Kathedrale und den Chor der Allerheiligenkapelle zu bauen und den Bau einer Brücke über die Moldau weiterzuführen.

Peter wurde offenbar im Spätherbst des Jahres 1333 in Köln am Rhein geboren, wo sein Vater als Parlier (Polier, Baumeister, Leiter einer Bauhütte) tätig war. Die Bezeichnung als Parlier taucht zuerst als Berufsbezeichnung auf, sie kommt sehr oft in Köln am Rhein vor und könnte ein Hinweis auf die Kölner Herkunft der Familie Parler sein. Er war auch der Begründer dieser bedeutenden Baumeister- und Steinmetzdynastie. Die Mitglieder dieser Familie arbeiteten an vielen, vor allem sakralen Bauten in ganz Europa. Sie führten auch ein übereinstimmendes Meisterzeichen – ein zweimal gekröpftes Steinmetz-Winkeleisen im Schild.

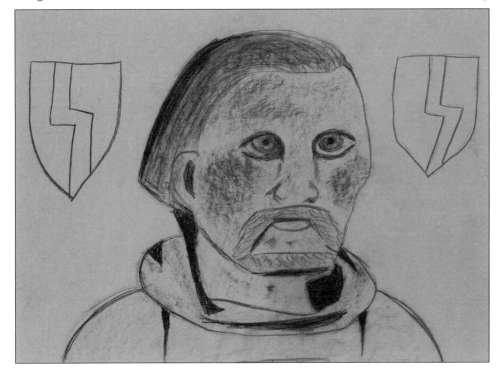

Peter zog früh in die schwäbische Stadt Gmünd. Sein Vater wurde hier zum Leiter der Bauhütte an der Heiligkreuzkirche. In dieser Hütte lernte Peter das Steinmetzhandwerk. Die Hütte beteiligte sich auch am Bau des östlichen Presbyteriums im Dom zu Augsburg und entwarf die Kirche in Ulm. Auch die von Karl IV. 1355 begründete Frauenkirche in Nürnberg ist ihr Werk. Peter Parler verabschiedete sich als Geselle von der väterlichen Hütte und ging auf Wanderschaft, um Raum zur Entwicklung eigener künstlerischer Vorstellungen zu gewinnen, und baute hierbei am bekannten Kölner Dom mit. In jener Zeit suchte Karl IV. einen Baumeister, der nach dem Tode von Matthias von Arras mit Gespür die Arbeit an dem im Bau befindlichen Veitsdom weiterführen sollte. Die Wahl fiel auf Peter Parler, und es war eine glückliche Wahl.

Es ist möglich, dass Karl IV. ursprünglich seinen Vater engagieren wollte, aber der empfahl dem Herrscher seinen Sohn. Offenbar hat er ihn für die Reise auch mit Plänen versehen; diese wurden in jeder Bau- und Steinmetzhütte von Generation zu Generation weitergegeben und gehörten zu den wertvollsten Schätzen der Familie. Karl IV. wählte den jungen Baumeister in seiner Weitsicht möglicherweise auch deshalb, weil ein Bau von solchen Ausmaßen, wie er ihm vorschwebte, sich nicht in einem Menschenalter ausführen ließ, und deshalb wollte er, dass ein Meister den Bau so lange wie möglich betreute.

Peter machte sich gründlich mit Matthias´ Werk vertraut. Sein Vorgänger hatte ihm ein solides Fundament hinterlassen, das Presbyterium, acht Kapellen mit polygonalem Abschluss und den anschließenden Umgang mit Arkadenchor, während er die Wenzelskapelle, aus baulicher und ideeller Sicht den wichtigsten Teil, erst begonnen hatte. Die eigentliche Bautätigkeit entfernte sich von der ursprünglichen französisch orientierten Konzeption des Matthias. In hohem Tempo ging der Bau der Kathedrale zu mittelalterlichen Maßen über.

In der folgenden Aufzählung erinnern wir daran, was nun ausgeführt wurde.

- 1362   Fertigstellung der Sakristei
- 1367   Fertigstellung und Weihe der Wenzelskapelle, errichtet über dem Grab des Heiligen, nach den Vorstellungen von Kaiser Karl
- 1368   Weihe der Südpforte – Porta Aurea. Diese wie auch danach den Hauptturm positionierte Parler an der südlichen Seitenwand der Kathedrale und wendete die Kirche damit symbolisch zum Herrscherpalast und zu seiner Stadtsiedlung.
- 1370   Kranz der Kapelle und Chorumgang zum höheren Triforium fertig gebaut
- 1370–71 wurde das Mosaik über der Südpforte eingesetzt
- 1371   Beginn des Ausbaus des oberen Chorlettners, dies bedeutete den Abschluss des großen schneckenförmigen Treppenhauses am südlichen Querschiff.
- 1373   Abschluss von Triumphboden und Bogen am Seitenschiff des Chors
- 1374–75 Bau des Triforiums durchgeführt
- 1376   Fertigstellung der elf Fenster im Hochchor
- 1377   Baubeginn des äußeren Stützensystems
- 1392   Grundsteinlegung für den Bau der drei Schiffe
- 1396   Gründung des großen Südturmes

Dies war ein achtunggebietendes Werk für das ganze Menschenleben dieses Meisters der Hochgotik.

Das avantgardistische System der Netzgewölbe wird bis heute von Fachleuten und Liebhabern der Baukunst bewundert. Er war der erste, der ein Gewölbe nicht mehr als ein isoliertes Gewölbefeld herstellte, sondern über den ganzen Raum ein System von miteinander verschränkten, kurzen Rippenabschnitten entfaltete, die ein seltenes Netzwerk bildeten. Am heiligsten Ort – der Wenzelskapelle, dem Herzen des Heiligtums, die er zu einer Kirche in der Kirche erhob – errichtete er über dem Grab eine Statue des heiliggesprochenen Herrschers. Mit Helfern meißelte Parler aus Tonschiefer eine zwei Meter hohe Statue und deckte sie mit Farben. Er stellte den Heiligen als jungen, eleganten Ritter mit Schild und Lanze dar, der das freundliche Gesicht eines Friedensfürsten trägt. Ein Treppenhaus führte aus der Kapelle nach oben in eine Kemenate, in der die Krönungsinsignien und die persönlichen Reliquien von Wenzel, Schwert, Helm und Kettenhemd wie in einer Schatzkammer verwahrt wurden. Auf Befehl von Karl wurden hier auch seltene Pergamente, Staatsurkunden, das Kronarchiv und der Staatsschatz aufbewahrt.

Parler war auch ein nicht weniger genialer Bildhauer und Schnitzer, davon zeugen eine Reihe von Porträtbüsten im Triforium der Kathedrale – der erste Baumeister Matthias von Arras, eine Gedenkfigur an Karl IV., Mitglieder der königlichen Familie, Prager Erzbischöfe und Bauleiter, neben denen er auch sich selbst abbildete. Auf Befehl des Kaisers fertigte er das Grabmal für Přemysl Ottokar I.

Unter seiner Leitung arbeiteten am Bau der Kathedrale eine Steinmetzhütte und Parlers Hütte mit ständigen Angestellten, die sich „St. Wenzels-Fabrik" nannte.

Gleichzeitig mit dem Bau der Wenzelskathedrale leitete Parler noch den Bau der Steinernen, heute Karlsbrücke. Der Grundstein zu diesem verblüffenden technischen Werk der mittelalterlichen Brückenbaukunst wurde am 9. Juli 1357 gelegt. Er erbaute auch den Altstädter Brückenturm, der am ersten Pfeiler der Brücke mit einem zur Karlsbrücke führenden Tor steht. Er wird als schönster mittelalterlicher Turm Europas bezeichnet, bedeutend durch seine plastische Dekoration, an der Parler entscheidenden Anteil hatte. In Böhmen verdient noch Parlers Bau des Chores in der Bartholomäuskirche in Kolín erwähnt zu werden. In Nürnberg trägt die Frauenkirche seine Handschrift.

Peter Parler wurde völlig zu Recht ein wohlhabender Prager Bürger. Er erhielt eine nicht geringe Bezahlung und bezog zahlreiche Naturaleinkünfte. Sein eigenes Haus hatte er am Hradčanské náměstí Nr. 62, ein weiteres mit der Nr. 177 baute er sich an der Stelle des heutigen Hrzánský-Palasts in der Loretánská-Straße. Mit seinem Besitz wuchs auch sein gesellschaftliches Ansehen. Er war unter anderem Ratsherr in Hradčany.

Er starb am 13. Juli 1399 in Prag und wurde in der Kathedrale neben seinem Vorgänger Matthias von Arras beigesetzt. Den Ort seiner letzten Ruhe suchten ihm seine Söhne Wenzel und Johann aus, die ihm ein steinernes Grabmal anfertigten. Heute liegt er an würdiger Stelle im Mittelteil des Doms in der Nähe der Gräber von St. Johann von Nepomuk, Karl IV. und Rudolf II. Peter Parler hat sich unauslöschlich in der Geschichte der tschechischen Nation verewigt.

Autorka: Mgr. Dana Machová, ZŠ Jana Masaryka, ul. Jana Masaryka, Praha 2
Autorin: Mgr. Dana Machová, Jan Masaryk-Grundschule, Jan Masarykstr., Prag 2

Foto: Mgr. Dana Machová, ZŠ Jana Masaryka, ul. Jana Masaryka, Praha 2
Photo: Mgr. Dana Machová, Jan Masaryk-Grundschule, Jan Masarykstr., Prag 2

Žákovská práce: Veronika Jeřábková, 6. tř., ZŠ Jana Masaryka, ul. Jana Masaryka, Praha 2
Schülerarbeit: Veronika Jeřábková, 6. Kl., Jan Masaryk-Grundschule, Jan Masarykstr., Prag 2

Praha

Kryštof Dienzenhofer (1655–1722) a Kilián Ignác Dienzenhofer (1689–1751)

Rodina Dienzenhoferů, barokních stavitelů v Čechách a v Bavorsku

Z rodiny Dienzenhoferů, horníků ze vsi u hornobavorského Wendelsteinu, stalo se pět bratrů, Jiří, Wolfgang, Kryštof, Leonard a Jan proslulými staviteli a architekty. Vedle svých bratrů Wolfganga a Jana a syna Kiliána Ignáce je Kryštof Dienzenhofer bezpochyby nejvýznamnějším představitelem rodiny. Na rozdíl od svých bratrů zůstává Kryštof po vyučení v Praze u pražských stavitelů Carla Luraga a Abrahama Leuthnera a usazuje se na Malé Straně. V letech 1703–1711 vzniká podélná loď chrámu sv. Mikuláše na Malé Straně. Tento chrám se má stát jeho nejvýznamnějším a z hlediska dějin architektury také nejinspirativnějším dílem.

Kryštof Dienzenhofer se podílel na mnoha světských i církevních stavbách po celých Čechách. Postavil mimo jiné i kostel sv. Trojice v Teplé. Tam také přestavěl budovu konventu a prelatury. S jeho jménem jsou spjaty další kostely: sv. Máří Magdalény v Karlových Varech, Narození sv. Jana Křtitele v Úterý, sv. Kláry v Chebu, sv. Máří Magdaleny ve Skalce u Mníšku a samozřejmě sv. Mikuláše na Malé Straně. V Praze postavil mnoho měšťanských domů. V Praze a v Chebu působil také jako stavitel pevností. Bazilika sv. Markéty v benediktýnském klášteře v Břevnově nese převážně jeho stopy. O této bazilice bude zmínka později.

Společně s bratrem Jiřím a s Abrahamem Leutnerem navrhuje a staví klášterní kostel cisterciáků ve Waldsassenu (1681–1704), přímo na hranici s Čechami. Jedná se o největší baziliku v Horní Falci a nejvýznamnější barokní stavbu v jižním Německu. Štuková výzdoba a velký oltář jsou dílem Giovanniho Batisty Carlonea z Prahy a jasným důkazem přeshraniční spolupráce.

Stavby v Praze, které jsou spojeny se jménem umělce Kryštofa Dienzenhofera:
Církevní stavby:
Loretánská svatyně (zvaná Loreta), klášter v Břevnově, kostel sv. Jana Nepomuckého, kostel sv. Trojice, bazilika sv. Markéty, chrám sv. Mikuláše na Malé Straně.
Světské stavby:
Šternberský palác (Národní galerie), dům U bílého kužele, dům „Weissbier", dům pánů z Rožmberka, Kaisersteinský palác a Vrbatovský (Vrtbovský) palác.

BAZILIKA SV. MARKÉTY (Markétská třída, klášter Břevnov, Praha 6)

Současný klášterní kostel s jednou chrámovou lodí byl jako dílo vrcholného baroka postaven podle plánů Kryštofa Dienzenhofera ve dvou etapách v letech 1708–1712. Interiér (s výjimkou náhrobní desky sv. Vintíře z počátku 14. století) pochází z doby vrcholného baroka a vyznačuje se vlnitými zdmi a harmonickou stylovostí. Pozornost upoutá především imitace gotických maleb z roku 1761 od J. Hagera, dále sochy svatých benediktinů z roku 1712 od M. V. Jäckla, nástropní fresky z let 1719–1721 od J. J. Stevense ze Steinfelsu, fresky na bočních oltářích od J. Pešiny a obrazy od Petra Brandla, hlavní oltář z roku 1718 od J. I. Dobnera se sochami od M. V. Jäckla, který je rovněž tvůrcem kazatelny a zpovědnice. Ostatní sochařské práce jsou dílem K. J. Hiernleho a R. J. Prachnera. Na kůru se nacházejí varhany od T. Meysnera z roku 1725 s plastikami, které obnovil M. V. Jäckl. Kostel sv. Markéty je součástí kláštera benediktinů v Břevnově, založeného již roku 993.

Kilián Ignác Dienzenhofer, stavitel v Praze a v Čechách

Syn Kilián Ignác Dienzenhofer se vypracoval v dynamického představitele vrcholného baroka české architektury a kromě toho je tvůrcem svérázného pražského baroka. Stejně jako jeho otec je neobyčejně pracovitý. Přestavuje a staví mnoho kostelů. Patří mezi ně kostely sv. Václava v Broumově a sv. Bartoloměje na Starém Městě. Dokončil stavbu Lorety na Hradčanech, chrám sv. Mikuláše na Malé Straně, sv. Apolináře v Sadské, sv. Petra a Pavla v Kostelci nad Ohří i kostela Nanebevzetí Panny Marie v Hořicích v Krkonoších. Mnoho klášterních budov nese jeho stopy, např.: benediktinský klášter v Broumově, benediktinský klášter v Praze Břevnově, klášter uršulinek v Kutné Hoře anebo cisterciácký klášter v Plasích. K tomuto výčtu se řadí ještě mnoho světských staveb, mezi nimiž jsou i paláce bohatých šlechticů, vily a letohrádky.

Stavby v Praze, které jsou spojeny s osobností tohoto umělce:
Církevní stavby:
Loreta, klášter uršulinek při kostele sv. Uršuly, bývalý klášter uršulinek při kostele sv. Jana Nepomuckého, klášter křižovníků s červenou hvězdou při kostele sv. Františka Serafínského, Klementinum, kostel sv. Vavřince, kostel sv. Tomáše na Malé Straně, kostel sv. Cyrila a Metoděje (původně sv. Karla Boromejského na Zderaze), kostel sv. Jana Nepomuckého Na Skalce, kostel sv. Bartoloměje v Praze, kostel sv. Jana Nepomuckého na Hradčanech, sv. Mikuláše na Malé Straně, kostel sv. Kateřiny, kostel sv. Jana Křtitele (Na prádle), kostel Panny Marie Sedmibolestné.
Světské stavby:
Palác Sylva-Taroucca, dům U zlatého jelena, palác Pachtů z Rájova, vila Portheimka, Invalidovna, vila Amerika. Otec a syn společně postavili v letech 1689–1715 okolo 120 budov v barokním slohu.

Pod vlivem vídeňské stavitelské školy a italského sochaře Francesca Borrominiho působil v Praze, v Čechách a v Bavorsku Anselmo Martino Lurago (stavitel dómu v Pasově), žák a zeť Kiliána Ignáce Dienzenhofera. V jeho práci pokračoval německo-italský stavitel Giovanni Santini-Aichel (1677–1723) z Prahy. Jeho zákazníky byly šlechta a církevní instituce. Santini-Aichel byl jedním z nejúspěšnějších a nejzaměstnanějších architektů a umělců. Patřil k evropské špičce období baroka. Mimo svou vlast už upadl, bohužel nezaslouženě, v zapomnění. Klasickým příkladem jeho umění je citlivá přestavba gotické baziliky v Kladrubech ve stylu gotického baroka, které je pro Santiniho typické.

Christoph Dienzenhofer (1655–1722) und Kilian Ignaz Dienzenhofer (1689–1751)

Die Familie Dientzenhofer, Baumeister des Barocks in Böhmen und Bayern

Aus der Familie Dientzenhofer, Bergbauern aus einem Dorf am oberbayerischen Wendelstein, wurden fünf Brüder: Georg, Wolfgang, Christoph, Leonard und Johann, berühmte Baumeister und Archtiekten. Neben seinen Brüdern Johann und Wolfgang und seinem Sohn Kilian Ignaz ist Christoph Dientzenhofer zweifellos der bedeutendste Vertreter der Familie. Im Gegensatz zu seinen Brüdern bleibt Christoph Dientzenhofer nach seiner Lehrzeit beim Prager Baumeister Carlo Lurago und Abraham Leuthner in Prag, wo er sich auf der Kleinseite niederlässt.

1703–11 entsteht das Langhaus der Kirche St. Niklas auf der Kleinseite, es soll sein bedeutendstes und entwicklungsgeschichtlich einflussreichstes Werk werden.

Auf Christoph Dientzenhofer gehen viele Profanbauten sowie auch kircherliche Bauten im gesamten böhmischen Land zurück. Er baut u.a. die Dreifaltigkeitskirche in Teplá (Tepl), wo er auch das Gebäude des Konvents und die Prälatur des Prämonstratenserklosters umbaut. Folgende Kirchen tragen seinen Namen: St. Maria Magdalena in Karlsbad, Kirche der Geburt des Hl. Johannes des Täufers in Úterý, St. Klara Kirche in Cheb (Eger), Hl. Maria Magdalenen Kapelle in Skalka bei Mníšek und die Nikolauskirche auf der Kleinseite. In Prag errichtet er viele Bürgerhäuser. Als Festungbaumeister wirkte er in Cheb und Prag. Die Basilika St. Margarete im Benediktinerkloster in Břevnov trägt besonders seine Spuren, auf sie soll noch näher eingegangen werden.

Zusammen mit seinem Bruder Georg und Abraham Leutner plant und baut Christoph die Klosterkirche der Zisterzienser in Waldsassen (1681–1704) an der Grenze zu Tschechien. Sie gilt als die größte Basilika in der Oberpfalz und das bedeutendste barocke Werk in Süddeutschland. Stuckdekoration und der Hochaltar stammen von Giovanni Battista Carlone aus Prag, ein markantes Dokument grenzübergreifender Arbeit.

Bauwerke in Prag, die mit dem Künstler Christoph Dientzenhofer verbunden sind:
Sakrale Bauten:
Loretoheiligtum, Kloster Břevnov, St. Johannes von Nepomuk Kirche, das ehemalige Ursulinenkloster bei der Kirche St. Johannes von Nepomuk, Dreifaltigkeitskirche, St. Margareten Basilika, St. Niklas Kirche auf der Kleinseite
Profane Bauten:
Palais Sternberg (Nationalgalerie), Haus zum weissen Kegel, Haus „Weissbier", Haus der Herren von Rosenberg, Palais Kaiserstein, Palais Vrtba

ST. MARGARETE BASILIKA (Markétská Strasse, Kloster Brevnov, Prag 6):

Die gegenwärtige Klosterkirche wurde in zwei Etapen in den Jahren 1708 bis 1712 als ein einschiffiger Hochbarockbau nach den Plänen von Christoph Dientzenhofer erbaut. Das Interieur, außer der Grabplatte des Hl. Vintíř vom Anfang des 14. Jahrhunderts, ist hochbarock und zeichnet sich durch gewellte Wände und eine harmonische Stileinheit aus. Die Aufmerksamkeit fesselt vor allem die Imitation gotischer Gemälde aus dem Jahre 1761 von J. Hager, die Statuen der Benediktinerheiligen aus dem Jahre 1712 von M. V. Jäckl, die Deckenfresken aus den Jahren 1719–1721 von J .J. Stevens aus Steinfels, die Fresken in den Seitenaltären von J. Pěšina mit den Gemälden von Peter Jan Brandl, der Hauptaltar aus dem Jahre 1718 von J. I. Dobner mit Statuen von M. V. Jäckl, dessen Werke auch die Kanzel und der Beichtstuhl sind. Andere Bildhauerwerke stammen von K. J. Hiernle und R. J. Prachner. Im Chor befindet sich die Orgel von T. Meysner aus dem Jahre 1725 mit Plastiken erneut von M. V. Jäckl. Die Margaretenkirche ist Bestandteil des Areals im Benediktinerkloster in Břevnov, das schon im Jahre 993 gegründet wurde.

Kilian Ignaz Dientzenhofer, Baumeister in Prag und Böhmen

Sohn Kilian Ignaz Dientzenhofer entwickelt sich zu einem dynamischen Vertreter des Hochbarocks in der böhmischen Architektur und prägt den Prager Barock in besonderer Weise. Wie sein Vater stürzt er sich in die Arbeit, errichtet viele Kirchen und baut viele um. Dazu gehören die St. Wenzel Kirche in Broumov und St. Bartolomeus in der Altstadt. Er beendete den Bau des Loretoheiligtums am Prager Hradschin und die Nikolauskirche auf der Kleinseite, St. Apolinarius in Sadská, St. Peter und Paul in Kostelec an Ohře, Kirche Mariä Himmelfahrt in Hořice im Riesengebirge. Viele Klostergebäude tragen seine Spuren, u.a. das Benediktinerkloster in Broumov, das Benediktinerkloster in Prag Břevnov, das Ursulinerinnenkloster in Kutná Hora oder das Zisterzienserkloster in Plasy. Hinzu kommen Profanbauten, darunter Paläste reicher Adeliger, Villen und Lustschlösser.

Baudenkmäler in Prag, die mit der Persönlichkeit dieses Künstlers verbunden sind:

Sakrale Bauten:

Loretoheiligtum, Ursulinerinnenkloster bei der St. Ursula Kirche, das ehemalige Ursulinerinnenkloster bei der St. Johannes von Nepomuk Kirche, Kloster der Kreuzherren mit dem Roten Stern bei der St. Franziskus Seraphikus Kirche, das Klementinum, St. Laurentius Kirche, St. Thomas Kirche auf der Kleinseite, St. Kyrill und Method (ursprünglich Hl. Karl Borromäus am Zderaz) Kirche, St. Johannes von Nepomuk im Felsen, St. Bartolomeus Kirche, St. Johannes von Nepomuk Kirche, St. Niklas auf der Kleinseite, St. Katharina Kirche, St. Johannes der Täufer Kirche (auf der „Wäsche"), Kirche der Hl. Jungfrau Maria die Schmerzensreiche.

Profane Bauten:
Palais Sylva-Taroucca, Haus zum Goldenen Hirsch, Palais Pachta von Rajov, Villa Portheimka, Invalidenhaus, Villa Amerika
Vater und Sohn haben von 1689 bis 1715 rund 120 Bauwerke im Barockstil erstellt.

Unter dem Einfluss der Wiener Architektenschule und des italienischen Bildhauers und Baumeisters, Francesco Borromini wirkt in Prag, Böhmen und Bayern Anselmo Martino Lurago (Erbauer des Passauer Dom), Schüler und Schwiegersohn von Kilian Ignaz Dientzenhofer. Fortgeführt wird diese Arbeit durch den deutsch-italienischen Baumeister Giovanni Santini- Aichel (1677–1723) aus Prag. Zu seinen Kunden gehören Adelige und Kircheninstitutionen. Er gilt als einer der erfolgreichsten und meistbeschäftigten Architekten und Künstler von erstem europäischem Rang in der Barockzeit, leider ist er heute außerhalb seiner Heimat in unverdiente Vergessenheit geraten. Ein klassisches Beispiel ist der vorsichtige Umbau der gotischen Basilika in Kladruby (Kladrau), in der für ihn typischen „Barockgotik".

Autor:	Vít Šolle, Praha
Autor:	Vít Šolle, Prag
Foto:	Prager Klosterkirche Břevnov und der bayerich-böhmischen Baumeisters Christoph Dientzenhofers, Rainer Christoph,
Photo:	Pražský Břevnovský klášter a bavorsko-český stavitel Kryštof Dientzenhofer, Rainer Christoph
Žákovská práce:	Břevnovkirche – Dientzenhofer, Beitrag der ZŠ Dedina, Prag 6
Schülerarbeit:	Břevnovský kostel – Dientzenhofer, příspěvek ZŠ Dědina, Praha 6

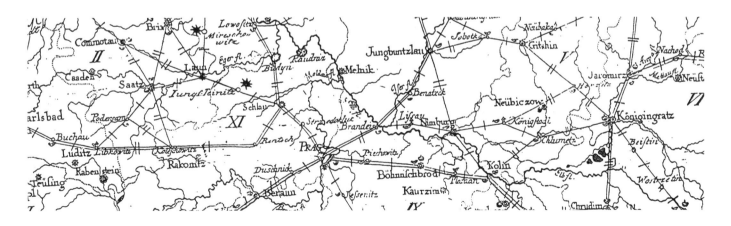

Rokycany

Znovuobjevená malířka Paula Deppeová

Již mezi námi nežijí pamětníci ze Seestettenu, Passova a z Rokycan, kteří ji vídali v přísných šedivých šatech, jemných kožených rukavicích a s malířskou paletou na jejích cestách, jak hledá náměty pro své kresby. Paula Johanna Karolina Deppeová. Kdo byla a odkud přišla tato malířka, představitelka secese, dosud nedoceněná a opomíjená?

Narodila se 12. 10. 1886 v Rokycanech v předsíni obytného domu koželužny, v jejímž vedení pracoval Paulin otec. V 16 letech studovala na malířské škole v Plzni, kde se věnovala převážně portrétu. V letech 1908–1911 navštěvovala akademii mnichovského Svazu umělkyň, kde byl jejím učitelem prof. Heinrich Knirr a později Julius Seyler. Obrazy vytvořené v této době dokládají vliv Eduarda Maneta. Vzniká rovněž celá řada aktů. Po absolvování mnichovské školy se malířka vrací do Rokycan a zde tvoří množství prací na téma české krajiny. Je to doba intenzivního hledání sebe sama. Mezi četnými kresbami tohoto období najdeme např. studie stromů a krajiny, ve kterých doznívá ještě impresionismus zřetelný v pohybu a rytmu kresby. Jedna z těchto studií má název „Palmový stromek v zahradě" a je dnes v soukromém vlastnictví v Neukirchenu na Innu. Jiné kresby, jako je např. „Pracující rolník", „Rokycany s továrnou", „Zahradnictví", ukazují pochopení světa práce ve smyslu van Gogha. Překonání pozdního impresionismu zaznívá v temperové malbě „Borecký rybník" nebo v kresbě „Sběrači jahod".

V té době vznikají další práce na téma „Uprchlíci", „Boj", „Naříkající ženy", „Ukřižování", „Snímání z kříže" apod. V roce 1914 získává Státní grafická sbírka v Mnichově její lept, který však později pro nedokonalost žádá P. Deppeová zpět. Po r. 1916 se malířka věnuje kresbě tuší na motivy křesťanské ikonografie a domovské krajiny. Z krajin nezáří jas, ale jen bezmocně zní téma bouří. Takových bouří zmatku, jaké ona sama shledává v sobě. Klade si množství otázek souvisejících s válkou, s uměním i s náboženstvím. V listopadu 1918 píše: „Člověk musí vyjít sám ze sebe a ne myslet jen na sebe. Je to těžké, neuvěřitelně těžké, ale je to to jediné…" V deníku z května 1919 píše: „V buddhismu jsem našla to, co jsem hledala." V této době navíc rodina opouští Rokycany a stěhuje se do Mnichova. Paulin bratr Clemens získává po návratu z války statek s pilou, mlýnem a pozemky v Seestettenu-Passau. Paula se stěhuje do bývalého hostince v Laufenbachu, kde si vybudovala pracovnu-ateliér podobně zařízenou jako v Rokycanech.

Po r. 1918 se projeví v její tvorbě zřetelná změna stylu. Malířka nachází cestu k expresionismu. Okolí Seestettenu a Passova, volná krajina plná pohybu, je pro Paulu velkým uměleckým zážitkem. Kreslí zde s neobyčejnou pílí, maluje tu své velké krajinomalby, ale i malé kresby jako „Tulipány" a „Narcisy". Roky prožité v Seestettenu byly přerušeny jen krátkými pobyty v Mnichově (byla členkou skupiny Mnichovská nová secese).

Mnohé z jejích prací byly dlouho nezveřejněny. Vlastnila je totiž její sestra Fredy. Až po její smrti získalo město Pasov její hlavní dílo, včetně 18 olejomaleb, které lze vidět v Nové sbírce passovské galerie.

V roce 1922 vznikla velkolepá olejomalba „Východní staré město pasovské" plně ve stylu expresionismu. Rok před její smrtí vzniká řada zátiší, např. „Hrušky v mělké míse", tři kresby její oblíbené květiny hyacint, ale také obrázky dunajské krajiny, např. „Kvetoucí jabloně v Seestettenu" nebo „Třešňové květy". V té době již byla pravděpodobně nemocná. Jen jednou se zmiňuje o své nemoci v deníku z roku 1919: „Vím, že trpím něčím, co je nevyléčitelné. To je ta neuvěřitelně těžká samota."

Paula Deppeová zemřela 4. října 1922. Byla pohřbena na hřbitově v Heiningu u Pasova. Malířka a grafička Paula Deppeová zůstala dlouho neznámá. Mnoho jejích prací je dodnes v mnoha domácnostech jak v okolí Rokycan, tak v okolí Pasova. Je jen málo malířčiných fotografií. Známe pouze dva její autoportréty. Jedním je olejomalba z roku 1910 (Oberhausmuseum, Pasov), a druhým pozdní autoportrét z roku 1922. O svém dětství ani o studijních letech se v denících nezmiňuje. Představuje se jako vážná žena mezi 20 a 30 lety, uvažující o životě a jeho smyslu. V létě 1919 píše: „Nevěřím v to, že po smrti začne nový život. A já si to nepřeji. A i kdyby to byl ten nejkrásnější život, já chci klid!"

V díle Pauly Deppeové je jen málo biblických motivů, ale mnoho pokusů o jejich četné variace – např. 18× kladení do hrobu, 14× ukřižování, 5× Adam a Eva. Muzeum moderního umění v Pasově poprvé představilo její dílo a knižně je vydalo počátkem 90. let 20. století. V roce 1995 Mezinárodní centrum Egona Schieleho v Českém Krumlově vystavilo výběr kreseb a grafických listů z jejího díla. V Plzni se konala výstava v Galerii Jiřího Trnky v březnu 1991 ve spolupráci s vydavatelstvím Landstrich a v listopadu téhož roku byly poprvé vystaveny její práce v rokycanském Muzeu dr. Horáka. Tak se vlastně malířka opět po stu letech vrátila do rodného města.

Die wiederentdeckte Malerin Paula Deppe

Die Zeitzeugen in Seestetten, Passau und Rokycany sind schon nicht mehr unter uns, die sie in ihren strengen grauen Kleidern auf ihren Reisen gesehen haben, mit ihren feinen Lederhandschuhen und der Malerpalette, wie sie Motive für ihre Zeichnungen suchte. Paula Johanna Karolina Deppe – wer war und woher kam diese Malerin, Vertreterin des Jugendstils, die bislang nicht gewürdigt und übergangen wurde?

Geboren wurde sie am 12. 10. 1886 in Rokycany im Flur eines Wohnhauses der Gerberei, in dessen Leitung ihr Vater arbeitete. Mit 16 Jahren studierte sie an der Malerschule in Pilsen, wo sie sich vor allem dem Porträt widmete. In den Jahren 1908–1911 besuchte sie die Akademie des Münchener Künstlerinnenbundes, wo Prof. Heinrich Knirr und später Julius Seyler ihre Lehrer wurden. Die in jener Zeit entstandenen Bilder verraten den Einfluss von Edouard Manet. Gleichzeitig entsteht eine ganze Reihe von Akten. Nach der Absolvierung der Münchener Schule kehrt die Malerin nach Rokycany zurück und fertigt hier viele Arbeiten zum Thema der böhmischen Landschaft. Es ist eine Zeit intensiver Suche nach sich selbst. Unter zahlreichen Zeichnungen dieses Zeitraums finden wir z.B. Studien von Bäumen und Landschaften, in denen noch der Impressionismus nachklingt, deutlich zu erkennen an Bewegung und Rhythmus der Zeichnungen. Eine dieser Studien hat den Titel „Palmenbäumchen im Garten" und befindet sich heute in Privatbesitz in Neukirchen am Inn. Andere Zeichnungen, wie z.B. „Arbeitender Bauer", „Rokycany mit der Fabrik", „Die Gärtnerei" zeigen ein Verständnis der Arbeitswelt im Sinne von van Gogh. In der Temperamalerei „Teich von Borek" oder der Zeichnung „Die Erdbeerpflücker" klingt die Überwindung des Spätimpressionismus an.

In dieser Zeit entstehen weitere Arbeiten zu den Themen Flüchtlinge, Kampf, Klagefrauen, Kreuzigung, Kreuzabnahme und ähnliche. Im Jahre 1914 erhält die Staatliche Grafiksammlung in München von ihr eine Radierung, die P. Deppe jedoch später wegen Unvollkommenheit zurückfordert. Nach 1916 widmet sich die Malerin der Tuschezeichnung von Motiven der christlichen Ikonografie und der heimatlichen Landschaft. Aus den Landschaften strahlt keine Helle, sondern hier klingt nur kraftlos das Thema Sturm - ein solcher Sturm von Verwirrung, wie sie in sich selbst wahrnimmt. Sie stellt sich viele Fragen im Zusammenhang mit dem Krieg, mit der Kunst und mit der Religion. Im November 1918 schreibt sie: „Der Mensch muss aus sich selbst herausgehen und nicht nur an sich selbst denken. Das ist schwer, unglaublich schwer, aber es ist das Einzige…" Im Tagebuch schreibt sie im Mai 1919: „Ich habe im Buddhismus das gefunden, was ich gesucht habe." Außerdem verlässt die Familie in dieser Zeit Rokycany und zieht nach München. Paulas Bruder Clemens übernimmt nach der Rückkehr aus dem Krieg ein Gut mit Sägewerk, Mühle und Ländereien in Seestetten bei Passau. Paula zieht in die ehemalige Gastwirtschaft in Laufenbach, wo sie sich ein Arbeitsatelier einrichtet, das ähnlich wie das in Rokycany eingerichtet ist.

Nach 1918 wird ein Stilwechsel deutlich. Die Malerin findet den Weg zum Expressionismus. Die offene Landschaft voller Bewegung um Seestetten und Passau ist für Paula ein großes künstlerisches Erlebnis. Sie zeichnet hier mit ungewöhnlichem Fleiß, hier malt sie ihre großen Landschaftsgemälde, aber auch kleine Zeichnungen wie „Tulpen" und „Narzissen". Die in Seestetten verbrachten Jahre wurden nur durch kurze Aufenthalte in München (sie war Mitglied der Gruppe „Münchener Neue Sezession") unterbrochen. Viele von ihren Arbeiten blieben lange unveröffentlicht, denn sie waren im Besitz ihrer Schwester Freda. Erst nach ihrem Tode erhielt die Stadt Passau ihr Hauptwerk, einschließlich 18 Ölgemälden, das in der Neuen Sammlung der Passauer Galerie zu sehen ist.

Im Jahre 1922 entstand das großartige Ölgemälde „Östliche Passauer Altstadt" vollkommen im Stil des Expressionismus. Im Jahr vor ihrem Tod entstand eine Reihe von Stillleben, z.B. „Birnen in flacher Schale", drei Zeichnungen der von ihr geliebten Hyazinthen, aber auch Bilder der Donaulandschaft wie z.B. „Blühender Apfelbaum in Seestetten" oder „Kirschblüten". Zu dieser Zeit ist sie wahrscheinlich schon krank. Nur einmal, im Tagebuch 1919, erwähnt sie ihre Krankheit: „Ich weiß, dass ich an etwas leide, das unheilbar ist. Das ist diese unglaublich schwere Einsamkeit". Paula Deppe starb am 4. Oktober 1922. Sie wurde auf dem Friedhof in Heining bei Passau beigesetzt.

Die Malerin und Grafikerin Paula Deppe blieb lange unbekannt. Viele ihrer Arbeiten sind bis heute in unbekannten Haushalten in der Umgebung von Rokycany wie auch in der Umgebung von Passau. Von der Malerin selbst ist nur eine kleine Fotografie bekannt. Daneben kennen wir zwei Selbstporträts: eines aus dem Jahre 1910 (Ölgemälde, Oberhausmuseum Passau Nr. 4695) und ein spätes Selbstporträt von 1922. In ihren Tagebüchern erwähnt sie weder ihre Kindheit noch ihre Studienjahre. Sie beschreibt sich als ernste Frau zwischen 20 und 30 Jahren, die das Leben und seinen Sinn erwägt. Im Jahre 1919 schreibt sie: „Ich glaube nicht daran, dass nach dem Tode ein neues Leben beginnt. Und ich wünsche mir das nicht. Und auch wenn es das schönste Leben wäre, ich will meine Ruhe!"

Im Werk von Paula Deppe gibt es nur wenige biblische Motive, aber viele Versuche und zahlreiche Varianten dieser Motive – z.B. 18 x die Grablegung, 14 x die Kreuzigung, 5 x Adam und Eva. Das Museum für moderne Kunst in Passau stellte ihr Werk erstmals Anfang der 90er Jahre vor und gab es in Buchform heraus. 1995 stellte das Internationale Zentrum Egon Schiele in Český Krumlov eine Auswahl von Zeichnungen und Grafikblättern aus ihrem Werk aus. In Pilsen fand im März 1991 in Zusammenarbeit mit dem Verlag Landstrich eine Ausstellung in der Jiří-Trnka-Galerie statt, und im November jenes Jahres wurden ihre Arbeiten erstmals im Dr. Horák-Museum in Rokycany ausgestellt. So ist die Malerin eigentlich erst nach hundert Jahren wieder in ihre Geburtsstadt zurückgekehrt.

Autorka: Alena Šilhánková, Základní škola T. G. M. Rokycany
Autorin: Alena Šilhánková, Grundschule TGM Rokycany

Foto: Rokycany, kostel Panny Marie Sněžné – archiv
Photo: Rokycany, Kirche Maria Schnee – Archiv

Žákovská práce: Michaela Tvrdíková, 12 let, Základní škola T. G. M. Rokycany
Schülerarbeit: Michaela Tvrdíková, 12 Jahre, Grundschule TGM Rokycany

Stein / Nürnberg

Das Scheitern von Wenzel IV. als König und Kaiser

Wenzel IV., erster Sohn von Kaiser Karl IV. und sein Nachfolger als böhmischer König und deutscher Kaiser, wurde, der Geschichtsschreibung nach, am 26. Februar 1361 in Nürnberg geboren. Als 18jähriger ergriff er nach dem Tod seines Vaters 1378 die Macht in Böhmen und im Kaiserreich. Wenzel IV. brachte aber nur Unglück über sein Haus und über das ganze Reich. Die Chronisten, Geschichten- und Legendenschreiber in Prag und in Nürnberg berichten, dass er ein „Säufer und Luderjahn" gewesen sei. Mit dem böhmischen und deutschen Adel führte er jahrelange Kämpfe aus. 1393 veranlasste er den Mord an Jan von Pomuk (den später heilig gesprochenen Nepomuk) durch den Sturz von der Karlsbrücke in die Moldau. 1394 wurde er zum ersten Mal auf Veranlassung des Prager Burggrafen Otto von Bergov eingesperrt, bald aber wieder freigelassen. Seine Kriege mit dem böhmischen Adel endeten 1399 mit einem Waffenstillstand. Im Jahr 1400 stürzten ihn die Kurfürsten vom Kaiserthron, er blieb aber noch böhmischer König. 1402 wurde er auf Veranlassung seines jüngeren Bruders Siegmund von Luxemburg wieder festgenommen und zeitweise in Wien eingekerkert. Wenzel bestimmte seinen Bruder zum „Verwalter des böhmischen Königsreiches". Im gleichen Jahr wurde Jan Hus Prediger in der Bethlehem-Kapelle in Prag. 1411 wurde Siegmund zum König ernannt. Im Jahr des ersten Prager Fenstersturzes 1419 starb Wenzel IV.

Nürnberger und Prager Legenden führen das Scheitern von Wenzel IV. darauf zurück, dass er gar nicht der echte Sohn von Karl IV. gewesen sei. Es wird seit Jahrhunderten erzählt, dass Kaiser Karl unterwegs war, als seine Frau Anna, die Kaiserin, in der Nürnberger Burg die Wehen bekam. Es ging schneller, als jeder dachte, und eilig musste eine Hebamme aus der Stadt geholt werden. Man fand schließlich eine in der Nähe der Burg, die gerade einem Jungen, dem Sohn eines ehrsamen Schustermeisters, geholfen hatte, auf die Welt zu kommen. Sie eilte die Treppen hinauf in die Burg und fand die Kaiserin in Tränen. Dort war das Kind schon geboren, es war ein Mädchen. Der Kaiser hatte aber auf einen Thronfolger gehofft. Die Hebamme machte der Kaiserin den Vorschlag, die Kinder zu tauschen. In der Angst vor dem Zorn ihres Gatten stimmte Anna dem Tausch zu. So wurde ein Schusterjunge zum Kaisersohn. Er war ein großes Kind, mehr als 9 Pfund schwer. Der Kaiser ließ ihn in seiner Freude auf dem Nürnberger Marktplatz in Gold aufwiegen und schickte 9 Pfund 363 Gramm reines Gold an das Münster von Aachen, um damit dem ganzen Volk zu zeigen, dass der kleine Kaisersohn Anspruch auf den Thron Kaiser Karl IV. hatte.

Am 11. April 1361 fand die Taufe in der Sebalduskirche statt. Zu diesem Ereignis hatte Karl IV. Kurfürsten, den Hochadel, Bischöfe und viele Geistliche aus dem ganzen Reich eingeladen. Ein Reichsfürst hat den kleinen Wenzel auf einem blauseidenen Kissen in die Kirche getragen, das Taufbecken war neu gegossen worden und es sollte mit der Taufe des kleinen Prinzen eingeweiht werden. Doch als man den Kleinen auswickelte, „brunzte und schiss" er den Chronisten zufolge in das Taufbecken. Der Bischof erklärte, dass man in einem beschmutzten Wasser keine Taufe durchführen könnte. Im Pfarrhof zu St. Sebald wurde deshalb schnell ein neues Taufwasser angewärmt, weil es im April noch sehr kalt war. Beim Anheizen in der Pfarrwaschküche ging man hastig und unvorsichtig vor, weil in der kalten Kirche die erlauchte Taufgemeinde fror, worauf die ganze Waschküche zu brennen anfing. Kurz darauf stand der ganze Pfarrhof in Flammen. Mit großer Mühe wurde der Brand gelöscht und die Taufe konnte doch noch stattfinden. Auf dem Nürnberger Hauptmarkt und in den Nürnberger Gassen fand danach ein großes Fest statt, das acht Tage dauerte. Die adeligen Herren führten auf Geheiß des Kaisers Turniere durch, in Nürnberg durfte nicht gearbeitet werden, die Bürger bekamen Wein, soviel sie wollten und mächtige Ochsen wurden auf den Plätzen für das Volk gebraten. Kaiser Karl IV. sorgte für gutes Essen und Trinken, weil er einen Thronfolger hatte. Aber mancher, der dabei war, hob den Finger, zuckte die Achseln und machte ein sorgenvolles Gesicht: „Bei der Taufe des kleinen Wenzel hat es zwei Unglücke gegeben! Das konnte nichts Gutes bedeuten für die Zukunft des böhmischen Throns und für das Kaiserreich!"

Elisabeth – so hieß das eigentliche Kind des Kaisers – wuchs in der Schusterfamilie als ehrbare Jungfrau heran und soll noch mit sechzehn Jahren gestorben sein. Die Stiefmutter habe sich bis zu ihrem Tod ganz rührend zusammen mit ihrem Stiefvater, dem Schuster, um sie gekümmert. Einer anderen Geschichte zufolge, die auch in Prager Legenden erzählt wird, ist sie herangewachsen zu einer schönen Frau, in die sich ein Zirkelschmied verliebte. Die Schusterin aber war mit der Heirat nicht einverstanden und beichtete dem Pater Hilarius von St. Egidien in Nürnberg, dass Elisabeth eigentlich die Tochter des Kaisers wäre. Der Pater fuhr nach Prag und brachte es fertig, Wenzel IV. unter vier Augen zu sprechen und ihm das Geheimnis zu verraten. Der König war ein jähzorniger Mann. Er brauste auf und wollte den Pater töten lassen. Erst als der Pater ihm schwur, dass er niemandem etwas erzählen werde, ließ der König ihn am Leben, machte ihn sogar zum Bischof und zu einem seiner Ratgeber. Elisabeth, die „Schuster-Else" aus Nürnberg wurde dieser Legende nach sogar nach Prag an den Hof gebracht. Wenzel machte sie zu einer Gräfin von Rothkirch, schenkte ihr Dörfer und Schlösser und verheiratete sie mit einem seiner Adeligen am Kaiserhof. Bei der Hochzeit wunderte sich jeder, dass Elisabeth dem verstorbenen Kaiser Karl IV. so ähnlich sah.

In Nürnberg aber hat sich niemand mehr gewundert, dass Wenzel niemals ein richtiger König und Kaiser geworden ist. Das Erbe von Karl IV. hatte er buchstäblich verfressen und versoffen, weil – so erzählten die alten Nürnberger seit Jahrhunderten – er ja gar nicht der Sohn vom Kaiser Karl war, „kein Mensch aus seiner Haut heraus kann und seine Herrschaft deshalb ja auch so zu Ende gegangen ist, wie es zu ihm gepasst hat. Er hat sein Königreich für 10 Fuder Wein an den Pfalzgrafen verkauft."

Selhání Václava IV. jako krále a císaře

Václav IV., první syn a nástupce císaře Karla IV., se podle historických pramenů narodil 26. února 1361 v Norimberku. Jako osmnáctiletý se po smrti svého otce ujal vlády v Čechách a v říši. Václav IV. přinesl svému rodu i celé zemi jenom neštěstí. Podle zpráv tehdejších kronikářů, historiků a písařů to byl opilec a zhýralec. S českou a německou šlechtou vedl letité spory. Roku 1393 byl na jeho přímý popud zavražděn Jan z Pomuku (později prohlášený za svatého jako Jan Nepomucký). Byl svržen z Karlova mostu do Vltavy. Roku 1394 byl Václav na pokyn purkrabího Otty z Bergova poprvé uvězněn, brzy však byl zase propuštěn na svobodu. Václavovy boje s českou šlechtou skončily v roce 1399 uzavřením příměří. V roce 1400 svrhli kurfiřti Václava z císařského trůnu, nadále však zůstal českým králem. V roce 1402 byl na rozkaz svého mladšího bratra Zikmunda Lucemburského znovu zajat a uvězněn ve Vídni. Václav určil svého bratra za „správce českého království". V témže roce se stal Jan Hus kazatelem v Betlémské kapli. V roce 1411 byl Zikmund jmenován českým králem. V době první pražské defenestrace v roce 1419 Václav IV. zemřel.

Norimberské a pražské legendy připisují selhání Václava IV. tomu, že prý nebyl vlastním synem Karla IV. Po celá staletí se vyprávělo, že když císařovu ženu Annu přepadly porodní bolesti, dlel Karel IV. na cestách. Všechno se událo rychleji, než by si byl kdo myslil, takže byla neprodleně přivolána porodní bába z města. Našli ji nedaleko hradu, právě ve chvíli, kdy pomohla na svět chlapci, synu počestného ševce. Když bába vyběhla po schodech na

hrad, našla císařovnu v slzách. Dítě se už narodilo a byla to holčička. Císař ale doufal, že se narodí dědic trůnu. Porodní bába proto měla navrhnout císařovně výměnu dětí. Ze strachu před hněvem svého manžela císařovna souhlasila. A tak se stal ševcův chlapec císařovým synem. Bylo to veliké dítě, vážilo přes 4,5 kilogramu. Ze samé radosti ho císař nechal na norimberském náměstí vyvážit zlatem a 8,863 kg ryzího zlata poslal do chrámu v Cáchách, aby tak ukázal všemu lidu, že císařův malý syn má nárok na trůn.

Křtiny se konaly 11. dubna 1361 v kostele sv. Sebalda. Na tuto událost sezval Karel IV. kurfiřty, vysokou šlechtu, biskupy a mnoho duchovních z celé říše. Jeden z římských knížat nesl Václava na modrém krajkovém polštáři do kostela. Křtitelnice byla úplně nová a vysvěcena měla být právě při křtu malého prince. Avšak když dítě rozbalili, vyčuralo se a vykakalo přímo do té křtitelnice. Biskup prohlásil, že špinavou vodou křtít nebude. A tak musela být na faře kostela svatého Sebalda

narychlo ohřáta svěcená voda, protože v dubnu byla ještě velká zima. Zatápění ve farní kuchyni probíhalo ve velikém spěchu, protože ve studeném kostele zatím vznešené panstvo mrzlo. Z nepozornosti začalo v kuchyni ke všemu ještě hořet a zakrátko byla celá fara v plamenech. Jen s velkou námahou se podařilo požár nakonec uhasit a ke křtu nakonec došlo. Na norimberském náměstí i v ulicích se konala velká slavnost, která trvala osm dní. Na císařův příkaz se šlechtici utkávali na turnajích, obyvatelé Norimberka nemuseli pracovat, měšťané dostali vína, kolik chtěli, a pro lid obecný se na náměstích opékali tuční voli. Mnozí však zvedali varovně prst, krčili rameny a tvářili se starostlivě: „Při křtu malého Václava došlo ke dvěma neštěstím! To nepřinese pro budoucnost českého trůnu a císařské říše nic dobrého!"

Alžběta – tak se mělo jmenovat vlastní císařovo dítě – vyrostla v rodině ševce v počestnou pannu a zemřela prý v šestnácti letech. Její nevlastní matka a nevlastní otec švec se o ni až do její smrti dojemně starali. Podle jiné verze, která je také uváděna v Pražských pověstech, prý Alžběta vyrostla v krásnou mladou ženu, do které se zamiloval kovář. Ševcová však se svatbou nesouhlasila a při zpovědi prozradila páteru Hilariovi od sv. Egidenia v Norimberku, že Alžběta je ve skutečnosti dcerou císaře. Páter odjel ihned do Prahy a vyžádal si rozmluvu s Václavem IV. mezi čtyřma očima a tajemství mu prozradil. Král byl prchlivý muž. Rozzuřil se a pátera chtěl nechat zabít. Až když mu kněz slíbil, že to nikomu nepoví, nechal ho král naživu a dokonce ho jmenoval biskupem a svým poradcem. Alžběta – ševcova Líza – byla podle pověsti povolána do Prahy ke dvoru. Václav jí udělil titul hraběnky z Rothkirchu, daroval jí vesnice a zámky a provdal ji za jednoho ze svých šlechticů. Na svatbě se každý podivoval, jak je Alžběta podobná zesnulému císaři.

V Norimberku se ale už nikdo nedivil, že se Václav nikdy nestal pořádným králem a císařem. Dědictví po Karlu IV. doslova „prožral a prochlastal", protože – a tak si to Norimberčané vyprávějí odedávna – stejně nebyl synem císaře Karla. „Nikdo nemůže ze své kůže ven, a proto dovedl svoje panování k takovým koncům, pro něj typickým. Své království prodal Václav jednomu falckraběti za deset obřích sudů vína."

Autor: *Heinrich Häberlein mit der „AG Zeitung", Hauptschule Stein bie Nürnberg, Mittelfranken*
Autor: *Heinrich Häberlein společně s „AG Zeitung", Měšťanská škola Stein u Norimberka, střední Franky*

Photo: *Heinrich Häberlein mit der „AG Zeitung", Hauptschule Stein bie Nürnberg, Mittelfranken*
Foto: *Heinrich Häberlein společně s „AG Zeitung", Měšťanská škola Stein u Norimberka, střední Franky*

Schülerarbeit: *Kaiserburg Nürnberg, Laura Marx, Gebr.-Grimm Volksschule Nürnberg*
Žákovská práce: *Císařský hrad Norimberg, Laura Marx, Obecná škola Bratří Grimmů Norimberk*

Nürnberg – im Mittelalter produzierendes Zentrum;
Prag – das geistige Zentrum

Norimberk střed – staré výrobní centrum;
Praha – duchovní centrum

Foto: Praha, Učitelka Dana Machová, ZŠ Jana Masaryka, ul. Jana Masaryka, Praha 2

Photo: Prag, Lehrerin Dana Machová, Jan Masaryk-Grundschule, Jan Masaryk str., Prag 2

Stříbro

Osudy lidí v rukou dějin

Horst Frötschl z Vohenstraussu čestným občanem Stříbra
Wolfgang Wlček z Ambergu otcem partnerství se školou ze Stříbra

Historie vývoje lidstva už mnohokrát ukázala, že je sice tvořena lidmi, avšak ne každému je umožněno řídit vlastní život tak, jak by si přál. Naopak – souhrami všelijakých okolností vznikají takové životní situace a osudy, které svou překvapivostí a absurdností překonávají lidskou fantazii.

Slované a Germáni, Češi a Němci žijí a sousedí spolu ve středu Evropy už víc než 1 500 let. V průběhu 15 století žili většinou ve shodě, jako sousedé, kteří respektují jeden druhého, pomáhají si a spolupracují.

V některých dobách však mezi nimi docházelo k nedorozuměním, konfliktům, sporům a válkám. Bohužel. Tou poslední, doufejme, že navždy, byl válečný konflikt zvaný 2. světová válka. Nejen z pohledu Čechů a Němců největší a nejhorší v dějinách lidstva. Zmařil, v lepším případě změnil, životy mnoha milionů lidí na celé Zemi.

Jedním z postižených byl také tehdy chlapec, dnes důstojný muž, Horst Frötschl. Žil ve 2. polovině 30. let 20. století poklidným životem malého chlapce se všemi radostmi a starostmi toho věku a doby ve městě Stříbro (Mies). Žil tady, na území tehdejší Československé republiky. Národností byl však Němec, příslušník tzv. sudetoněmecké menšiny.
.

8. května 1945 velká válka skončila a německá strana v ní prohrála. Jedním z důsledků bylo nucené vysídlení sudetských Němců z českého území. Pro desetiletého Horsta to znamenalo opustit rodné město a odejít do (do té doby pro něj neznámého) Waidhausu. Nastalo období „studené války", více či méně skrývaného nepřátelství mezi západní a východní Evropou, rozdělenou „železnou oponou". Zdálo se, že její pevnost jen tak něco neohrozí. Opak byl pravdou. Listopad 1989 znamenal velký průlom do stávající situace, totalitní režim v ČSSR byl snadno vyvrácen a bariéry se hroutily. „Železná opona" se zvedla a sousedi na sebe zase viděli a mohli se podle potřeby a chuti navštěvovat.

A tak se ve Stříbře objevil pan Wolfgang Wlček jako zástupce ředitele amberské školy, který ve Stříbře před rokem 1945 bydlel a zde pak chodil do školy, a v roce 1991 pozval učitele a žáky ZŠ Stříbro z Mánesovy ulice do své školy v Ambergu, a zahájil jejich dlouholeté partnerství.

A tak také pan Horst Frötschl mohl coby radní města Vohenstrauss organizovat společné akce obou partnerských měst a za všechny zásluhy se v roce 2000 stal čestným občanem města Stříbra.

Menschliche Schicksale in der Hand der Geschichte

Horst Frötschl aus Vohenstrauss, Ehrenbürger von Stříbro und Wolfgang Wlček aus Amberg, Vater der Partnerschaft mit der Schule Stříbro

Die Geschichte der Menschheitsentwicklung hat schon oft gezeigt, dass sie zwar von einzelnen Menschen gestaltet wurde, doch ist es nicht jedem möglich, das eigene Leben so zu führen, wie er sich das wünschen würde. Im Gegenteil – durch das Zusammenspiel von mancherlei Umständen entstehen Lebenssituationen und Schicksale, die mit ihrer Überraschung und Absurdität die menschliche Fantasie übersteigen.

Slawen und Germanen, Tschechen und Deutsche leben schon mehr als 1 500 Jahre in Nachbarschaft in der Mitte Europas. Im Verlaufe dieser vielen Jahre lebten sie überwiegend in Eintracht, als Nachbarn, die den anderen respektieren, zusammenhalten und zusammenarbeiten. In bestimmten Zeiten jedoch kam es zu Missverständnissen, Konflikten und Kriegen zwischen ihnen. Leider. Der, wie wir hoffen, auf ewig letzte war der kriegerische Konflikt, den wir den 2.Weltkrieg nennen. Er ist nicht nur aus Sicht der Tschechen und der Deutschen der größte und schlimmste in der Geschichte der Menschheit. Er verdarb, bestenfalls veränderte die Leben von vielen Millionen Menschen auf der ganzen Erde.

Eines dieser betroffenen Leben war das eines damaligen Jungen, der heute ein würdiger Mann ist, das von Horst Frötschl. Er lebte in der 2. Hälfte der 30er Jahre des 20. Jahrhunderts das ruhige Leben eines kleinen Jungen mit allen Freuden und Sorgen, die diesem Alter und dieser Zeit gemäß sind, in der Stadt Stříbro (Mies). Er lebte hier, auf dem Gebiet der damaligen Tschechoslowakischen Republik. Von seiner Nationalität war er jedoch Deutscher, ein Angehöriger der sog. sudetendeutschen Minderheit.

Am 8. Mai 1945 endete der große Krieg, und die deutsche Seite verlor ihn. Eine der Folgen war die erzwungene Aussiedlung der Sudetendeutschen aus dem tschechischen Gebiet. Für den zehnjährigen Horst bedeutete das, seine Heimatstadt zu verlassen und in das (bis dahin für ihn unbekannte) Waidhaus zu ziehen. Dann kam die Zeit des „Kalten Krieges", eine mehr oder weniger versteckte Feindschaft zwischen dem westlichen und dem östlichen Europa, das durch den „Eisernen Vorhang" geteilt war. Es schien so, als könne nichts seine Beständigkeit gefährden. Doch das Gegenteil war richtig. Der November 1989 bedeutete einen großen Durchbruch zur heute bestehenden Situation, das totalitäre Regime in der ČSSR wurde leicht weggefegt, und die Barrieren stürzten ein. Der „Eiserne Vorhang" hob sich, und die Nachbarn sahen sich wieder an und konnten sich nach Bedarf und Lust besuchen.

Und so kam auch Herr Wolfgang Wlček nach Stříbro, damals stellvertretender Schulleiter, der hier vor 1945 gewohnt hatte und zur Schule gegangen war. Im Jahre 1991 lud er die Lehrer und Schüler der ZŠ Stříbro, Mánesova-Straße in seine Schule nach Amberg ein und eröffnete damit ihre langjährige Partnerschaft.

Und so konnte auch Herr Horst Frötschl als Ratsherr der Stadt Vohenstrauss gemeinsame Aktionen beider Partnerstädte organisieren. Im Jahre 2000 wurde er in Anerkennung seiner Verdienste Ehrenbürger der Stadt Stříbro.

Autor:	Václav Peteřík, Základní škola Mánesova, Stříbro
Autor:	Václav Peteřík, Grundschule Mánesova, Stříbro
Foto:	Radnice ve Stříbře v renesančním stylu – archiv
Photo:	Rathaus Stříbro im Stil der Renaissance – Archiv
Žákovská práce:	Jaroslava Viktorová, 12 let, 6 tř., Základní škola Mánesova, Stříbro
Schülerarbeit:	Jaroslava Viktorová, 12 Jahre, 6 Kl., Grundschule Mánesova, Stříbro

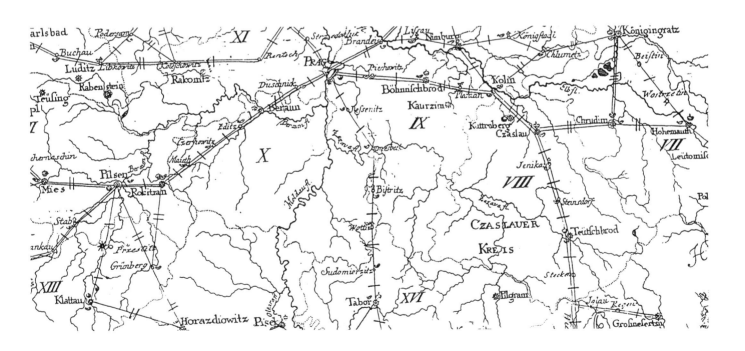

Sulzbach-Rosenberg

Verbindungen müssen gepflegt werden
Sulzbach-Rosenberg: Die Pfleger des Kaisers kamen aus Böhmen

Verbindungen früher und heute – Eindrücke – Momentaufnahmen – Gedankensplitter wie Verbindungen erhalten, gepflegt und ausgebaut werden können

Straßen
Endlos oft
Ohne Anfang und Ende
Verbinden Orte und Menschen
Zerstören aber auch Manchmal
Und trennen

Länder
Für gemeinsame Zukunft
Zeichen setzen
Wichtige Entscheidungen
Treffen
Freundschaften schließen
Und erhalten
Sprachen lernen

Spuren
Spuren der Zeit
Sind Spuren der Menschen
Und der Begegnung
Steinerne Zeugen
Von Macht und Handel
Von Leben und Tod

Schilder
Zeigen und beschreiben
Benennen Orte
Geben Richtungen vor und
Regeln
Schilder nicht nur am Straßenrand

Handel
Goldene Wege
Der Vergangenheit
Goldene Wege
Auch der Zukunft
Menschen bleiben
Auf der Strecke

Lärm
Von Baufahrzeugen und
Autobahn
Von Menschen verursacht
Macht krank und schädigt
Auf Dauer

Brücken
Harte Arbeit früher und heute
Geschaffen aus Holz oder Eisen
Aus Stein oder Beton
Verbindungen
Zwischen Menschen und Ländern

Internet
Brieftaube und Postkutsche
Früher
E-Mails rund um die Welt
Immer mobil und erreichbar
Kontakte auch ins Ausland
Nachrichten von überall

Kultur
Denkmäler allerorts
Kirchen und Burgen
Gemeinsame Vergangenheit
Religion, Kunst, Literatur und
Architektur
Verbindungen von früher
Weisen auch in die Zukunft

Wandern
Einklang mit der Natur
Kleinigkeiten bewundern
Stille und Entspannung
Duft von Wald und Moos
Erholung vom Alltagsstress

Natur
Altes einzigartiges Waldland
Von Flüssen durchzogen
Lebensräume für Menschen, Tiere und Pflanzen
Früher und heute

Freunde
Ein
Streit kann
Nie die besten
Freunde trennen, sie verzeihen einander.

Vztahy je třeba pěstovat a rozvíjet
Sulzbach-Rosenberg: Císařovi správci přišli z Čech

Vztahy kdysi a nyní – dojmy, momentky a nápady, jak vztahy udržet, pěstovat a rozvíjet

Cesty
Často nekonečné
Bez začátku a konce
Spojují místa a lidi
Mnohdy však i ničí
A rozdělují

Země
Dávat znamení pro
společnou budoucnost
Činit důležitá rozhodnutí
Uzavírat přátelství a udržovat je
Učit se jazyky

Stopy
Stopy času
Jsou stopy lidí
A setkávání
Kamenní svědkové
Moci a obchodu
Života a smrti

Tabule
Ukazují a popisují
Pojmenovávají místa
Udávají směr a pravidla
Tabule nejen na kraji silnice

Obchod
Zlaté cesty minulosti
Zlaté cesty i budoucnosti
Lidé zůstávají na trati

Hluk
Stavebních strojů a dálnic
Způsobený lidmi
Škodí zdraví a poškozuje
natrvalo

Mosty
Tvrdá práce kdysi a dnes
Postavené ze dřeva nebo
ze železa
Z kamene nebo z betonu
Spojnice mezi lidmi a zeměmi

Internet
Poštovní holub i poštovní vůz
Kdysi
E-maily po celém světě
Vždy mobilní a dosažitelné
Kontakty i do zahraničí
Zprávy odevšad

Kultura
Památky kam jen oko pohlédne
Kostely a hrady
Společná minulost
Náboženství, umění, literatura
a architektura
Vazby z minulosti ukazují
i do budoucnosti

Putování
Splynutí s přírodou
Obdivování maličkostí
Ticho a uvolnění
Vůně lesa a mechu
Zotavení ze stresu
všedního dne

Příroda
Stará jedinečná lesní
krajina
Protkaná řekami
Životní prostor pro
lidi, zvířata a rostliny
Kdysi i dnes

Přátelé
Svár nemůže
nikdy rozdělit
nejlepší přátele,
ti odpustí
jeden druhému.

Autor: Friedrich Brandl, Krötensee Hauptschule, Sulzbach-Rosenberg
Autor: Friedrich Brandl, Obecná škola Krötensee, Sulzbach-Rosenberg

Photo: Photomontage, Schüler der Krötensee Hauptschule, Sulzbach-Rosenberg
Foto: Fotomontáž, žáci Obecné školy Krötensee, Sulzbach-Rosenberg

Schülerarbeit: Photocollage, Schüler und Schülerinen der M 8/2 Klasse, Krötensee Hauptschule, Sulzbach-Rosenberg
Žákovská práce: Fotokoláž, žáci a žákyně třídy M 8/2, Obecná škola Krötensee, Sulzbach-Rosenberg

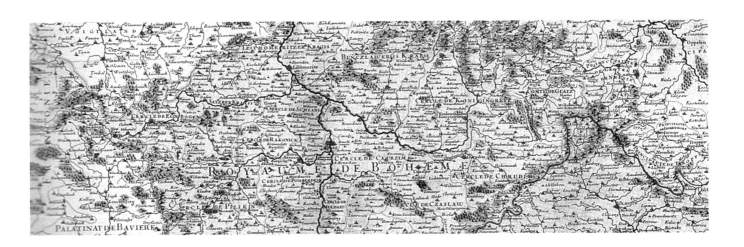

Štěnovice

15 let přátelství a spolupráce Obené školy v Tiefenbachu a Základní školy ve Štěnovicích

Velmi brzy po otevření hranic mezi našimi sousedními zeměmi v roce 1989/90 se začala rozvíjet přátelská spolupráce mezi školami v Čechách a v Bavorsku. Učitelé v obou zemích si dobře uvědomovali, jak je důležité připravit jejich děti na cestu do společné Evropy, a že se právě v tom naskýtá velká příležitost k mírovému soužití. Je úžasné, jak skvěle probíhá spolupráce na bavorsko-české hranici, a jaká vzájemná důvěra tu byla za téměř dvě desetiletí vybudována. Mnohdy dokázala politika běžných občanů víc než politika na vysoké úrovni. A na to jsme my, učitelé, také tak trochu pyšní. Budeme i nadále pracovat na našem společném cíli, kterým je dobré sousedství uprostřed Evropy. Chronologie vzájemných přátelských návštěv obou našich škol za posledních 15 let by měla sloužit jako příklad pro všechny ostatní školy.

říjen 1991	učitelé z Tiefenbachu ve Štěnovicích – první krok
říjen 1992	žáci a učitelé z Tiefenbachu ve Štěnovicích – program „Cesta za duhou"
květen 1993	žáci 7. r. ze Štěnovic v Tiefenbachu – návštěva školy
prosinec 1993	žáci a učitelé z Tiefenbachu ve Štěnovicích – společný hudební program
květen 1994	hosté z Rötzu ve Štěnovicích – návštěva OÚ a Radyně
červen 1994	zástupci školy Štěnovice v Rötzu – návštěva radnice
červen 1994	žáci ze Štěnovic v Tiefenbachu – soutěžní zábavné odpoledne
listopad 1994	žáci z Rötzu ve Štěnovicích – návštěva zámku Kozel
květen 1995	žáci 8. r. ze Štěnovic v Rötzu – návštěva muzea, školy a stavebního podniku
červen 1996	ředitel, učitelé a žáci z Tiefenbachu ve Štěnovicích – návštěva Pivovarského muzea
květen 1997	40 žáků ze Štěnovic v Tiefenbachu – zasazen strom přátelství
červen 2001	výměnný pobyt českých a německých dětí – Tiefenbach, Štěnovice
červen 2002	žáci a učitelé z Tiefenbachu ve Štěnovicích – školní akademie
listopad 2002	žáci a učitelé ze Štěnovic v Tiefenbachu – slavnostní otevření nové tělocvičny
květen 2003	žáci a učitelé ze Štěnovic v Chamu – prohlídka školy
květen 2003	účast žáků ze Štěnovic na mezinárodní výtvarné soutěži ve Weidenu
říjen 2003	společné setkání žáků obou partnerských škol a jejich rodičů

červen 2004	společná setkání žáků obou partnerských škol a jejich rodičů
červen 2005	žáci a učitelé ze Štěnovic v Tiefenbachu – husitské slavnosti
září 2005	účast žáků a učitelů ze Štěnovic na diskusním fóru „Europa jetzt red in" ve Fürth im Wald pro televizní program BR
leden 2006	společný pobyt žáků ZŠ Štěnovice a žáků VS Tiefenbach v Alpách v Rakousku – Wildschönau – Auffach

Pravidelné akce obou škol:
od roku 1998	tradiční společný pobyt žáků 5. r. na horských kolech – Šumava – Horská Kvilda
od roku 2001	tradiční společný týden žáků 7. r. na lyžích – Šumava – Železná Ruda

Autorka: Libuše Kučerová, učitelka, Základní škola Štěnovice

Jak to vidí děti

Na lyžích
(9. – 14. 1. 2005)

Zimní prázdniny skončily, žáci se vraceli do školy k učení. Ale my, žáci 7. B, jsme se mohli těšit. Čekal nás šestidenní lyžařský kurz v Železné Rudě na Šumavě s našimi německými kamarády z Tiefenbachu. Konečně přišla neděle a s ní i den odjezdu. Nasedli jsme do autobusu, zamávali rodičům a vyjeli. Všichni jsme byli veselí a plni očekávání. V Železné Rudě jsme se ubytovali v penzionu Diana a čekali netrpělivě na německé kamarády. Najednou tu byli! Všichni jsme nejprve zvědavě vykukovali z oken a prohlíželi si naše „nové přátele", ale pak jsme je šli přivítat. Po obědě na nás čekaly zasněžené svahy Šumavy. Ten den večer jsme hráli různé hry a hodně se smáli, neboť naše vzájemné dorozumívání bylo opravdu k popukání. Další den, pondělí, byl ještě lepší. Jeli jsme lyžovat na Javor hned za hranice do Německa. Sjezdovky byly široké, plné sněhu a lyžování nádherné. Při jízdě lanovkou jsme měli čas popovídat si s německými protějšky. Šlo nám to už lépe. Na chatu jsme přijeli hladoví, ale spokojení. Po dobré večeři nás čekal opět večer plný zábavy. V úterý jsme si někteří zkusili černou sjezdovku, na které jsme se občas všichni srazili, popadali na sebe, němečtí kamarádi spolu s námi a byla z toho velká legrace. Večer nás čekal odpočinek v bazénu ve Zwieselu. Středu jsme si i se všemi pády do sněhu a večerním koupáním v bazénu také vychutnali. Moc se nám líbilo, že nás pan ředitel Liška a pan učitel Rückerl během dne natáčeli kamerou. Večer jsme se mohli pobavit naším lyžařským uměním na plátně. Ve čtvrtek 13. ledna byl krásný den, který začal příjemným lyžováním na Javoru a končil večer skvělou diskotékou. Tancovali jsme úplně všichni, děti i naši učitelé. Byli jsme veselí a šťastní, ale také už jsme si začali uvědomovat, že zítřek nám přinese rozloučení. Noví přátelé odjedou a kdy je zase uvidíme? V pátek ráno jsme byli posmutnělí, balili jsme bez zbytečných slov. A pak nastal okamžik loučení. Poslední pozdravy, poslední stisky rukou a poslední zamávání. Vždyť se jistě nevidíme naposledy. Brzy se určitě sejdeme na nějakém společném výletě v Tiefenbachu, ve Štěnovicích nebo na lyžích.

Autorky: Magda Žandová, Jana Řezáčová, Základní škola Štěnovice

15 Jahre Freundschaft und Zusammenarbeit der Volksschule Tiefenbach und der Grundschule Štěnovice

Mit der Öffnung der Grenzen zwischen unseren Nachbarländern im Jahre 1989/90 begannen sehr bald die ersten Schulkontakte zwischen Tschechien und Bayern. Die Lehrer in beiden Ländern erkannten, dass es wichtig ist, die Kinder auf den Weg in ein gemeinsames Europa vorzubereiten. Hier liegt die große Chance für ein Miteinander im Frieden. Es ist erstaunlich, dass die Kontakte der Schulen an der bayerisch- böhmischen Grenze hervorragend funktionieren und in fast zwei Jahrzehnten viel Vertrauen aufgebaut haben. Die Basispolitik hat oft mehr geschafft als die Politik auf hoher Ebene. Darauf sind wir Lehrer auch ein wenig stolz und werden weiter an unserem Ziel der guten Nachbarschaft in der Mitte Europas arbeiten. Die Chronologie der Freundschaftsbesuche unserer beider Schulen im Verlauf von 15 Jahren soll dieses gestellte Ziel exemplarisch für alle anderen Schule aufzeigen.

Oktober 1991	Lehrer aus Tiefenbach in Štěnovice – der erste Schritt
Oktober 1992	Schüler und Lehrer aus Tiefenbach in Štěnovice – Programm „Cesta za duhou – Weg zum Regenbogen"
Mai 1993	Kinder der 7. Klasse aus Štěnovice in Tiefenbach – Besuch der Schule
Dezember 1993	Schüler und Lehrer aus Tiefenbach in Štěnovice – gemeinsames Musikprogramm
Mai 1994	Gäste aus Rötz in Štěnovice – Besuch des Gemeindeamts und der Burg Radyně
Juni 1994	Vertreter der Schule Štěnovice in Rötz – Besuch des Rathauses Schüler aus Štěnovice in Tiefenbach – unterhaltsamer Wettkampf-Nachmittag
November 1994	Schüler aus Rötz in Štěnovice – Besuch des Schlosses Kozel
Mai 1995	Schüler der 8. Klasse aus Štěnovice in Rötz – Besuch des Museums, der Schule und eines Bauunternehmens Schulleiter, Lehrer und Schüler aus Tiefenbach in Štěnovice – Besuch des Brauereimuseums 40 Schüler aus Štěnovice in Tiefenbach – Pflanzung eines „Baums der Freundschaft"
Juni 2001	Austausch-Aufenthalte von tschechischen und deutschen Kindern -Tiefenbach, Štěnovice
Juni 2002	Schüler und Lehrer aus Tiefenbach in Štěnovice – Schulakademie
November 2002	Schüler und Lehrer aus Štěnovice in Tiefenbach – feierliche Eröffnung der neuen Turnhalle
Mai 2003	Schüler und Lehrer aus Štěnovice in Cham – Besichtigung der Schule – Teilnahme von Schülern aus Štěnovice am Internationalen Kunstwettbewerb in Weiden
Oktober 2003	Treffen von Schülern beider Partnerschulen und ihrer Eltern
Juni 2004	2-Tages – Treffen von Schülern beider Partnerschulen und ihrer Eltern Juni 2005 Schüler und Lehrer aus Štěnovice in Tiefenbach – Hussitenfeiern
September 2005	2tägige Teilnahme von Schülern und Lehrern aus Štěnovice am Diskussionsforum „Europa – jetzt red i" in Furth im Wald für das Fernsehprogramm des BR
Januar 2006	einwöchiger gemeinsamer Aufenthalt von Schülern der ZŠ Štěnovice und Schülern der VS Tiefenbach in den österreichischen Alpen – Wildschönau – Auffach

Regelmäßige Veranstaltungen der beiden Schulen

seit 1998	traditioneller gemeinsamer Aufenthalt von Schülern der 5. Klassen mit Mountainbike-Touren – Böhmerwald – Horská Kvilda
seit 2001	traditionelle gemeinsame Woche von Schülern der 7. Klassen auf Skiern – Böhmerwald – Železná Ruda

Autorin: Libuše Kučerová, Lehrerin, Grundschule Štěnovice

Bericht über einen gemeinsamen Skikurs der Schule Štěnovice und Tiefenbach im Januar 2005

Die Winterferien gingen zu Ende, die Schüler mussten wieder zum Unterricht in die Schule. Aber wir, die Schüler der 7. B, durften uns freuen. Auf uns wartete nämlich ein sechstägiger Skikurs in Železná Ruda im Böhmerwald mit unseren deutschen Kameraden aus Tiefenbach. Endlich kam der Sonntag und damit der Tag der Abfahrt. Wir haben uns in den Bus gesetzt, den Eltern zum Abschied zugewinkt und sind losgefahren. Wir waren alle fröhlich und voller Erwartungen. In Železná Ruda waren wir in der Pension Diana untergebracht und warteten ungeduldig auf die Kameraden aus Deutschland. Plötzlich waren sie da! Zuerst haben wir alle ungeduldig aus dem Fenster geguckt und uns unsere „neuen Freunde" angesehen, aber dann sind wir losgegangen, um sie zu begrüßen. Nach dem Mittagessen warteten die verschneiten Hänge des Böhmerwaldes auf uns. An dem Tag haben wir abends verschiedene Spiele gespielt und ziemlich viel gelacht, weil unsere Verständigung untereinander doch echt zum Totlachen war. Am nächsten Tag – Montag – war es noch besser. Wir sind zum Skifahren auf den Javor gefahren, direkt hinter der Grenze nach Deutschland. Die Abfahrten waren breit und voller Schnee und das Skifahren war herrlich. Bei der Fahrt mit der Seilbahn hatten wir Zeit, mit den deutschen Gegenübern zu plaudern. Das klappte schon besser. Wir sind dann hungrig, aber zufrieden auf der Hütte angekommen. Nach einem guten Abendessen wartete wieder ein unterhaltsamer Abend auf uns. Am Dienstag haben einige von uns die schwarze Abfahrtstrecke ausprobiert, da sind wir ein paar Mal alle zusammengestoßen, übereinander gefallen, die deutschen Kameraden mit uns zusammen, und wir haben großen Spaß gehabt. Am Abend haben wir im Schwimmbad in Zwiesel entspannt. Auch den Mittwoch haben wir mit allen Stürzen in den Schnee und dem

abendlichen Baden genossen. Wir fanden es sehr gut, dass unsere Lehrer Peter Liška und Klaus Rückerl tagsüber mit der Kamera gefilmt haben. Abends konnten wir uns auf der Leinwand an unseren Skilaufkünsten freuen. Am Donnerstag, dem 13. Januar, war ein schöner Tag. Er fing mit angenehmem Skifahren auf dem Javor an und endete mit einer tollen Diskothek. Wir haben wirklich alle getanzt, Kinder und Lehrer. Wir waren froh und glücklich, aber langsam wurde uns klar, dass morgen schon der Abschied kommen würde. Die neuen Freunde fahren weg, und wann werden wir sie wiedersehen? Am Freitag früh waren wir etwas traurig und haben ohne überflüssige Worte gepackt. Und dann kam der Augenblick des Abschieds. Letzte Grüße, letztes Händeschütteln und letztes Winken. Doch wir sehen uns sicher nicht zum letzten Mal. Bestimmt sehen wir uns bald bei irgendeinem gemeinsamen Ausflug in Tiefenbach, in Štěnovice oder auf Skiern.

Autorin: Magda Žandová, Jana Řezáčová, Grundschule Štěnovice

Foto: Škola Štěnovice, Petr Liška
Photo: Schule in Štěnovice, Petr Liška

Žákovská práce: Kamarád ze školy, Ondřej Albl, 13 let, 7. tř., Základní škola Štěnovice
Schülerarbeit: Schulpartner, Ondřej Albl, 13 Jahre, 7. Kl., Grundschule Štěnovice

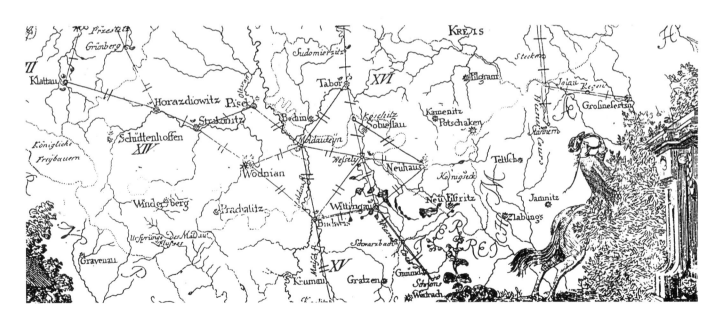

Tachov

Tirschenreutský malíř Maurus Fuchs v Tachově a Teplé

Christoph Maurus Fuchs, německý malíř, se narodil 12. 1. 1771 v Tirschenreuthu. Byl synem malíře a malířskému řemeslu se vyučil u svého otce. Těžiště jeho činnosti bylo především v oblasti zvané Stiftland (území patřící klášteru). Později odešel do Chebu, kde vytvořil početné fresky. Působil rovněž v Mariánských Lázních, Teplé a v Tachově. Vydáme se tedy po jeho stopách.

Naší první zastávkou jsou Mariánské Lázně. Město je známé hlavně svými minerálními prameny. Snad nejoblíbenějším je Karolinin pramen. Byl objeven v r. 1809 a jeho původní název byl Nový pramen. Název Karolinin dostal na počest císařovny Karoliny Augusty, manželky císaře Františka I. V r. 1811 byl pramen překryt kopulí, kterou neslo osm korintských sloupů. Malíř Maurus Fuchs nakreslil na strop kopule scénu s portréty opata Reitenbergera, doktora Johanna Josefa Nehra, hraběte Kolowrata a císařovny Karoliny. Ale už v r. 1823 musela být malba zabílena, neboť údajně jedna nejmenovaná postava nebyla příliš povedená a to vyvolávalo mezi hosty velké veselí. Na místě jedné z nejstarších vyhlídek nad městem stojí Karlův kříž. Maurus Fuchs jej zhotovil počátkem 19. století z podnětu opata Reithenberga. Po něm je kříž nazván Karlův. Na památku uchránění města před epidemií cholery byl r. 1832 nahrazen tzv. Cholerovým křížem a několikrát obnoven.

Z Mariánských Lázní se vydáme do nedalekého městečka Teplá. V jeho blízkosti se nachází klášter premonstrátů, který zde v r. 1193 založil český šlechtic Hroznata. Stěny kláštera jsou zdobeny bohatou iluzivní architektonickou malbou, která je na východní straně doplněna obrazem Poslední večeře Páně. Maurus Fuchs jej vytvořil v r. 1816. V prvním patře konventu je tzv. Modrý sál. Svůj název dostal podle barvy stěn. Fresky na stropě jsou rovněž dílem tohoto malíře.

Naše putování zakončíme v Tachově. V budově, kde dnes sídlí Muzeum Českého lesa, býval kdysi klášter františkánů a na něj navazoval kostel sv. Maří Magdaleny. V jižním křídle bývalého kláštera se nachází klenutý refektář (jídelna) s lunetami a nástropními štukovými rámy s malbami Korunování Panny Marie, řádových světců a Svaté rodiny. Ty vytvořil Maurus Fuchs v r. 1834. Ze stejného roku pochází pozdně barokní malba Zázrak sv. Jana Kapistrána, umístěná na čelní stěně. Malíř je rovněž autorem lunet Milosrdný Samaritán, Kristus se Samaritánkou a Kristus v Emauzích z r. 1836. Podílel se také na výzdobě bývalého kostela sv. Maří Magdaleny. Jeho nástropní malby zde najdeme v presbytáři (pocházejí z r. 1841). V lodi kostela nás upoutají další malířova díla: „Nanebevzetí Panny Marie" a „Noli me tangere" z r. 1832. Na fresce „Příchod františkánů do Tachova" z r. 1831 je pozoruhodné vyobrazení klášterního kostela v rohu malby.

Tato díla doplňuje cyklus obrazů ze života Kristova a Mariina, pocházejících z r. 1847. Malíř sám je však nedokončil, neboť 12. 6. 1848 v Tirschenreuthu zemřel. Malby byly dokončeny v letech 1848–1849 A. Leutnerem a J. Grünenským.

Der Tirschenreuther Maler Maurus Fuchs in Tachov und Teplá

Christoph Maurus Fuchs, ein deutscher Maler, wurde am 12. Januar 1771 in Tirschenreuth geboren. Er war der Sohn eines Malers und erlernte das Malerhandwerk bei seinem Vater. Der Schwerpunkt seiner Tätigkeit lag in der „Stiftland" genannten Region, ein Gebiet, das dem Kloster Waldsassen gehörte. Später ging er nach Eger, wo er zahlreiche Fresken schuf. Gleichzeitig wirkte er in Marienbad, im Kloster Teplá und in Tachov. Begeben wir uns also auf seine Spuren.

Unsere erste Station ist Marienbad. Diese Badestadt ist vor allem für ihre Mineralquellen bekannt. Die wohl beliebteste ist die Karolinenquelle. Sie wurde im Jahre 1809 entdeckt, ihr ursprünglicher Name war „Neue Quelle". Den Namen Karolina erhielt sie zu Ehren der Kaiserin Karolina Augusta, der Gemahlin von Kaiser Franz I. Im Jahre 1811 wurde die Quelle mit einer Kuppel überdacht, die von acht korinthischen Säulen getragen wurde. Der Maler Maurus Fuchs zeichnete an die Decke eine Szene mit den Porträts des Abtes Reitenberger, des Doktors Johann Josef Nehr, des Grafen Kolowrat und der Kaiserin Karolina. Aber schon 1823 musste diese Malerei übertüncht werden, weil angeblich eine nicht genannte Figur nicht besonders gelungen war und dies unter den Gästen große Heiterkeit hervorrief. An der Stelle eines der ältesten Aussichtspunkte über die Stadt steht das Karlskreuz. Maurus Fuchs fertigte es Anfang des 19. Jahrhunderts auf Veranlassung des Abtes Reitenberger an. Nach diesem ist es „Karlskreuz" benannt. Zur Erinnerung an die Verschonung der Stadt vor der Choleraepidemie wurde es 1832 durch das sog. Cholerakreuz ersetzt und mehrmals erneuert.

Wir begeben uns aus Marienbad ins nahe Städtchen Teplá. In seiner Nähe liegt ein Prämonstratenserkloster, das der böhmische Adlige Hroznata hier im Jahre 1193 gründete. Die Wände des Klosters sind mit reicher architekturillusionistischer Malerei geschmückt, die an der Ostseite durch das Bild „Das letzte Abendmahl des Herrn" ergänzt wird. Maurus Fuchs schuf sie im Jahre 1816. Im ersten Obergeschoss des Konvents befindet sich der sog. Blaue Saal. Er erhielt seinen Namen nach der Wandfarbe. Die Fresken an der Decke sind ebenfalls ein Werk dieses Malers.

Wir beenden unsere Reise in Tachov. Das Gebäude, in dem das Museum des Böhmerwaldes sitzt, war früher ein Franziskanerkloster, und daran angebaut, die Kirche der Hl. Maria Magdalena. Im Südflügel des ehemaligen Klosters befindet sich das gewölbte Refektorium (der Speisesaal) mit Lünetten und Decken-Stuckrahmen, auf denen die Krönung der Jungfrau Maria, die Ordensheiligen und die Heilige Familie zu sehen sind. Maurus Fuchs malte sie 1834. Aus dem gleichen Jahr stammt das spätbarocke Gemälde „Das Wunder des Heiligen Johann von Kapistrán" an der Stirnwand. Der Maler ist gleichzeitig Autor der Lünetten „Der mildtätige Samariter", „Christus mit der Samariterin" und „Christus in Emmaus" aus dem Jahre 1836. Er beteiligte sich auch an der Dekoration der früheren Kirche St. Maria Magdalena. Hier finden wir seine Deckenmalerei aus dem Jahre 1841 im Presbyterium.

Im Kirchenschiff ziehen die weiteren Gemälde „Mariä Himmelfahrt" und „Noli me tangere" von 1832 unsere Aufmerksamkeit auf sich. Auf dem Fresko „Einzug der Franziskaner in Tachov" von 1831 ist eine beachtenswerte Darstellung der Klosterkirche in einer Ecke der Malerei zu sehen.

Dieses Werk wird von einem Bilderzyklus aus dem Leben von Christoph und Marianus aus dem Jahre 1847 ergänzt. Der Maler hat es aber nicht vollendet, er verstarb am 12. Juni 1848 in Tirschenreuth. Die Gemälde wurden in den Jahren 1848–1849 durch A. Leutner und J. Grünenský beendet.

Autorka:	Libuše Vavřínková, Základní škola, Kostelní ul., Tachov
Autorin:	Libuše Vavřínková, Grundschule, Kostelnístr., Tachov
Foto:	„Abendmahl", Refektorium Kloster Tepl, Archiv
Photo:	„Večeře Páně", refektář Klášter Teplá, archiv
Žákovská práce:	Klášter, Petr Vuba, Základní škola, Kostelní ul., Tachov
Schülerarbeit:	Kloster, Petr Vuba, Grundschule, Kostelnístr., Tachov

Tiefenbach

Klöppeln in Tiefenbach, ein fast vergessenes, grenzüberschreitendes Kunsthandwerk

Die Klöppelschule Tiefenbach in der Oberpfalz

Anlässlich der gemeinsamen Ausstellung von aktuellen Klöppelspitzen aus Klatovy und Tiefenbach unter dem Motto „Hand in Hand" schreiben die Autoren in dem Begleitbuch: „Um 1900 wurden in der östlichen Oberpfalz, nahe der Grenze zu Böhmen, drei Fachschulen für Spitzenklöppeln gegründet", u.a. 1907 in Tiefenbach, einem Ort mit heute etwa 2 200 Einwohnern. Ziel dieser staatlichen Einrichtungen war die Förderung der Hausindustrie in der Grenzregion durch Unterrichtung der Mädchen und Frauen im Spitzenklöppeln. 1912 wurde ein stattliches Gebäude für die Klöppelschule in Tiefenbach errichtet. Mädchen im Alter von 7 bis 16 Jahren besuchten die Schule.

1908 wurde eine Spitzenverkaufsgenossenschaft gegründet, um den Absatz der Spitzen, vor allem Deckchen, Meterspitzen, Kragen und Kirchenspitzen, zu organisieren. Die gängigsten Artikel waren einfache Meterspitzen in verschiedenen Mustern und Breiten. In der Regel verklöppelten die Tiefenbacher naturfarbenes oder weißgebleichtes Leinengarn. Die Klöppelspitzen aus Tiefenbach fanden reges Interesse und wurden auf zahlreichen Ausstellungen, auch Weltausstellungen, gezeigt.

Nach dem 1. Weltkrieg hatten sowohl bayerische wie auch böhmische Spitzenklöpplerinnen mit einer übermächtigen Konkurrenz aus Japan und China zu kämpfen. Für drei Pfennig pro Meter kamen von dort handgeklöppelte Spitzen, ein Preis, zu dem in Europa niemand produzieren konnte.

In den 50er Jahren erlebte die Klöppelschule noch einmal einen Aufschwung, als bekannte Künstlerinnen, wie Leni Matthaei und Suse Bernuth, moderne Muster für die Schulen entwarfen. Doch dann wurde es allmählich still in den Klöppelschulen, die Tiefenbacher Lehranstalt wurde 1972 geschlossen. Heute befindet sich in dem Gebäude der Tiefenbacher Klöppelschule das Rathaus der Gemeinde. Im ehemaligen Klöppelsaal wurde ein kleines Museum zur Geschichte der Schule eingerichtet. Zahlreiche Frauen aus Tiefenbach und Umgebung treffen sich nun regelmäßig im Klöppelkreis, um die traditionelle Handarbeit zu pflegen.

Seidenkrägen aus Schwarzach nach Paris

Schwarzach, ein in der Nähe von Stadlern direkt an der Grenze gelegener Doppelort, der auf böhmischer Seite nach dem 2. Weltkrieg dem Erdboden gleich gemacht wurde, war ein regelrechtes Zentrum des Umschlags für oberpfälzische wie böhmische Spitzen. Mehrere große Händler und Verleger hatten dort ihren Sitz. In der Zeit vor dem zweiten Weltkrieg beschäftigte allein die Klöppelspitzenfirma Franz Wartha in Böhmisch-Schwarzach 1 500 bis 1 600 Klöpplerinnen. Abgesetzt wurden damals die Spitzen vor allem ins Ausland. Wertvolle Klöppelarbeiten landeten in Paris, Brüssel, aber auch in Helsinki, Kopenhagen und Amsterdam.

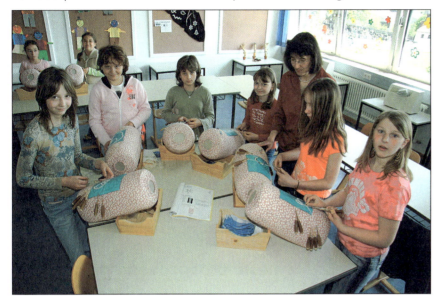

Viele Mädchen verdienten sich durch das Klöppeln ihre gesamte Aussteuer. Der Einzugsbereich der Klöpplerinnen, die für die Firma Wartha Spitzen herstellten, erstreckte sich in den 20er und 30er Jahren von Eisendorf über das ganze Grenzgebiet bis hinein ins tschechische Chodengebiet und bis Taus.

Kaufmann Franz Wartha hatte für die weiter entlegenen Orte eigene Spitzenaufkäufer oder er holte meist sonntags selbst mit seinem Auto die fertigen Spitzen ab. Noch während des zweiten Weltkriegs hatte das Kaufhaus Wartha an die 600 Klöpplerinnen beschäftigt. Nach dem Krieg und besonders nach der Währungsreform stieg die Zahl wieder auf nahezu 800 Klöpplerinnen an. Die Firma Franz Wartha, jetzt in Bayerisch-Schwarzach, hatte auf dem Gebiet der Klöppelspitzenherstellung in Heimarbeit vielen Grenzbewohnern zu ihrem Lebensunterhalt beigetragen.

„Arbeitsgemeinschaft Klöppeln" an der Volksschule Tiefenbach

Einige Frauen legen heute noch Wert darauf, die Kunst des Klöppelns in Tiefenbach nicht in Vergessenheit geraten zu lassen. Das war sicher auch der Ursprung für die Einführung der „Arbeitsgemeinschaft Klöppeln"

1997 an der Volksschule Tiefenbach. Der damalige Rektor Hans Strasser setzte sich dafür ein, dass über 30 Mädchen und Buben in Anfänger- und Fortgeschrittenengruppen ausgebildet werden konnten. Gleich drei Lehrerinnen – Renate Schneider, Theresia Krämer und Christine Hunger – beherrschen das Handwerk, bilden sich immer wieder fort und leiten die Gruppen je nach Bedarf: Bestimmt eine Besonderheit dieser Schule!

Wurden früher vorwiegend Deckchen und Meterspitzen als Gebrauchsgegenstände gearbeitet, so liegt der Schwerpunkt heut eher auf der Fertigung kindgerechter und jahreszeitlicher Motive (z.B. Tiere. Blumen, Sterne o.ä.). Nach wie vor muss aber Wert auf exaktes und sauberes Klöppeln gelegt werden, um ein ansprechendes Ergebnis zu erzielen.

Paličkování – téměř zapomenuté umělecké řemeslo provozované na obou stranách hranic

Škola paličkování v Tiefenbachu v Horní Falci

Při příležitosti společné výstavy paličkovaných krajek z Klatovska a Tiefenbachu, která se konala pod heslem „Ruku v ruce", čteme v původní brožuře: „Okolo roku 1900 byly ve východní Horní Falci při hranici s Čechami založeny tři státní odborné školy paličkování." Jedna z nich v roce 1907 v Tiefenbachu, obci, která dnes čítá 2200 obyvatel. Cílem bylo naučit ženy a dívky paličkovat, a podporovat tak domácí průmysl v pohraničí. V roce 1912 byla v Tiefenbachu postavena velká škola, kterou navštěvovaly dívky ve věku od 7 do 16 let.

V roce 1908 bylo založeno krajkářské prodejní družstvo, které zajišťovalo především prodej krajkových deček, metrových krajek, límečků a církevních krajek. K běžnému zboží patřily jednoduché metrové krajky nejrůznějších vzorů a šířek. V Tiefenbachu se nejvíce zpracovávalo přírodní nebo bělené lněné vlákno. O paličkované vzory odtud byl velký zájem. Objevovaly se na četných výstavách, dokonce i světových.

Po 1. světové válce musely bavorské i české krajkářky čelit silné konkurenci z Japonska a Číny. Odtud přicházely ručně paličkované krajky, které stály pouhé tři feniky za metr. Jednalo se o cenu, které nemohl nikdo v Evropě konkurovat.

V 50. letech 20. století zaznamenala krajkářská škola ještě jednou rozmach, a to když pro ni navrhly dvě známé umělkyně Leni Matthaeiová a Suse Bernuthová nové vzory. Poté však činnost v krajkářských školách pozvolna končila a v roce 1972 bylo učiliště v Tiefenbachu uzavřeno. Dnes se v bývalé budově školy nachází obecní radnice. V pracovním sále pak najdeme malé muzeum historie krajkářské školy. V současné době pokračuje řada žen z Tiefenbachu a okolí v této tradiční ruční práci v pracovních kroužcích.

Hedvábné límečky ze Schwarzachu putují do Paříže

Dvouměstí Schwarzach leží nedaleko Stadlern přímo na hranici. Po 2. světové válce bylo na české straně srovnáno se zemí. Kdysi bývalo centrálním překladištěm hornofalckých a českých krajek. Své sídlo tam mělo několik obchodníků a skladníků. Jen firma Franz Wartha např. zaměstnávala před 2. světovou válkou v českém Schwarzachu téměř 1 600 krajkářek. Krajky tehdy nacházely odbyt především v zahraničí. Nejcennější práce končily v Paříži a Bruselu, ale také v Helsinkách, Amsterdamu a Kodani.

Mnoho dívek si paličkováním vydělalo na věno. Krajkářky, které pracovaly pro firmu Wartha, přicházely ve 20. a 30. letech z příhraničního Eisendorfu, ale i z Čech – z Chodska a Domažlicka.

Pro odlehlejší místa měl Franz Wartha vlastní nákupčí, někdy však, většinou v sobotu, zajížděl pro hotové krajky osobně. Ještě za druhé světové války zaměstnávala firma Wartha asi 600 krajkářek. Po válce a zejména pak po měnové reformě stoupl jejich počet téměř na 800. Firma Franz Wartha dnes sídlí v bavorském Schwarzachu. V oblasti domácké výroby paličkovaných krajek dala mnoha obyvatelům v pohraničí možnost výdělku.

Zájmový kroužek paličkování na obecné škole v Tiefenbachu

Několik žen v Tiefenbachu se dodnes snaží udržet toto umělecké řemeslo, a proto v roce 1997 založily zájmový kroužek paličkování na obecné škole.

Tehdejší ředitel školy Hans Strassek se zasadil o to, aby 30 dívek a chlapců se seznámilo s tímto uměleckým řemeslem a navštěvovalo buď kroužek začátečníků, nebo pokročilých. Oba kroužky vedou s nadšením a velice zodpovědně tři učitelky – Renate Schneiderová, Theresia Krämerová a Christiane Hungerová. Umějí výborně paličkovat, neustále se zdokonalují a zájmové kroužky vedou skvěle. Určitě to patří ke zvláštnostem této školy.

Jestliže se dříve vyráběly dečky a metrové krajky jako spotřební zboží, patří dnes jejich výroba spíše do kategorie uměleckých řemesel. Využívají se především dětské a přírodní motivy, např. zvířata, květiny, hvězdy apod. Stejně jako kdysi se klade důraz na přesnou a čistou práci, aby byl výsledek co nejlepší.

Autor: Klaus Rückerl, Volksschule Tiefenbach
Autor: Klaus Rückerl, Obecná škola v Tiefenbachu

Photo: Viele kleine Kunstwerke entstehen, wenn Schülerinnen und Schüler begeistert an ihren Klöppelfäden sitzen. Klöppeln ist wieder ein gefragtes, wenn auch anspruchsvolles Hobby geworden, Klaus Rückerl, Volksschule Tiefenbach
Foto: Drobná umělecká díla jsou výsledkem trpělivé práce nadšených žákyň a žáků. Paličkování se znovu stalo vyhledávaným, i když náročným koníčkem, Klaus Rückerl, Obecná škola v Tiefenbachu

Schülerarbeit: Gasthof in Tiefenbach, David Gehardinger, 7. Kl., Volksschule Tiefenbach
Žákovská práce: Hostinec v Tiefenbachu, David Gehardinger, 7. tř., Obecná škola v Tiefenbachu

Via Carolina u Waidhausu

Via Carolina bei Waidhaus

Slavnost v tachovské jezdecké hale. Češi a Němci společně vítají vstup do Evropy 1. května 2004.

Feierstunde in der Reithalle „Heiligen" bei Tachau. Tschechen und Deutsche begrüßen gemeinsam den Beitritt zu Europa am 1. Mai 2004.

Foto: Rainer Christoph

Vohenstrauß

Ein Vohenstraußer wird Ehrenbürger der Stadt Stříbro

Der „Kalte Krieg" ist vorbei. Die Grenzen zwischen dem Ostblock und dem Westen werden 1989 geöffnet. Deswegen bewegen sich auch an der bayerischen und damals noch tschechoslowakischen Grenze die Menschen über die vorher stark abgeriegelte Linie, zunächst war es die Neugier, danach der „günstige Einkauf". Die damals noch entfremdeten politischen Organe und Gemeinden sollten aufeinander zugehen. So auch in der grenznahen Stadt Vohenstrauß. Gleich nach dem Fall des „Eisernen Vorhangs" wurde eine Städtepartnerschaft mit der Stadt Stříbro angestrebt.

Die ersten Fühler wurden vom damaligen Konrektor der Vohenstraußer Hauptschule und Turnvereinsvorsitzenden Fritz Koller und dem heutigen dritten Bürgermeister der Stadt Vohenstrauß Horst Frötschl ausgestreckt. Frötschl wurde 1935 in Mies, dem heutigen Stříbro, geboren und musste 1945 als Zehnjähriger mit der Mutter und seinen vier Geschwistern aus seiner Heimatstadt fliehen.

Die Partnerschaft zwischen den beiden Städten sollte nach der langen Zeit der politischen Gegensätze nun mit Leben erfüllt werden. Horst Frötschl nahm sich dieser bedeutungsvollen Aufgabe an. Er war überzeugt von einer partnerschaftlichen Zusammenarbeit und stellte als führende Persönlichkeit Kontakte zwischen den Institutionen und Bürgergruppen in Deutschland und Tschechien her. Nach seiner festen Überzeugung sollten aus den Nachbarn Freunde werden und zwar ohne das Zusammenspiel an Bedingungen zu knüpfen.

Mit diesen Vorstellungen wurde Frötschl in den ersten zehn Jahren nach der Wende eine Art inoffizieller Partnerschaftsbeauftragter. Mit Hilfe seines ehemaligen Schulkameraden Josef Felber, des einzigen Bekannten, den er noch in Stříbro hatte, wurden die Kontakte verstärkt ausgebaut. Aus der ungezwungenen Partnerschaft stellte Frötschl stets das Menschliche heraus, so entwickelte sich eine fruchtbare Nachbarschaftshilfe zwischen den zwei Städten.

Für seine unermüdlichen Bemühungen wurde er am 16. Juni 2000 zum Ehrenbürger der Stadt Stříbro durch den damaligen Bürgermeister Petr Bursik ernannt. In einer feierlich umrahmten Laudatio hieß es, Frötschl sei ein Mensch, der „jegliche revanchistische Andeutung ablehnt" und zudem sei er von der korrekten Zusammenarbeit zwischen den beiden Staaten überzeugt. Mit der Ernennung zum Ehrenbürger sei ein „Zeichen der Dankbarkeit gesetzt und das kleine Wirken gewürdigt" worden.

Občan z Vohenstraussu čestným občanem Stříbra

„Studená válka" skončila. Cesty mezi Východem a Západem se otevírají. Proto lidé přecházejí do té doby neprodyšně uzavřené hranice i na bavorském a tehdy ještě československém pomezí. Zprvu to byla zvědavost, později výhodné nákupy. Politické orgány a obce, které si byly až do té doby cizí, měly k sobě najednou blíž. A nejinak tomu bylo i v příhraničním městě Vohenstrauss, které se hned po pádu železné opony začalo ucházet o partnerství s městem Stříbro.

Jako první začal situaci obhlížet tehdejší zástupce ředitele měšťanské školy ve Vohenstraussu a předseda tělovýchovné jednoty Fritz Koller a spolu s ním současný místostarosta Vohenstraussu Horst Frötschl. H. Frötschl se narodil roku 1935 ve Stříbře a jako desetiletý musel s matkou a čtyřmi sourozenci z rodného města uprchnout.

Po dlouhé době společenských a politických protikladů proto mělo dojít k oživení partnerství mezi oběma městy. Tohoto významného úkolu se ujal právě Horst Frötschl. Partnerskou spolupráci pokládal za nezbytnou a jako vůdčí osobnost vytvořil podmínky pro navazování kontaktů mezi institucemi a občanskými seskupeními v Německu a v Čechách. Byl přesvědčen, že se z pouhých sousedů musí stát přátelé, a to bez jakýchkoliv předběžných podmínek. Proto se Horst Frötschl stal hned v prvních letech po převratu jakýmsi neoficiálním hlavním realizátorem veškeré partnerské spolupráce. Za pomoci svého spolužáka Josefa Felbera, jediného známého, kterého ve Stříbře měl, se mu podařilo postavit všechny dobrovolné kontakty na pevné základy. Protože pro Frötschla bylo vždy nejdůležitější „to lidské", vzájemná sousedská pomoc mezi oběma městy vzkvétala.

Pro své neúnavné snahy byl H. Frötschl jmenován čestným občanem města Stříbra. K slavnostnímu aktu došlo 16. června 2000 za starostování Petra Bursíka. V laudatiu byl H. Frötschl charakterizován jako člověk, který striktně odmítá „jakékoliv zmínky o revanšismu", protože je přesvědčen o korektní spolupráci mezi oběma státy. Jmenování čestným občanem má být chápáno jako pocta a dík za všechno, co Horst Frötschl vykonal.

Autor: Karl Sollfrank, Max Reger-Schule ,Weiden
Autor: Karl Sollfrank, Škola Maxe Regera, Weiden

Photo: Übergabe der Urkunde im Rathaus Stříbro, v. l. n. r.: Bürgermeister Vladimir Junek, Stříbro, Horst Frötschl und Bürgermeister Josef Zilbauer, Vohenstrauß
Foto: Předávání listiny na radnici ve Stříbře. Zleva starosta Vladimír Junek (Stříbro), Horst Frötschl a starosta Vohenstraussu Josef Zilbauer

Waldsassen

Maria Loreto – Auferstanden aus Ruinen

Maria Loreto ist eine nordöstlich von Waldsassen, nah an der Grenze – auf tschechischer Seite – gelegene Wallfahrtsstätte. Sie liegt im Egerland, das Kaiser Ludwig der Bayer 1322 an den Böhmenkönig verpfändete, um seine Wahl zum deutschen König positiv zu beeinflussen. Durch diese Verpfändung geriet das Egerland Jahrhunderte später an der Schnittstelle zwischen zwei Großmächten ins kommunistische Einflussgebiet.

Nahe dem Ort Kinsberg/Hroznatov wurde Mitte des 16. Jahrhunderts eine Kapelle zum hl. Geist erbaut. Etwa ein Jahrhundert später erwarben die Jesuiten das Gebiet und gingen sogleich an die Planung einer barocken Wallfahrtsstätte an diesem Ort. 1664 schließlich wurde die Gnadenkapelle erbaut, in die ein Jahr später das aus Italien stammende Gnadenbild „Unserer Lieben Frau von Loreto" einzog. Zwischen 1670 und 1683 ließen die Jesuiten noch eine Umfriedung der Kapelle mauern und sie legten 29 Kreuzwegstationen an. Die Wallfahrt nach Maria Loreto begann 1671 und endete zunächst im Jahr 1945.

Auch Gläubige aus Waldsassen pilgerten zur Wallfahrtskirche nach Böhmen. In der Waldsassener Grenzzeitung von 1904 und 1906 finden sich beispielsweise Aufrufe zur Beteiligung an der Wallfahrt. In den dreißiger Jahren des 20. Jahrhunderts musste der Pilgergang jedoch für einige Jahre wegen „Grenzschwierigkeiten" unterbleiben – die Tschechoslowakei schottete sich gegen das Hitler-Regime ab. Erst im Frühjahr 1939 konnte die Wallfahrt von Waldsassen nach Maria Loreto fortgesetzt werden, nachdem Hitler vorher im Sudetenland einmarschiert war und damit die zwischen den beiden Orten gelegene Grenze bedeutungslos gemacht hatte. Dies sollte sich jedoch wenige Jahre später drastisch ändern.

Am 9. September 1946 feierte die deutsche Bevölkerung von Kinsberg zum letzten Mal den Gottesdienst in Maria Loreto, bevor sie aus ihrer Heimat vertrieben wurde. Die Wallfahrtsstätte stand nun wegen ihrer Grenznähe in der militärischen Sperrzone hinter dem Eisernen Vorhang. Als sich einige Pilger nach der Grenzöffnung 1990 der Wallfahrtskirche näherten, bot sich ihnen ein verheerendes Bild der Zerstörung. Nur die Grundmauern standen noch, die Spitze des Glockenturmes war ausgebrannt, Bäume wucherten zwischen den verfallenen Mauern der Ruine hervor. Mancher Besucher, der die Kirche aus ihren blühenden Zeiten kannte, wünschte sich einen Bagger herbei, um den traurigen Anblick zu beseitigen. Eine Prager Behörde stellte fest, dass weder Geld für den Wiederaufbau noch für eine Schleifung vorhanden sei. Der weitere Zerfall von Maria Loreto schien besiegelt.

Einer privaten Initiative ist es zu verdanken, dass der barocken Anlage dieses Schicksal erspart blieb. 1992 wurde in Waldsassen ein Förderverein für Maria Loreto gegründet. Treibende Kraft war der damalige Vorsitzende Anton Hart. Seine Eltern hatten in Kinsberg eine Tonwarenfabrik besessen – er war also mit Loreto durch seine Kindheit verbunden. Wegen des damaligen Besuchs einer tschechischen Schule sprach Anton Hart fließend Tschechisch, wodurch es ihm gelang, auch die tschechische Seite in den Wiederaufbau einzubeziehen. Hauptansprechpartner für den Förderverein war der damalige Oberbürgermeister von Eger / Cheb, Otokar Mika. Durch die tatkräftige Unterstützung von Anton Hart, der nach der Vertreibung in Waldsassen eine Tonwarenfabrik aufgebaut hatte, und durch die zahlreichen Spenden, die der Förderverein zusammengetragen hatte, gelang es Maria Loreto in einer Gemeinschaftsarbeit von tschechischen und deutschen Handwerkern und Künstlern wiederaufzubauen. Bereits 1994 konnte das 330-jährige Jubiläum der Wallfahrtsstätte in einem gemeinsamen Gottesdienst von Deutschen und Tschechen gefeiert werden. Im Oktober 1996 wurde das Gotteshaus schließlich neu eingeweiht. Von den 500 Fußwallfahrern waren viele über den kurz vorher eröffneten grenzüberschreitenden Pilgerweg gekommen – ein neuerlicher, friedlicher Brückenschlag zwischen Bayern und Böhmen. Anton Hart bekam schließlich für seine Verdienste zahlreiche Auszeichnungen. Er wurde u.a. als erster deutscher Staatsbürger Ehrenbürger der Stadt Cheb.

Marie Loreto – z trosek povstalá

Marie Loreto je poutní místo, které se nachází severovýchodně od Waldsassenu, poblíž hranic na české straně v oblasti zvané Chebsko. Tuto oblast v roce 1322 zastavil císař Ludvík Bavor českému králi, aby tak pozitivně ovlivnil svou volbu německým králem. Po několika staletích se Chebsko, ležící přímo na hranici dvou mocností, díky této zástavě dostalo pod komunistickou nadvládu.

Poblíž obce Hroznatov (Kinsberg) byla v polovině 16. století postavena kaple sv. Ducha. Asi o sto let později získali toto území jezuité a ti se okamžitě rozhodli vybudovat zde barokní poutní místo. Roku 1664 byla konečně kaple postavena a o rok později do ní byl umístěn zázračný obraz „Naší milé Paní z Lorety", namalovaný v Itálii. Mezi lety 1670 a 1683 pak dali jezuité kapli obehnat zdí a vybudovali 29 zastavení křížové cesty. Svaté poutě zde začaly v roce 1671 a skončily až v roce 1945.

Také věřící z Waldsassenu navštěvovali toto české poutní místo. Ve waldsassenských novinách čteme například v roce 1904 a 1906 výzvy k účasti. Ve třicátých letech 20. století musely kvůli „potížím na hranicích" tyto akce na nějaký čas přestat. Československo se před hitlerovským Německem uzavřelo. Poutě pak mohly pokračovat až počátkem roku 1939, protože poté, co Hitler zabral Sudety, ztratily hranice svůj význam. O několik let později se to však mělo opět změnit.

Poslední mši v kapli slavili obyvatelé Hroznatova 9. září 1946, krátce předtím, než byli odsunuti. Poutní místo se pak pro svoji polohu přímo na hranici dostalo do uzavřeného vojenského pásma za „železnou oponu". Když se po znovuotevření hranic v roce 1990 vydali poutníci k Panně Marii Loreto, naskytl se jim obraz naprosté zkázy. Zbyly jen obvodové zdi, střecha zvonice shořela a mezi troskami zdí vyrůstaly stromy. Mnozí návštěvníci, kteří pamatovali kostel z dob jeho slávy, by byli uvítali bagr, který by ty žalostné trosky odstranil. Pražské úřady sdělily, že nejsou peníze na renovaci ani na odklizení zbytků stavby. A tak to vypadalo, že definitivní rozpad poutního místa je zpečetěn.

Díky jedné soukromé iniciativě však byla tato barokní stavba ušetřena svého nepříznivého osudu. V roce 1992 byl ve Waldsassenu založen podpůrný spolek na záchranu kaple Panny Marie Loreto. Hnací silou se stal jeho tehdejší předseda Anton Hart, jehož rodiče v Hroznatově vlastnili továrnu na hrnčířské zboží. Antona vázaly ke kapli vzpomínky z dětství. Protože chodil do české školy, hovořil plynně česky, a tak se mu pro obnovu poutního místa podařilo získat i českou stranu. Hlavním partnerem spolku byl tehdejší chebský starosta Otakar Míka. Díky silné podpoře Antona Harta, který po odsunu vybudoval ve Waldsassenu novou továrnu na hrnčířské zboží, a díky četným darům, jež spolek získal, se společným úsilím českých a německých řemeslníků a umělců podařilo kapli Panny Marie znovu postavit. Při společné mši pak v roce 1994 oslavili Češi a Němci třistatřicáté výročí poutního místa. V říjnu 1996 byl svatostánek znovu vysvěcen. Řada z pěti set poutníků přišla po nedávno otevřené poutní cestě, která vede přes hranice. Stala se jakýmsi mostem míru mezi Bavorskem a Čechami. Anton Hart získal za své zásluhy řadu ocenění. Mimo jiné byl jako první německý státní příslušník jmenován čestným občanem Chebu.

Autorin:	*Dr. Beatrix Dürrschmidt, Grundschule Waldsassen*
Autorka:	*Dr. Beatrix Dürrschmidt, Základní škola Waldsassen*
Photo:	*Die Wallfahrtskirche Maria Loreto bei Altkinsberg / Eger, Albert Schneider, Waldsassen*
Foto:	*Poutní kostel Maria Loreto u Starého Hroznatova / Cheb, Albert Schneider, Waldsassen*
Schülerarbeit:	*Basilika der Zisterzienser, Anja Döllinger, 9 Jahre, 3. Kl., Grundschule Waldsassen*
Žákovská práce:	*Bazilika cisterciáků, Anja Döllinger, 9 let, 3. tř., Základní škola Waldsassen*

Weiden

Die Stadt Weiden als „Verbindungsstation" für tschechische Dissidenten

Die Stadt Weiden in der Oberpfalz ist ein ruhiges, beschauliches Städtchen, etwa 90 Kilometer nördlich von Regensburg und 100 km östlich von Nürnberg inmitten des Oberpfälzer Waldes gelegen. Es „war einmal eine kleine Stadt am Rande der Naab; Handelsstraßen, die immer wieder zu Heerstraßen wurden, kreuzten sich; weiter ging's nach Böhmen und dem sächsischen Vogtland." So beschreibt es Erich Loest in seinem Buch „Saison in Key West." In ihrer inzwischen mehr als 750jährigen Geschichte hat die Stadt Weiden nie eine große nationale oder internationale Rolle gespielt und sie ist, wenn dann eigentlich nur für ihr Hotelporzellan weltweit berühmt, von dem allerdings sogar schon Präsidenten und Könige aßen.

Und doch spielte sie, nicht zuletzt wegen ihrer bereits oben erwähnten Nähe zu Böhmen, zum tschechischen Grenzgebiet, in der jüngsten deutsch – tschechischen Geschichte eine sehr erwähnenswerte, aber leider nicht sehr bekannte Vermittlerrolle.

Es begann noch vor Anfang der 70er Jahre, zur Zeit des Prager Frühlings, als das Ehepaar Schlegl, Betreiber eines gleichnamigen Kunst- und Literaturgeschäftes in Weiden, die ersten Verbindungen zu verfemten Autoren und Dissidenten unseres Nachbarlandes knüpften. Ota Filip, der zu dieser Zeit von der Staatssicherheit verhaftet, gefoltert und schließlich 1974 aus der Tschechoslowakei ausgewiesen wurde, entwickelte sich quasi zum „Hausautor" der Schlegls. Über „die kleine Bühne" pflegten sie damals auch die ersten Kontakte zum „schwarzen Theater" in Prag mit dem Intendanten und Autor Alexandr Kliment. So schafften es die Schlegls auch über das tschechoslowakische Außenhandelsministerium die Frau von Alexandr Kliment, Jiřína Klimentová, eine bekannte Künstlerin, für eine Kunstausstellung nach Weiden zu holen; aber erst nach Bestechung einer typisch kommunistischen Beamtin mit einer Flasche Whisky, wie Hubert Schlegl augenzwinkernd erzählte. Ihrem Mann Alexandr, der damals ebenfalls unter dem immensen Druck des kommunistischen Systems leiden musste, wurde aber die Ausreise verwehrt. Die Verbindung oder besser gesagt, die Freundschaft zu den Kliments hielten Hubert Schlegl und seine Frau die folgenden Jahre mit vielen Besuchen aufrecht, bei denen sie auch immer wieder Obst und Medikamente für die inzwischen schwer erkrankte Jiřína brachten. Literatur zu schmuggeln, trauten sich die Weidener nicht, da sie in der Tschechoslowakei unter ständiger Beobachtung der Staatssicherheit standen. Dafür waren andere zuständig…

Es war 1981, fast noch inmitten des kalten Krieges, als sich viele Menschen in der damaligen ČSSR nach mehr Rechten und Freiheit sehnten und Wolfgang Scheur Kulturreferent in der deutschen Botschaft in Prag wurde, der sich mit Hilfe dieses Postens sehr um die Einheit der Kultur, der Lebensform und der Geschichte Europas bemühte. Diese Aufgabe wurde ihm aber vom damaligen tschechischen Regime keineswegs leicht gemacht. So wurden zu den deutsch-tschechoslowakischen Kulturtagen im September 1982 in Prag der freie Kartenverkauf und die Werbung sehr stark eingeschränkt und sogar ein Plakatentwurf des Goetheinstituts wegen Respektlosigkeit gegenüber der Landesfahne und der Druck zweisprachiger Programmhefte von der tschechoslowakischen Regierung verboten. Doch mit Hilfe einer Druckerei in Weiden konnte das Programm doch noch gedruckt werden und an viele, dem Regime unangenehme Leute mit Eintrittskarten verschickt werden.

Wolfgang Scheur, der schnell viele Kontakte zu regimekritischen Autoren bekam, lernte so auch Hubert Schlegl kennen und konnte über seine Buchhandlung oft viele Manuskripte von Exilverlagen und handgeschriebene Samisdatliteratur bestellen, in Weiden lagern und mit Hilfe seines Diplomatenpasses ungehindert in die ČSSR bringen. Herr Schlegl erhielt damals den Codenamen „Hubertus".

Der Dichter Jiří Gruša, einer der Empfänger und Verfasser dieser Art von Literatur, konnte 1983 von Hubert Schlegl zu einer ersten Lesung nach Weiden eingeladen werden. Gruša stieg dann 1991 vom ehemaligen Häftling zum Botschafter der ČSFR auf.

So lief der Austausch von Schriften über viele Jahre und einige Kulturattachés, die auf Grund der Grenznähe in Weiden einkauften, nahmen damals oft nicht nur Obst und Gemüse mit über die Grenze.

Zu den 5. Weidener Literaturtagen 1989 schafften es schließlich Hubert Schlegl, Otmar Schwarzer und Bernhard M. Baron, trotz mancher nicht erteilter Ausreisegenehmigungen, viele bekannte Autoren unseres damals noch kommunistisch regierten Nachbarlandes nach Weiden zu holen. Unter ihnen war auch Eda Kriseová, die nur kurze Zeit später zur Beraterin des tschechischen Präsidenten ernannt wurde.

Viele der geladenen Gäste trafen in Weiden zum ersten Mal ihre vor langer Zeit ausgewiesenen Landsleute wieder. Und so floss zum Ende der Literaturtage so manche Träne, man lag sich in den Armen und tanzte zum Abschied auf dem Weidener Marktplatz.

Dieser Abschied und die Trennung währte aber zum Glück nicht mehr lange, wie wir aus der jüngsten Geschichte wissen. Viele ehemalige verfemte Autoren und Dissidenten konnten in ihre Heimat zurückkehren und dort teils bedeutende Posten einnehmen. Die Erinnerung und die Verbindungen zu Weiden blieben aber bis heute noch erhalten.

Město Weiden – „spojnice" českých disidentů

Weiden v Horní Falci je menší úhledné město, ležící 90 km severně od Řezna a 100 km na východ od Norimberka uprostřed Hornofalckého lesa. „Bylo jednou jedno malé město na břehu řeky Naab: protínaly se tam obchodní cesty, které se ale neustále měnily v cesty válečné; vedly dále do Čech a do saského Vogtlandu." Tak nějak to popisuje Erich Loest v knize „Saison in Key West". Ve své dnes už více než sedmisetpadesátileté historii nehrálo město Weiden nikdy žádnou významnou roli, ať už z hlediska národního či mezinárodního. Ve světě je známé snad jen pro svůj hotelový porcelán, na němž jedli dokonce prezidenti a králové. Přesto ale sehrál Weiden v nedávné německo-české historii velice záslužnou, i když ne příliš známou roli prostředníka, a to pro svoji už zmíněnou blízkost k hranici s Čechami.

Začalo to na přelomu šedesátých a sedmdesátých let, v dobách Pražského jara. Tehdy navázali manželé Schlegelovi, kteří ve Weidenu provozovali obchod s uměleckými předměty a literaturou, první kontakty s pronásledovanými spisovateli a disidenty z Čech, ze sousední země. V té době zatčený a státní bezpečností stíhaný Ota Filip byl posléze roku 1974 z Československa vypovězen a stal se jakýmsi „domácím autorem" rodiny Schlegelovy. Ta pak prostřednictvím „malé scény" začala navazovat kontakty s Černým divadlem v Praze a jeho ředitelem, spisovatelem Alexandrem Klimentem. Schlegelovým se dokonce podařilo pozvat prostřednictvím ministerstva zahraničního obchodu na výstavu do Weidenu i manželku Alexandra Klimenta, známou umělkyni Jiřinu Klimentovou, a to tak, jak Hubert Schlegel s šelmovským úsměvem rád vyprávěl: že tamní typickou komunistickou úřednici podplatili lahví whisky.

Manželu Alexandrovi, který tehdy také velice trpěl pod tlakem komunistického režimu, byl výjezd zamítnut. Spojení, či lépe řečeno přátelství, udržovali s Klimentovými manželé Schleglovi i v následujících letech.

Jezdili často do Čech a vždycky s sebou vezli ovoce a léky pro Jiřinu, která mezitím těžce onemocněla. Pašovat přes hranice literaturu si Schleglovi netroufali, protože na území Československa byli neustále sledováni Státní bezpečností. A tak se o to postarali jiní… Psal se rok 1981 a „studená válka" pokračovala, přestože si tolik lidí v tehdejší ČSSR přálo větší práva a svobodu. Wolfgang Scheuer, kulturní referent velvyslanectví tehdejší SRN v Praze byl tím, kdo z moci svého úřadu usiloval o jednotu v oblastech života, kultury a historie Evropy. Jeho snahy mu však tehdejší režim v ČSSR nijak neusnadňoval. Tak byl například při Německo-českých dnech kultury v září 1982 v Praze silně omezen prodej vstupenek a reklama. Československá vláda dokonce zakázala zveřejnit plakát navržený Goethe-Institutem s odůvodněním, že prý nedostatečně respektuje státní vlajku ČSSR. Zakázala také vytisknout dvojjazyčné programy. Za pomoci jedné tiskárny ve Weidenu se však podařilo programy vyrobit a rozeslat spolu se vstupenkami mnoha lidem, kteří se netajili svou kritikou režimu.

Wolfgang Scheuer, který mezitím získal řadu kontaktů na spisovatele kritizující komunistický režim, se tak seznámil i s Hubertem Schlegelem a prostřednictvím jeho knihkupectví pak mohl objednávat do exilových nakladatelství rukopisy a ručně psanou samizdatovou literaturu. Všechno pak ukládal ve Weidenu a díky svému diplomatickému pasu ji mohl volně převážet do ČSSR.

Pan Schlegl tehdy vystupoval pod krycím jménem „Hubertus". Básník Jiří Gruša, jeden z autorů i adresátů, se tak roku 1983 dostal na pozvání Huberta Schlegela do Weidenu na své první čtení. (V roce 1991 pak Gruša „povýšil" z někdejšího vězně na velvyslance ČSFR v Bonnu.)

Tímto způsobem probíhala výměna písemností po řadu let. Někteří kulturní atašé pak často jezdili nakupovat přes hranice nejen ovoce a zeleninu.

Při příležitosti konání 5. dnů literatury ve Weidenu roku 1989 se nakonec podařilo Hubertu Schlegelovi, Otmaru Schwarzerovi a Bernhardu M. Baronovi přivézt do Weidenu řadu známých spisovatelů z tehdy ještě komunisty ovládané sousední země, ačkoliv tito hosté neměli povolení k vycestování na Západ. Byla mezi nimi například i Eda Kriseová, která se pak zanedlouho stala poradkyní českého prezidenta.

Mnozí pozvaní hosté se ve Weidenu poprvé po letech setkali se svými někdejšími kolegy a krajany – exulanty. A tak teklo na závěr literárních dnů i mnoho slz. Lidé se objímali a na rozloučenou spolu tančili na weidenském náměstí.

Naštěstí se neloučili nadlouho, jak víme z nedávné historie. Mnozí z někdejších pronásledovaných a „prokletých" spisovatelů a disidentů se mohli vrátit zpět do vlasti a dokonce tam potom zastávali velmi významné funkce. Vzpomínky a vazby na Weiden však trvají dodnes.

Autor: *Enrico Schön, Max Reger-Schule, Weiden*
Autor: *Enrico Schön, Škola Maxe Regera, Weiden*

Photo: *Enrico Schön, Plakat der Stadtbibliothek Weiden, im Mai 1989, Max-Reger-Schule, Weiden*
Foto: *Enrico Schön, Plakát Městské knihovny ve Weidenu, květen 1989, Škola Maxe Regera, Weiden*

Schülerarbeit: *Weiden, Max-Reger-Stadt mit historischem Rathaus, Sebastain Meyer, 7. Kl., Max-Reger-Schule, Weiden*
Žákovská práce: *Weiden, město Maxe Regera, s historickou radnicí, Sebastian Meyer, 7. tř., Škola Maxe Regera, Weiden*

Viele Jahrhunderte kamen Wallfahrer aus Böhmen nach Bayern. Ihr Weg führte über Tirschenreuth zur Mutter-Anna-Kirche am Mühlberg bei Altenstadt, Zum Kloster St. Felix in Neustadt und zur Wallfahrtskirche St. Quirin bei Püchersreuth.

Po staletí přicházeli také poutníci z Čech do Bavorska. Jejich cesta vedla přes Tirschenreuth ke kostelu sv. Anny na Mühlbergu u Altenstadtu, dále pak ke klášteru sv. Felixe v Neustadtu a dále k poutnímu kostelu sv. Quirina u Püchersreuthu.

Foto: Rainer Christoph

Weiden

Gemeinsam lernen – gemeinsam leben – Zukunft sichern

Die interkulturelle Bildung unserer Jugendlichen ist die Voraussetzung für ein friedvolles Miteinander der Völker, das getragen sein wird von gegenseitigem Respekt und Achtung. Jedes Volk ist – unabhängig von seiner Größe und wirtschaftlichen Bedeutung – ein wertvolles Mitglied in Europa. Die berufliche Bildung ist dafür ein wertvolles Instrument, diese Wertschätzung und Achtung unseren Jugendlichen zu vermitteln.

Im Rahmen des Comenius – Schulentwicklungsprojektes arbeiten wir seit 2003 mit den Schulen in Spisska Nova Ves, SK, Kromeriz, CZ und Oroslavje in Kroatien zusammen. Zusätzlich haben wir die berufliche Schule in Tachov in unsere Planungen mit einbezogen.

Am Berufsbild des Mechatronikers haben wir in den drei Projektjahren verschiedene Schwerpunkte gelegt: Mit dem Titel „i-mechatronik", ein von der EU- gefördertes COMENIUS-Projekt, geht die Berufsschule neue Wege in der Berufsausbildung. Ziel dieses Projektes ist neben der beruflichen Qualifizierung die Völkerverständigung zwischen den jungen Menschen sowie der Abbau von Vorurteilen, um ein friedvolles Europa in der Zukunft zu sichern.

Eine gemeinsame Aufgabe in der Berufsgruppe der Mechatroniker, die in den Unterricht der einzelnen Schulen integriert wurde, ist die „Schnittstelle" der Projektarbeit. Am Beispiel eines Förderbandes werden die Aufgabenstellungen zum Umbau des Antriebes sowie der Optimierung der Steuerung integriert. Ausarbeiten der Unterrichtsvorbereitungen, Qualifizierung der Lehrkräfte und Übersetzung der Unterlagen bildeten die Vorarbeit, um dann im März 2004 im gemeinsamen 3-tägigen Unterricht in Spisska Nova Ves, Slowakei, mit den Auszubildenden aus den drei Nationen die Unterrichtsergebnisse vorzustellen und die notwendigen Dokumentationen zu erarbeiten.

Um mit gleichen Voraussetzungen an allen Schulen arbeiten zu können, wurde von der Firma Siemens die notwendige Steuerungshardware kostenlos zur Verfügung gestellt. In einem sehr aufschlussreichen Referat stellte die Firma Siemens ihr Sponsorenkonzept für die berufliche Bildung bei unserem Partner in Kromeriz, Tschechien, vor. Die Voraussetzungen für die Schülerarbeit waren nun gegeben. Innerhalb von sechs Wochen wurden im Unterricht die Aufgaben bearbeitet, um diese dann in Spisska Nova Ves zu präsentieren.

Neben den einzelnen Projekttreffen zwischen den Partnerschulen Weiden, Kromeriz in Tschechien und Spisska Nova Ves in der Slowakei war die Begegnung der Menschen ein wesentlicher Bestandteil des Projektes. Aus anfänglicher Skepsis wurde mehr und mehr die Begeisterung, solche Projektarbeiten weiterhin in den Unterricht zu integrieren. Für die Persönlichkeitsbildung und das partnerschaftliche Miteinander im europäischen Berufsleben sind solche Aktivitäten unverzichtbar. Freundschaften und Bekanntschaften haben sich grenzüberschreitend gebildet. Im Schuljahr 2005/06 treffen sich die Schulklassen in der tschechischen Stadt Kromeriz, um gemeinsam die mechanischen und elektrischen Aufgaben zu bearbeiten.

Zusätzlich bearbeiten die Lehrkräfte die Unterrichtsvorbereitungen und übersetzen diese in die jeweiligen Landessprachen. Damit stehen die Vorbereitungen allen interessierten Schulen zur Verfügung. Im Schuljahr 2005/06 werden die Erkenntnisse auf weitere Berufsgruppen übertragen, um dann mit den beruflichen Schulen in Tachov und Brno zu kooperieren.

Mit der ersten tschechisch-deutschen Berufsschulklasse in Weiden wird in Zusammenarbeit mit den Ausbildungsbetrieben die erste grenzüberschreitende Ausbildung gestartet. Interessierten Jugendlichen werden attraktive Berufschancen eröffnet, um dann in der deutsch-tschechischen Region die „Goldene Straße" wirtschaftlich noch stärker zu beleben.

Schließen möchte ich mit einem Zitat des ehemaligen tschechischen Staatspräsidenten Vaclav Havel, das uns immer begleitet und motiviert: „Hoffnung ist nicht die Überzeugung, dass etwas gut ausgeht, sondern die Gewissheit, dass etwas Sinn hat, egal wie es ausgeht."

Weitere Informationen sind den Schul- Webseiten: www.berufsschule-weiden.de , Stichwort COMENIUS, zu entnehmen.

Společně se učit, společně žít – zajistit společnou budoucnost

Interkulturní vzdělávání mládeže je předpokladem pro mírové soužití národů, které musí být neseno v duchu vzájemné úcty a respektu. Každý národ je – bez ohledu na svoji velikost a hospodářský význam – cennou součástí Evropy. Proto je i odborná výuka vhodným nástrojem seznamování mládeže s těmito hodnotami.

V rámci projektu rozvoje škol Comenius spolupracujeme od roku 2003 se školami ve Spišské Nové Vsi (SK), v Kroměříži (CZ) a v Oroslavje (Chorvatsko). Do tohoto projektu jsme dodatečně zařadili učňovskou školu v Tachově. Profil absolventa oboru mechatronik se v průběhu tří let trvání projektu ustálil na několika stěžejních bodech: Pod názvem „i-mechatronik" (což je jeden z projektů Comenius podporovaný EU) se učňovská škola vydává při výchově a vzdělávání svých žáků novým směrem. Cílem projektu je kromě získávání kvalifikace pro budoucí povolání také výchova k toleranci a porozumění mezi národy, stejně tak je jeho úkolem odstraňování vžitých předsudků, což by pak do budoucna zajišťovalo existenci mírumilovné Evropy.

Společný úkol učňů - mechatroniků, který se už stal pevnou součástí výuky, se stává průsečíkem celkové práce na projektu. Na příkladu nadačního spolku jsou do výuky zařazovány úkoly jako přestavba pohonu nebo optimalizace řízení. Tomu všemu předcházelo vypracování vzorových příprav na výuku, zvyšování kvalifikace učitelů a překlady veškerých podkladů. V březnu 2004 pak na společném třídenním soustředění ve Spišské Nové Vsi na Slovensku se učni ze tří zemí seznamovali při společné výuce s výsledky projektu a zároveň tam byla zpracována dokumentace.

Aby všechny školy mohly pracovat za stejných předpokladů a podmínek, zajistila firma Siemens bezplatně potřebný hardware. U našich partnerů v Kroměříži pak tato firma představila ve velmi podrobném referátu koncept svého sponzorství v oblasti odborné výuky, čímž byly dány předpoklady pro práci žáků. V průběhu dalších šesti týdnů pak byly tyto úkoly zpracovány ve výuce a nakonec prezentovány ve Spišské Nové Vsi.

Vedle zmíněných jednotlivých projektových setkání partnerských škol ve Weidenu, v Kroměříži a ve Spišské Nové Vsi se stala i další setkávání podstatnou součástí projektu. Z počáteční skepse se pozvolna vyvinulo nadšení pro sestavování obdobných projektů a jejich plynulé zařazování do výuky. Ukázalo se, že v evropském kontextu jsou pro rozvoj osobnosti a pro partnerské soužití aktivity tohoto druhu naprosto nezbytné. Vznikla přátelství a radost ze společné práce, které neznají hranice. A tak se ve školním roce 2005/2006 setkávají v Kroměříži celé třídy a společně pracují na úkolech z oboru mechanika a elektřina.

Učitelé nadto zpracovávají přípravy na výuku a podle potřeby je překládají do svých jazyků, aby pak byly k dispozici všem zainteresovaným školám. Ještě ve školním roce 2005/2006 přejímají tyto poznatky i jiné obory a spolupráce se dále rozšiřuje na učňovské školy v Tachově a v Brně.

První česko-německá třída na učňovské škole ve Weidenu odstartovala ve spolupráci s místními podniky vůbec první přeshraniční projekt výuky a vzdělávání. Mladým lidem se otevírají zajímavé příležitosti pro jejich budoucí povolání a zaměstnání, čímž mohou v německo-českém regionu do budoucna přispívat k dalšímu hospodářskému oživení Zlaté cesty.
Na závěr bych rád citoval slova někdejšího českého prezidenta Václava Havla. Jeho myšlenka nás provází a motivuje: „Naděje není přesvědčení, že to dopadne dobře, nýbrž jistota, že to, co děláme, má smysl, jedno jak to dopadne."

Další informace jsou uvedeny na webových stránkách: www.berufsschule-weiden.de, heslo COMENIUS.

Autor: Martin Krauß, Berufschule Weiden
Autor: Martin Krauss, Učňovská škola Weiden

Photo: Altstadt von Weiden, Bürgerhäuser am Marktplatz, Rainer Christoph
Foto: Weiden, staré město, měšťanské domy na náměstí, Rainer Christoph

Schülerarbeit: Collage, Schüler der Berufschule Weiden
Žákovská práce: Koláž, žáci Učňovské školy ve Weidenu

Weiden

Eine Wallfahrt überdauert Krieg und „Eisernen Vorhang"

Maria Kulm ist der größte und bekannteste Wallfahrtsort in Westböhmen. Er liegt auf halbem Weg zwischen Eger und Falkenau. In früherer Zeit pilgerten das ganze Jahr hindurch Wallfahrer aus den Bezirken Eger, Falkenau, Ellbogen, Karlsbad, Marienbad, Tepl, Luditz, Plan, Tachau, Mies, Asch, Bischofteinitz, Graslitz, Neudek, St. Joachimstal, aber auch aus zahlreichen Orten der Oberpfalz und aus Oberfranken zum Gnadenort Maria Kulm. Alten Beschreibungen nach kamen zum Hauptkonkurstag an Pfingsten bis zu 70 000 Wallfahrer an. Der ganze Ort war mit der Versorgung und Unterbringung der Wallfahrer beschäftigt, 17 Gasthäuser sorgten für das leibliche Wohl der Pilger, Gottesdienste wurden in der Gnadenkapelle und in der Wallfahrtskirche stündlich gefeiert. Auf dem Marktplatz fand ein großer Jahrmarkt statt, die böhmischen Spezialitäten waren überall bekannt: Elbogener Saure Gurken, Kulmer Hutzabirn, Falkenauer Kolatsch und Egerer Zwetschgamandl. Bis heute gibt es das Sprichwort „Leit gibt's wie z'Pfingsten in Kulm."

Auch aus dem Gebiet Weiden – Neustadt wurde seit Jahrhunderten die Wallfahrt nach Kulm gepflegt. Anfang des 20. Jahrhunderts übernahm Johann Lukas, bekannt als „Stabauer von Tröglersricht" von seinem

Vater das Amt des Wallfahrtsleiters. Alljährlich führte er am Freitag vor Pfingsten die Wallfahrer vom St. Nikolauskirchlein bei Floss nach Loreto bei Altkinsberg. Dort wurde der große Kreuzweg gebetet, in den vielen Kapellen übernachtet und anderntags mit weiteren Wallfahrtsgruppen nach Kulm weitergezogen. Bereits am Pfingstsonntag Mittag wurde der Rückweg angetreten, manche fuhren auch von Königsberg aus mit dem Zug in die Heimat zurück.

Trotz des Wallfahrtsverbots in der NS-Zeit wurde noch 1942 nach Maria Kulm gepilgert. Doch bereits beim Weggang war die Ortspolizei zugegen. Sie achtete streng darauf, dass keine Fahnen und christlichen Abzeichen getragen wurden. Beim Rückweg musste die Prozession aufgelöst werden und der Stabauer versteckte sich mit dem „Tröglersrichter Vortragekreuz" im Wald, um einer drohenden Verhaftung zu entgehen. 1943 und 44 konnte nur noch eine kleine Gruppe ohne Kreuz nach Maria Kulm pilgern.

Im weiteren Fortgang des Krieges und der anschließenden Zeit des „Eisernen Vorhangs" konnte die Wallfahrt nach Maria Kulm nicht fortgesetzt werden. Doch allen Besuchern seiner Gaststätte erzählte der Stabauer bis zu seinem Tod 1974 von den Erlebnissen der Kulmer Wallfahrt. In weiser Voraussicht besang er sogar noch eine Kassette mit den alten Liedern und sein Vorbetbuch, mit Tinte in altdeutscher Schrift geschrieben, wurde nebst alten Wallfahrtsandenken von seinen Nachkommen immer in Ehren gehalten.

Für alle überraschend öffnete sich die Grenze zum Osten am 1. August 1989. Gleich nach der Grenzöffnung machte sich eine Gruppe Wallfahrer wieder auf den Weg, um die alte Tradition weiterzuführen. Aus 30 Wallfahrern ist inzwischen eine stattliche Teilnehmerzahl von 350 Pilgern geworden, die sich alljährlich zum tschechischen Fest der „Hochfrau Mariens" Anfang Oktober auf den Weg macht, um diese Brücke des Glaubens fortzusetzen.

Eine Partnerschaft mit den tschechischen Gläubigen wurde gegründet. Durch die „Maria-Kulm – Förderinitiative" gibt es jährlich mehrere Begegnungen, Wallfahrer aus Maria Kulm sind beim St. Quirinfest zu Gast und unternehmen Ausflüge, um ihr oberpfälzisches Nachbarland näher kennenzulernen.

Pouť, která přestála válku i železnou oponu

Chlum svaté Máří (Maria Kulm) je největší a nejznámější poutní místo v západních Čechách. Leží v půli cesty mezi Chebem a Sokolovem. V dřívějších letech putovali k poutnímu místu Chlum svaté Máří po celý rok věřící z regionů Cheb, Sokolov, Loket, Karlovy Vary, Mariánské Lázně, Teplá, Planá, Tachov, Stříbro, Aš, Horšovský Týn, Kraslice, Nejdek, Jáchymov, ale také z mnoha míst v Horní Falci a v Horních Frankách. Podle starých záznamů se o svatodušních svátcích (zejména o neděli svatodušní) scházelo na 70 000 poutníků. Celé širé okolí bylo plně zaměstnáno starostí o stravu a ubytování tolika lidí. O jejich blaho pečovalo 17 hostinců. Každou hodinu byla v kapli a v poutním kostele sloužena mše. Na náměstí se konal velký jarmark. České speciality byly široko daleko známé: kyselé okurky z Lokte, hruškové křížaly z Chlumu, koláč ze Sokolova a chebští švestkoví panáčci. Dodnes se říká, že je někde lidí jako o svatodušní pouti v Chlumu.

Rovněž lidé z okolí Weidenu a Neustadtu konali po staletí pouť do Chlumu. Počátkem 20. století převzal Johann Lukáš, známý pod jménem Stabauer z Tröglersrichtu, po svém otci úřad vůdce poutníků. Každoročně v pátek před svatodušními svátky je vedl z kostelíku sv. Mikuláše u Flossu do Loreta v Altkinsbergu. Tam se modlili na velké křížové cestě a přenocovali v kapličkách při cestě. Na druhý den se pak společně s dalšími poutníky putovalo dál do Chlumu. Už v poledne o neděli svatodušní se poutníci vydávali na zpáteční cestu. Mnozí jeli vlakem z Königsbergu.

Též za nacismu v roce 1942 se uskutečnila tradiční pouť, přestože již platil jejich zákaz. Při návratu poutníků se objevila místní policie a přísně dohlížela na to, aby se nenesly žádné vlajky nebo křesťanské symboly. Na zpáteční cestě se procesí muselo rozejít. Stabauer, nesoucí procesionální kříž, se musel schovat v lese, aby unikl hrozícímu zatčení. V letech 1943 a 1944 směla do Chlumu putovat – bez kříže – už jen malá skupina poutníků.

Během války a v letech po ní, tedy v dobách železné opony, se v poutích do Chlumu svaté Máří nesmělo pokračovat. Stabauer však přesto až do své smrti vyprávěl v hospodě všem přítomným zážitky z poutí. V jakési moudré předtuše dokonce nazpíval na kazetu staré písně a jeho vlastní rukou kurentem psaná kniha předříkávaných modliteb byla spolu s četnými starými upomínkovými předměty chována Stabauerovými potomky ve veliké úctě.

K velkému překvapení všech se 1. srpna 1989 náhle otevřela hranice směrem na východ a hned nato se skupina poutníků vydala znovu na pouť do Chlumu svaté Máří a pokračovala ve staré tradici. Počet prvních 30 poutníků se ale mezitím rozrostl na desetinásobek a všichni se od té doby vydávají každoročně na český svátek Panny Marie Růžencové na začátku října na pouť, při níž víra spojuje a staví mosty mezi všemi lidmi.

Díky nadačnímu spolku bylo navázáno partnerství s českými věřícími a každoročně dochází k několika setkáním. Poutníci z Chlumu svaté Máří jsou hosty na slavnostech sv. Quirina a pořádají se výlety, na nichž se Češi seznamují se svou sousední zemí, Horní Falcí.

Autor: *Herbert Baumann, Clausnitzer Schule Weiden*
Autor: *Herbert Baumann, škola „Clausnitzer Schule", Weiden*

Photo: *Wallfahrer in der Kirche Maria Kulm bei Planá, Herbert Baumann, Clausnitzer Schule Weiden*
Foto: *Poutníci v kostele Svaté Máří v Chlumu u Plané, Herbert Baumann, škola „Clausnitzer Schule", Weiden*

Schülerarbeit: *Wallfahrt von Böhmen nach Bayern, Michael Wolfram, 4. Kl., Grundschule Altenstadt/WN (Archiv der Schule)*
Žákovská práce: *Pouť z Čech do Bavorska, Michael Wolfram, 4 tř., Základní škola Altenstadt/WN*

Klodzko

Herzog Ernst – ein bayerischer Adeliger kauft die Grafschaft Glatz

Im Jahre 1454 kaufte der böhmische König Georg von Podiebrad das Glatzer Land in der Wojwodschaft Niederschlesien. Er tat es vor allem, um seinen Söhnen einen unabhängigen Machtbereich zu schaffen. Da seine Königsmacht in Böhmen immer wieder in Frage gestellt wurde, konnte er nicht auf die Gründung einer eigener Dynastie und auf die Beständigkeit des Königtitels für seine Familie zählen. Am 24. Juni 1459 verlieh er dem Glatzer Land den Grafschaftstitel und nach dem Anschluss des Landkreises Ziebicki übergab er ihn seinen Nachkommen. In eigenen Ernennungsurkunden bestätigte dies Kaiser Friedrich III. Die Bewohner der Grafschaft blieben, obwohl sie größtenteils Katholiken waren, dem „Hussitenkönig" treu. Sie ignorierten sogar den Bann des damaligen Papstes Paul II. . Die Familie von Podiebrad bemühte sich, mit den Glatzern in Eintracht zu leben. Georg nahm sogar an den katholischen Messfeiern teil und Ursula, die Frau seines Sohnes Heinrich wurde in der Krypta der Pfarrkirche begraben. Ihre Söhne verkauften im Jahr 1501 die Glatzer Grafschaft an den österreichischen Grafen Ulrich von Hardeck für 70 000 Gulden. Ihm gehörte die Grafschaft Glatz bis 1534, als neuer Besitzer kaufte sie der Böhmische König Friedrich I. Es ist beachtenswert, dass nach der Schlacht bei Mohacz (Ungarn 1526) und dem Tod von Ludwig Jagiellonczyk II. die Glatzer Grafschaft und Böhmen zur Herrschaft des Hauses Habsburg kamen.

Friedrich gelang es wegen Mangelgeld nicht die Zahlungsverpflichtungen zu erfüllen. Er hinterließ Johann von Pernstein das Verfügungsrecht über die Grafschaft. Friedrich, so wurde vereinbart, durfte in sechs Jahren das Glatzer Land ablösen. Doch wegen Geldmangels im Königstresor verblieb die Grafschaft bei der Familie Pernstein bis zum Jahr 1548. In dieser Zeit bekam Johann von Pernstein das Recht, eigene Münzen zu prägen, dieses Recht versuchten die Habsburger jedoch einzuschränken. Doch gelang ihnen das nicht, da sie nur begrenzte Rechte gegenüber den Bewohnern des Glatzer Landes hatten. Noch zu Lebzeiten von Johann fanden Verhandlungen über die Zukunft der Grafschaft statt.

Da trat ein bayerischer Adeliger auf die Bühne. Ernst von Wittelsbach zeigte Interesse an der Grafschaft. Um das Ziel zu erreichen, wurde er Höriger der Böhmischen Krone. Nur unter dieser Voraussetzung durfte er die Grafschaft 1549 für 140 000 Gulden erwerben. Friedrich I. bestätigte am 14. November 1549 die Rechte des Herzogs Ernst.

Wer war dieser Herzog?

Ernst stammte aus dem Hause Wittelsbach und studierte ab 1515 in Ingolstadt, von 1516 bis 1540 war er Administrator des Bistums Passau, seit 1525 Anwärter auf die Koadjutrie des Erzbistums Salzburg, 1540 nahm er diesen Posten an. Nun hatte er die Chance, als erster Wittelsbacher seit über 300 Jahren, den Stuhl des Erzbischofs von Salzburg zu besetzen. Er weigerte sich aber, denn er hätte die geistlichen Weihen annehmen und Priester werden müssen. Ihn interessierte mehr der Ausbau der modernen Verwaltung und der Wirtschaft, vor allem die Förderung des Bergbaus.

Vom Papst bedrängt resignierte er 1554 und zog sich auf seinen schlesischen Besitz zurück. Ernst siedelte sich in der Grafschaft an und befasste sich intensiv mit dem Ausbau der Verwaltung. In die Analen der Glatzer Geschichte trug er sich als jemand ein, der entschlossene gegenreformatorische Aktivitäten vornahm. Er prägte auch eigene Münzen – Dukaten. Manche von ihnen sind noch heute im Museum der Stadt Glatz zu bewundern. Auf dem Avers der Münzen ist der Böhmische Löwe zu sehen, auf dem Revers die Wappen der Oberen Pfalz in Bayern und Glatz.

Herzog Ernst trug viel zum Ausbau und zur Modernisierung der Stadt Glatz bei. Sein Kammerarchitekt Lorenz Krischke baute die Burg auf dem Festungsberg im Renaissancestil um. In Zusammenarbeit mit König Friedrich berief der Wittelsbacher am 2. Juli 1558 eine Kommission ein, um die Glaubensverhältnisse in der Glatzer Grafschaft zu erforschen. Der Kommission gehörten Kreisräte, kommissarische Verwalter des Prager Erzbistums und andere Personen an.

Unter anderem wurden allen Geistlichen folgende Fragen gestellt: Was ist die christliche Kirche? Wodurch ist sie erkennbar? Besteht außerhalb der Kirche Seelenheil und Sündenerlass? Hat der Mensch einen freien Willen? Das Ergebnis: Herzog Ernst blieben nach dem Forschungsergebnis in der Grafschaft lediglich 13 katholische Priester übrig, wobei elf von ihnen verheiratet waren. Die Kommission stellte weiterhin fest, dass die Bürger, in der Mehrheit Protestanten waren, abgesehen von einigen Angehörigen nichtkatholischer Bewegungen. Der Bericht der Kommission richtete sich vor allem gegen die „Schwenkfelder", eine Gruppierung von Protestanten, deren Name auf Kaspar von Schwenkfeld zurückgeht, der einige Zeit in Klodzko lebte. Nach seinem Wegzug blieb der Name für seine Anhänger.

Ernst setzte das um, was er ursprünglich in Salzburg vor hatte und führte im Glatzer Land europäische Regierungsnormen ein. So bekam die Administration qualifizierte und kompetente Ämter. Er verwies dabei ganz deutlich auf die Pflichten und Verantwortung der Beamten. Nach seinem Tod am 7. Dezember 1560 ging die Grafschaft Glatz als Erbe an Herzog Albrecht V., der die Grafschaft an König Ferdinand abtrat.

Die Glatzer Stände brachten eine Ablösungssumme auf, zunächst nur einen Teil im Jahre 1561, der Rest kam 1567 zusammen. Somit kauften sie das Glatzer Land von den Habsburgen. Mit diesem Akt wurde die Grafschaft von der Lehenspflicht befreit.

Ernst wurde zunächst in der Glatzer Schlosskirche begraben, sein Leichnam aber später nach München überführt. Die Grabplatte des Herzogs Ernst in der Kirche des Heiligen Martin, die ehemals zu Füßen des Festungsberges stand, wurde nach deren Abriss in der südlichen Außenmauer der Festung eingemauert. Die Platte des Wittelsbachers Ernst steht somit als Erinnerung an eine bayerische Epoche in der Glatzer Geschichte.

Vévoda Ernst – bavorský šlechtic kupuje Kladské hrabství

V roce 1454 území zvané Země kladská zakoupil český regent Jiří z Poděbrad. Učinil tak především kvůli tomu, aby umožnil svým synům získat zkušenosti se správou určitého majetku. Jeho kralování nemělo v Čechách trvalou oporu, nemohl se spolehnout na to, že vznikne poděbradská dynastie a že rod získá dědičná královská práva. Dne 24. června 1459 povýšil Zemi kladskou na hrabství a společně se Zemí žembickou, nazvanou podle blízkých Žembic, je dal v léno svým potomkům. Toto lenní rozhodnutí posléze potvrdil i císař Friedrich III.

Obyvatelé hrabství zachovávali věrnost svému husitskému vladaři, třebaže z valné většiny patřili k pravověrným katolíkům. Dokonce odmítli respektovat klatbu a interdikt, které na ně uvalili vyslanci papeže Pavla II. Členové poděbradského rodu se snažili Kladsku vycházet vstříc, aby nedocházelo ke vzájemným konfliktům. Jiří Poděbradský dokonce navštěvoval katolické mše a manželka jeho syna Jindřicha, Uršula, byla pochována právě v Kladsku, v kryptě farního kostela. Jejich synové o něco později, v roce 1501, prodali Kladské hrabství rakouskému hraběti Ulrichovi (Jindřichovi) z Hardecku za 70 tisíc guldenů. Kladsko pak bylo majetkem tohoto hraběcího rodu až do roku 1534, kdy si celé území z titulku českého krále zakoupil Ferdinand I.

V této souvislosti je zapotřebí připomenout, že po bitvě u Moháče a po úmrtí Ludvíka Jagellonského v českém království začali panovat Habsburkové. Jenže Ferdinand nemohl dodržet původní kupní smlouvu, protože neměl potřebné finanční prostředky, a proto Kladsko zastavil: všechna práva přešla na Jana z Pernštejna, který měl Kladsko spravovat po dobu šesti let. Vzhledem k tomu, že císařská pokladna nebyla s to vyplatit příslušnou sumu, vládli Pernštejnové v Kladsku až do roku 1548 a postupně si vybojovali právo razit v Zemi kladské své vlastní mince. Habsburkové se snažili toto jejich privilegium vzít zpátky, nebyli však úspěšní, poněvadž jejich právní vztah k obyvatelům Země kladské narážel na různá citelná omezení. Ještě za života Jana z Perštejna probíhaly rozhovory o tom, jaká bude budoucnost kladského hrabství.

O vlastnictví Kladska v té době projevil velký zájem salzburský (solnohradský) arcibiskup Ernst Wittelsbach, bavorský kníže, který slíbil uznat příslušnost země k Českému království a získal díky tomu i podporu českých stavů. To bylo pro další osudy Kladska velice důležité. Císař Ferdinand I. potvrdil tento status Kladska 14. listopadu 1549. Arcibiskup Ernst tehdy přesídlil do Kladského hrabství, jakmile zaplatil sumu 140 tisíc guldenů, a s velkou energií se ujal vlády v zemi. Své představy o budoucnosti Kladska zveřejnil hned na začátku svého panování.

Do dějin Kladské země se arcibiskup Ernst Wittelsbach zapsal jako panovník, který přistoupil k postupné protireformaci země a v souvislosti s tím nechal v Kladsku razit vlastní mince – dukáty. Mince z té doby mohou spatřit návštěvníci Muzea Země kladské. Na rubu je vyobrazen český lev, na líci erby palatinátu, Bavor a Kladska. Kníže Ernst se také zasloužil o rozšíření města a o modernizaci městských staveb. Jeho dvorní architekt Lorenz Krischke tehdy přebudoval v renesančním stylu zámek na Gorze Fortecznej – na Hradním vrchu. Ernst Wittelsbach po dohodě s císařem a králem Ferdinandem I. povolal 2. července 1558 na kladský zámek komisi, která měla zjistit, k jakému náboženství se hlásí obyvatelé země. Členy komise se stali i císařští rádci, mj. správce pražského arcibiskupství Jindřich a doktor Nautius, který měl za úkol svolat v Kladsku synod. Komise se zaměřila na duchovní osoby v zemi a dotazovala se jich, o jaké křesťanské kostely v zemi jde, jak se dá stanovit, ke které věrouce se věřící hlásí, zda se v nich mohou promíjet hříchy a zda se z nich mohou věřící vyzpovídat, v kterém kostele horují proti odpadlíkům a kacířům, kde věřící neomezují v tom, aby se obraceli s prosbami k Panně Marii a jiným světcům.

Výsledky tohoto průzkumu iniciovaného knížetem Ernstem ukázaly, že v celém hrabství se ke katolické víře hlásí pouze třináct kněží, z nichž jedenáct žilo v manželském svazku. Komise proto došla k závěru, že z velké většiny se obyvatelé Kladska hlásí k protestantismu a někteří mají dokonce blízko k idejím, které šířilo hnutí schwenkfeldské – a právě tomu chtěla komise zabránit.

Ernst Wittelsbach uplatňoval v Kladsku moderní formy řízení, používané ve velkých evropských zemích. Do správy země povolával kvalifikované a spolehlivé úředníky a velice striktně formuloval, jaká jsou práva a jaké jsou povinnosti obyvatel země. Když zemřel, Země kladská měla status území daného do zástavy, a tak se kladské stavy, aby neprodlužovaly tuto situaci, rozhodly zemi vykoupit. Nejprve v roce 1561 a posléze v roce 1567 proto vyplatily zpočátku část potřebných peněz, později i zbývající sumu.

Náhrobní deska knížete Ernsta, která byla původně v kostele sv. Martina, stojícího hned vedle zámku na Hradním vrchu, byla posléze umístěna na vnější hradbě donžonu kladského hradu, na její jižní straně. Tak je zachována památka na panovníka, který má v dějinách Země kladské nesmírný význam.

Autor: Mieczyslaw Kowalcze, Geschichtslehrer am ZSS in Klodzko, Eva Rychel, Klodzko
Autor: Mieczyslaw Kowalcze, učitel dějepisu na ZSS v Kladsku, Eva Rychel, Kladsko

Photo: Brücke über die Neiße, nach dem Vorbild der Karlsbrücke, Tomasz Gmerek
Foto: Přemostění řeky Nisy podle předlohy Karlova mostu, Tomasz Gmerek

Schülerarbeit: Marta Róznicka, 3. Kl., Spoleczne Gymnasium Klodzko
Žákovská práce: Marta Róznicka, 3. tř., Společné gymnázium v Kladsku

Kudowa Zdroj

Krippen verbinden Bayern, Böhmen und Polen

Nach der Überlieferung war es der Heilige Franziskus von Assisi, der im Jahre 1223 als erster im Wald von Greccio die Idee der Weihnachtsgeschichte in einer plastischen Darstellung mit Ochs und Esel aus lebenden Tieren verwirklichte. Der Heilige wollte auf diese Weise der leseunkundigen Bevölkerung die Weihnachtsgeschichte näher bringen. Erst viel später, gegen Ende des 17. und im 18. Jahrhundert, wurde die Weihnachtskrippe als eigentliche Rekonstruktion des großen Ereignisses, die realistisch und zugleich phantasievoll war, populär. Die Kunst der Weihnachtskrippe entwickelte sich besonders in Neapel durch die berühmten Statuettenhersteller (figurinai).

Die Idee der Krippen breitete sich bald in Europa aus. Kaufleute und Mönche brachten sie nach Norden in die großen spätmittelalterlichen Handelsmetropolen Augsburg oder Nürnberg. Auf den Handelsstraßen, wie der Goldenen Straße, gelangten die Krippen in den Osten Europas. Erste Nachrichten von Kirchenkrippen stammen aus Süddeutschland, wo zuerst die Jesuiten den großen Wert der Krippe als Andachtsgegenstand und als Mittel zur religiösen Unterweisung erkannten. Ihrer Förderung verdanken wir noch vor 1600 die Verbreitung der Krippen in den Kirchen des gesamten katholischen Europa.

Der Krippenkult und die damit verbundenen Krippenspiele nahmen so stark zu, dass die Bischöfe die meist lebensgroßen Krippen und die Spiele verboten, da sie vom Wesentlichen des Festes ablenkten. Es war die Zeit der Aufklärung, Ende des 18. Jahrhunderts. So manche Kirchenkrippe ist dadurch gerettet worden, indem sie Aufnahme in Privathäusern fand. Besonders in der bäuerlichen Bevölkerung wuchs das Interesse an der Krippe. Man schnitzte die Figuren selbst und in den Gebirgsdörfern des Oberpfälzer-, Bayerischen- und Böhmerwaldes wie auch in den Sudeten verdiente sich die ärmlich lebende Bevölkerung in den Wintermonaten durch den Verkauf ein kleines Zubrot. Nun wurde das Krippengeschehen ausgebaut. Bis in die Mitte des 19. Jh. bevorzugte man ausschließlich die heimische Gebirgslandschaft; ab der zweiten Hälfte des 19. Jh. kam die orientalische Krippe zur Geltung. In den Krippen des einfachen Volkes begann man, die Weihnachtsgeschichte auszuweiten und sie mit unzähligen Stationen aus der Bibel zu ergänzen. So wurde letztlich das Krippenwesen gerettet.

Die in Plößberg hergestellten großen Landschaftskrippen finden sich in ähnlicher Form wieder im benachbarten Böhmen. Vom westböhmischen Raum bis in den Osten nach Nachod findet sich die Krippenidee wieder. Wer kennt nicht die berühmten Grulicher Krippen, in der einstigen schlesischen Grafschaft Troppau und im Adlergebirge in den Ortschaften Žamberk (Senftenberg), Slavonov, Nachod, Dobrouska (Dobruska) und Rychnov nad Knezou (Reichenau). Grenzübergreifend fand auch das Krippengeschehen in Kudowa Zdrój (Bad Kudowa) statt.

Am interessantesten ist jedoch die Krippe in Slavonov bei Nove Mesto nad Metuji. Die 20 rund 35 Zentimeter hohen Figuren und die vier Meter lange, zusammensetzbare Krippe sowie die Kulissen schnitzte im Jahre 1880 Frantisek Hartmann. Die Hirten wurden in Bergtrachten, die an Tirol erinnern, geschnitzt. In der Kirche befindet sich eine Krippe, die von Josef Ctvertecka angefertigt wurde. Die Figuren mit einer Höhe von 50 Zentimetern bilden zur alten Krippe einen Gegenpol.

Nachod, eine Kreisstadt direkt an der polnischen Grenze, besitzt ebenfalls ein originelles Werk der Krippenkunst, geschaffen von Anna Vitova aus Vysokov. Ihre Figuren sind buchstäblich mit der Axt aus dem Holzstock herausgehauen und dann mit dem Taschenmesser verfeinert. Ihre größte Krippe ist fünf Meter lang. Die Zwischenräume unter den Figuren schmückte sie mit frischen Zweigen und Blumen. In der Nähe der Kreisstadt liegt Dobruska, ein Ort, wo Jindrich Adamek ein Krippenspiel schnitzte. Seine Figuren sind Meisterwerke, die vor allem durch die gedämpfte Farbtöne harmonisch wirken. Aus Dobruska kamen auch andere Schnitzer: Jaroslav Fetter und František Matoušek. Er schnitzte Figuren für 57 Krippen und malte dazu auch die Kulissen mit der Silhouette der Stadt Dobruska.

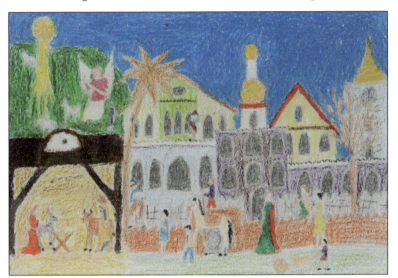

Eine Besonderheit zeichnet die Krippe aus Rychnov nad Knezou. aus. Ihr Grundriss bildet ein Dreieck mit einer Seitenlänge von eins bis zwei Metern. Ladislav Stichhauer hat trotz seiner gelähmten Hand diese Figuren geschaffen. Die Figur eines tschechischen Soldaten aus dem Ersten Weltkrieg leistet den drei Königen Gesellschaft und die Figur der märchenhaften Jungfrau galoppiert auf einem Hirsch sitzend durch die Krippe. Die Inspiration für dieses Motiv bezog der Künstler ohne Zweifel aus dem Stadtwappen von Rychnov. Hinter der Grenze in Polen liegt der Kurort Kudowa Zdrój (Bad Kudowa).Dort ist im Jahre 1881 der Tscheche Franz Stepan auf die Welt gekommen, der Großvater der heute dort lebenden Familie. Die Krippe befindet sich nämlich in seinem alten Haus. Die Arbeit am Krippenspiel in Czermna (früher Tscherbeney) dauerte 20 Jahre und ist im Jahre 1924 zu Ende gebracht worden. In dieser Zeit entstanden 250 Figuren und die noch heute spielende Orgel, die von 1930–38 gebaut wurde. Alles begann, als Franz Stepan 15 Jahre alt war. Er hat begonnen, an langen Winterabenden die Figuren aus Lindenholz mit einem Taschenmesser zu schnitzen. Er widmete sich dieser Tätigkeit in seiner Freizeit. In seiner Arbeit verband Franz Stepan seine Liebe zur Schnitzerei und zur Musik. Das Werk ist imposant und zeigt die Szenen aus der Grafschaft Glatz, die von vielen Touristen bewundert werden.

Také jesličky spojují Bavorsko, Čechy a Polsko

Podle pověsti to byl svatý František z Assisi, kdo v roce 1223 jako první ztvárnil v lese u Greccia vánoční pověst o Kristově narození s živými zvířaty, volem a oslem. Svatý František tak chtěl lidem, kteří tehdy ještě neuměli číst, tuto legendu nějak přiblížit. Mnohem později, až koncem 17. a v 18. století, jesličky jako realistická rekonstrukce velké události, plná fantazie, začaly být velmi populární. Tvorba jesliček se rozvíjela zejména v Neapoli, v městě proslulém svými „figurinari", výrobci sošek.

Jesličky se brzy rozšířily po celé Evropě. Na sever od velkých středověkých obchodních metropolí Augsburku či Norimberku je přenesli obchodníci a mniši a po obchodních cestách, např. po Zlaté stezce, se jesličky dostaly na východ Evropy. První zprávy o jesličkách v kostele přicházejí z jižního Německa. Tam jezuité jako první poznali a pochopili jejich velký význam pro umocnění zbožnosti a výuky náboženství. Jezuitům tedy vděčíme za to, že se dostaly ještě před rokem 1600 do všech kostelů v celé katolické Evropě.

Kult jesliček byl natolik silný, že biskupové stavbu betlémů s figurami (povětšinou v životní velikosti) dokonce zakazovali s odůvodněním, že odvádějí pozornost věřících od podstaty náboženských obřadů. Bylo to v době osvícenství, tedy koncem 18. století. Mnohé jesličky z kostelů byly tehdy zachráněny tím, že byly přeneseny do soukromých domů. Zejména venkovské obyvatelstvo o ně mělo velký zájem. Lidé si figurky sami vyřezávali a v horských vesničkách Horní Falce, Bavorska a na Šumavě, stejně jako v Sudetech, si obyvatelstvo jejich prodejem v zimních měsících přivydělávalo na skromné živobytí, neboť žilo převážně v nuzných podmínkách. Až do poloviny 19. století převažovala ve scenérii jesliček domácí hornatá krajina, od druhé poloviny 19. století se začala objevovat orientální krajina. V jesličkách prostého lidu pak byla vánoční legenda doplňována a rozšiřována o řadu dalších biblických motivů a stavění jesliček bylo nakonec zachráněno.

Velké jesličky vyrobené v Plößbergu a zasazené do tamní krajiny najdeme v podobném ztvárnění i v sousedních Čechách, od západu až na východ do Náchoda. Kdo by neznal proslulé Grulichovy jesličky v někdejším opavském hrabství v Orlických horách v Žamberku, v Slavonově, v Náchodě, v Dobrušce a Rychnově nad Kněžnou a dále za hranicemi - až v polských lázních Kudowa Zdroj.

Nejzajímavější z nich jsou betlémy ve Slavonově u Nového Města nad Metují. Jde o čtyři metry dlouhé skládací jesličky s 20 figurkami, vysokými 35 cm, které spolu s kulisami vyřezal v roce 1880 František Hartman. Pastýři byli „oblečeni" do krojů připomínající tyrolské. V kostele najdeme ještě jesličky zhotovené Josefem Čtvrtečkou. Figurky vysoké 50 cm jsou jakýmsi protipólem.

Náchod, okresní město na hranicích s Polskem, vlastní rovněž originální dílo betlemářského umění. Vytvořila je Anna Vítová z Vysokova. Její figury jsou doslova sekyrou vytesané z dřevěných špalků a posléze dopracované kapesním nožíkem. Největší jesličky od Anny Vítové jsou pět metrů dlouhé. Prostor mezi jednotlivými postavami zaplnila umělkyně větvičkami a vyzdobila čerstvými květinami. Poblíž okresního města Náchoda leží město Dobruška, kde se nachází betlém vyřezaný Jindřichem Adámkem. Jeho figurky jsou mistrovským dílem. Především svými tlumenými barvami působí velmi harmonicky. Z Dobrušky pocházejí i jiní řezbáři: Jaroslav Fetter a František Matoušek. Matoušek vyřezal figurky pro 57 jesliček a namaloval k nim i kulisy se siluetou Dobrušky.

Zcela zvláštní jsou jesličky v Rychnově nad Kněžnou. Jejich základ tvoří trojúhelník o stranách jednoho a dvou metrů. Ladislav Stichhauer je dokázal vytvořit, přestože měl jednu ruku chromou. Svaté Tři krále doprovází figurka českého vojáka z 1. světové války a krajinou projíždí pohádková panna na jelenu. Umělce tady bezpochyby inspiroval městský znak Rychnova nad Kněžnou.

Za hranicemi v Polsku leží lázně Kudowa Zdroj. Tam se v roce 1881 narodil Čech František Štěpán. Jeho potomci tam žijí dodnes. Práce na jesličkách v Czermné mu trvala 20 let. Dokončena byla v roce 1924. Betlém tvoří 250 figurek a dodnes funkční varhany postavené v letech 1930–1938. Když bylo Františku Štěpánovi 15 let, začal za dlouhých zimních večerů vyřezávat z lipového dřeva kapesním nožíkem figurky. Této činnosti se věnoval i později ve svém volném čase. Výsledné dílo zachycuje scény ze života v hrabství Kladsko, je velmi impozantní a dodnes turisty obdivované.

Autor: *Sebastian Martyniak, Kudowa Zdroj*
Autor: *Sebastian Martyniak, Kudowa Zdroj*

Photo: *Kirche in Tscherbeney (Grenzeck) bei Bad Kudowa, Sebastian Martyniak*
Foto: *Kostel v Tscherbeney u Lázní Kudowa, Sebastian Martyniak*

Schülerarbeit: *Justyna Szablewska, 5. Kl., Szkola Podstawowa, Kudowa Zdroj*
Žákovská práce: *Justyna Szablewska, 5 tř., Szkola Podstawowa, Kudowa Zdroj*

Niemcza

Niemcza und das Schloss der Heiligen Hedwig – der Patronin von Schlesien

Niemcza gehört zu den ältesten Städtchen in Niederschlesien. Die erste Erwähnung der hiesigen Burg finden wir schon um 990 in der Sázavachronik: Es befand sich an einem der ältesten Handelswege Europas. Die Burg war lange im Besitz des Geschlechts der Slezanen. Und als um 990 Schlesien zu den Herrschaften des polnischen Herrschers kam, wurde die Burg von Niemcza umgebaut und erweitert. Um ihre Wehrfähigkeit zu erhöhen, umgab man sie nicht nur mit Erdwällen, sondern auch mit einer auf ihre Art in Schlesien ganz einmaligen Steinpalisade.

Tatsächlich ging es um eine sehr gut befestigte Burg, wovon sich auch deutsche Angreifer überzeugen konnten, die 1017 vergeblich versuchten, Niemcza zu erobern. Die Stadtrechte erwarb Niemcza im Jahre 1282, als hier schon mehr als 3 000 Einwohner lebten. In jener Zeit entstand auf städtischem Boden durch Umbau der Burg nach und nach eines der ältesten schlesischen Schlösser, das später St. Hedwigsschloss enannt wurde.

Es erfüllte in der früheren Epoche der Geschichte des polnischen Staates auch die Aufgabe einer Grenzburg und hatte ebenfalls einen Kastellan, der gleichzeitig die Aufsicht über das Gebiet hatte und zu dessen Verwaltung das „provincia de Nemchi" genannte Territorium gehörte.

Die Burg beherbergte öfter auch Henryk den Bartigen und eine Zeitlang weilte hier ebenfalls seine Gemahlin Jadwiga (Hedwig). Diese verbarg sich an Ort und Stelle offensichtlich in den Jahren 1213–1216, als Konflikte zwischen den Fürstensöhnen ausbrachen. Die deutsche Bezeichnung Hedwigsburg ging gerade aus dieser Tradition hervor, die zwar erfunden, aber genauso gut auch authentisch sein kann. Ende des 13. Jh. wurde in Niemcza ein großes Schloss aus Stein gebaut, in dem der Burgvogt seinen Sitz hatte. Im Jahre 1331 belagerte die Burg ohne Erfolg ein Heer des Johann von Luxemburg, das den Kreuzrittern zu Hilfe eilte. In den Jahren 1429–1434 siedelten die Hussiten auf der Burg. Und damals endete auch die legendäre Überlieferung, die von ihrer Uneinnehmbarkeit kündete. Damals rissen sie die Gegner der böhmischen Hussiten nieder, aber kurze Zeit später wurde sie wieder errichtet und gleichzeitig entstanden auch in der Stadt neue Bauten.1585 hat man die Burg, deren Umbau zu einem Schloss lange dauerte, unter der Leitung von Bernard Niuron und Giovanni Lugano erneut erweitert und im Stil der Renaissance umgestaltet. Damals wurde aus ihr schließlich jene luxuriöse Residenz der Fürsten von Brzesk, die hier aber niemals vorbeikamen. Im Dreißigjährigen Krieg wurde das Schloss mehrmals belagert und später großenteils zerstört, als sich für eine gewisse Zeit der kaiserliche Generalissimus Albrecht von Wallenstein seiner bemächtigt hatte. Im Jahre 1675 verstarb im Alter von fünfzehn Jahren der letzte Nachfahr der schlesischen Piasten, Jerzy Wilhelm. Er hatte keine Erben. Niemcza ging damals in habsburgischen Besitz über.

Zu Beginn des 18. Jh. wurde mit Unterstützung des österreichischen Kaisers in Niemcza eine katholische Kirche errichtet. Und schon 1735 wurden dort die ersten Gottesdienste abgehalten. Auch in den folgenden Jahren arbeitete man an ihrer Ausstattung, während das Schloss von Niemcza mit Sgrafitti ausgeschmückt wurde.

1926 entstand hier das Stadtmuseum. Aber der Kirche von Niemcza, die sich ihres achteckigen Baus im Stil der Renaissance rühmte, drohte der Einsturz auf schütterem Boden. Und deswegen musste sie in den sechziger Jahren des 20. Jh. aberissen werden. Wir können aber immer noch ihre Grundfesten sehen, die sich in der Stadt erhalten haben. Bis in die neunziger Jahre des vergangenen Jahrhunderts war in den Schlossräumen ein Textilbetrieb untergebracht. Momentan hat das Schloss einen neuen Besitzer, der es umbauen möchte.

Die Spuren der Hl. Hedwig führen nach Bayern

Das Fest der Heiligen Hedwig, die am 15. Oktober 1243 im Zisterzienserinnenkloster Trebnitz, das sie 1203 zusammen mit ihrem Gemahl gegründet hat, starb, erinnert uns an eine große bayerische Frau, die Deutsche und Polen in gleicher Weise verehren. So kann sie als Brückenbauerin zwischen unseren beiden Völkern, die in langen Jahrhunderten nebeneinander, miteinander und nicht selten gegeneinander standen, gesehen werden.

Hedwig stammte aus dem Geschlecht der Grafen von Andechs bei München. Ihr genaues Geburtsdatum ist nicht bekannt. Sie wurde Ende der 70er Jahren oder zu Beginn der 80er Jahre des 12. Jahrhunderts als Tochter Graf Bertholds IV. von Andechs – Meranien geboren und im Benediktinerinnenkloster Kitzingen (an der späteren Goldenen Straße) erzogen, es unterstand dem Bischof von Bamberg, Hedwigs Onkel Otto II. von Bamberg. Eine ihrer Erzieherinnen war die Nonne Petrissa, diese wurde später die erste Äbtissin von Trebnitz.

Nach Hedwigs Heiligsprechung verbreitete sich ihre Verehrung, von Schlesien ausgehend und von der Familie der Piasten auch aus politischen Gründen gefördert, bis zum 15. Jahrhundert in Polen, Böhmen, Ungarn und Österreich und von dort aus über Bayern in den gesamten deutschen Raum. Einige ihrer Reliquien werden auf dem „Heiligen Berg" in Andechs verwahrt, dessen Kloster zur Benediktinerabtei St. Bonifaz in München gehört.

An ihrem Festtag, dem 16. Oktober, wurde 1978 der polnische Kardinal Karol Wojtyla zum Papst gewählt . Das Zusammentreffen der Papstwahl des ersten polnischen Papstes in der Kirchengeschichte und dem Fest der hl. Hedwig, das Deutsche, Polen und Tschechen feiern, erleichtert allen den Zugang zu einem geschichtlichen Rückblick.

Niemcza a zámek sv. Jadwigy – patronky Slezska

Niemcza patří k nejstarším městečkům v Dolním Slezsku. První zmínku o místním hradě najdeme již kolem roku 990 v české Kronice sázavské: nacházel se na jedné z nejstarších obchodních stezek Evropy. Hrad měl dlouho v držení rod Slezanů, a když kolem roku 990 bylo Slezsko připojeno k državám polského panovníka, hrad v Niemcze byl přestavěn a rozšířen. Aby se zvýšila jeho obranyschopnost, byl obehnán nejenom valy ze zeminy, ale také ve Slezsku zcela unikátní kamennou palisádou. Skutečně šlo o velice dobře opevněný hrad, o čemž se přesvědčily i německé oddíly, které v roce 1017 se marně pokoušely Niemczu dobýt. Městská práva získala Niemcza v roce 1282, kdy v ní žilo již přes tři tisíce obyvatel. V té době na tomto území města vznikl postupnou přestavbou hradu jeden z nejstarších slezských zámků, který byl později nazýván zámkem sv. Jadwigy.

V raném období dějin polského státu plnil roli pohraniční tvrze-zámku a měl i svého kastelána, který zároveň dohlížel na kraj a měl ve své správě území nazývané „provincia de Nemchi". Hrad nejednou hostil Henryka (Jindřicha) Vousatého a nějaký čas tu pobývala i jeho choť Jadwiga. Ta se zřejmě právě tady ukrývala v letech 1213–1216, kdy propukly konflikty mezi knížecími syny. Německý název hradu Hedwigsburg, tj. hrad Jadwigy, vychází právě z této tradice, která sice může být smyšlenkou, ale také může být autentická.

Na konci 13. století byl v Niemcze vybudován velký kamenný zámek, ve kterém měl své sídlo fojt. V roce 1331 byl hrad neúspěšně obléhán vojskem krále Jana Lucemburského, který vytáhl na pomoc křižákům. V letech 1429–1434 na hradě sídlili husité a tehdy také skončila legenda o nedobytné tvrzi. Tenkrát ho zbořili slezští odpůrci českých husitů, ale zanedlouho poté byl hrad opět vybudován a zároveň vznikly i další stavby ve městě. V roce 1585 se hrad, dlouho přestavovaný na zámek, pod vedením Bernarda Niurona a Giovanniho Lugana opět rozšířil a přebudoval v renesančním stylu. Tehdy se z něho stala luxusní rezidence knížat z Brzesku, kteří sem však nikdy nezavítali. V době třicetileté války byl zámek několikrát obléhán a posléze byl z valné části zničen, když se ho na nějaký čas zmocnil císařský generál Albrecht z Valdštejna.

V roce 1675 ve věku patnácti let zemřel poslední potomek slezských Piastovců Jiří Vilém a nezanechal po sobě žádné dědice. Niemcza se tehdy stala vlastnictvím Habsburků.

Na začátku 18. století byl s podporou rakouského císaře ve městě vybudován katolický kostel a již v roce 1735 se v něm sloužily první bohoslužby. Také v dalších letech se pracovalo na jeho vybavení, zatímco zámek byl tehdy vyzdoben sgrafity.

V roce 1926 zde vzniklo městské muzeum. Přestože kostel se honosil renesančním osmistěnem, musel být v šedesátých letech 20. století zbořen, protože mu na sypké půdě hrozilo zhroucení. Stále si však můžeme prohlédnout jeho základy, které se v městě zachovaly. Až do devadesátých let 20. století v prostorách zámku působila textilní dílna. V současnosti získal zámek do svého vlastnictví nový majitel, který má v úmyslu ho přestavět.

Stopy svaté Hedviky vedou do Bavorska

Svátek sv. Hedviky, která zemřela 15. října 1243 v klášteře cisterciaček v Trebnitz u Wroclawi (klášter založila v roce 1230 spolu se svým manželem), nám připomíná velkou bavorskou ženu, uctívanou jak Němci, tak Poláky. Svatá Hedvika je jakousi „stavitelkou mostů" mezi našimi oběma národy, které po dlouhá staletí žily vedle sebe pospolu, nezřídka však stály i proti sobě.

Hedvika pocházela z rodu hrabat z Andechsu u Mnichova. Přesné datum jejího narození není známé. Bylo to však buď koncem 70. nebo na počátku 80. let 12. století. Narodila se jako dcera hraběte Bertolda IV. z Andechs-Meranien. Byla vychována v benediktinském klášteře Kitzingen, ležícím při pozdější Zlaté cestě. Klášter spadal pod biskupa z Bamberku, Hedvičina strýce Ottu II. z Bamberku. Jednou z jejích vychovatelek byla jeptiška Petrissa, pozdější abatyše v Trebnitz. Poté, co v roce 1267 byla Hedvika svatořečena, rozšířil se její kult v průběhu dalších dvou staletí (za podpory rodu Piastovců a také z politických důvodů) v Polsku, Čechách, Maďarsku a v Rakousku a odtud potom přes Bavorsko v celém Německu. Některé její ostatky jsou uloženy na Svaté hoře v Andechsu. Tamní klášter patří k benediktinskému opatství svatého Bonifáce v Mnichově.

Na svátek sv. Hedviky 16. října byl v roce 1978 zvolen papežem polský kardinál Karol Wojtyła. Shoda dat v historii církve, tedy volba prvního Poláka papežem a svátek svaté Hedviky, který slaví Němci, Poláci a Češi, nabízí, ale i usnadňuje všem dějinné ohlédnutí.

Autorin: Alicja Berbec, Grundschule Niemcza
Autorka: Alicja Berbec, základní škola Niemcza

Photo: Schloss der Hl. Hedwig in Niemcza, Alicja Berbec
Foto: Zámek sv. Hedwigy Niemcza, Alicja Berbec

Schülerarbeit: Grzegorz Kwiecinski, kl. II b, Niemcza
Žákovská práce: Grzegorz Kwiecinski, kl. II b, Niemcza

Zabkowice

Benedikt Ried von Piesting – Baumeister zwischen Bayern, Böhmen, Schlesien und Sachsen – Burg Zabkowice

Die erste Burg in Zabkowice (Frankenstein) entstand vor 1321, den Bau initiierte vermutlich Fürst Bernard aus Swidnice (Schweidnitz). 1335 belagerten tschechische Truppen die gotische Festung, allerdings vergeblich. Im Jahr darauf verpfändete der damalige Eigentümer Bolko II., auch „der Kleine" genannt, die Stadt Zabkowice an den Böhmenkönig Johann aus dem Hause Luxemburg. Mikolaj der Kleine, Sohn Bolkos II., kaufte die Stadt nicht mehr zurück, er veräußerte sie zusammen mit der Burg 1351 an Kaiser Karl IV. Somit ging die Burg in den Besitz der Luxemburger über und diente ihnen als Herrschaftssitz. Die Wojwodschaft Niederschlesien gelangte in den Besitz Böhmens, da Johann und sein Sohn Karl auf die polnische Krone verzichteten.

Nach Zerstörungen durch die Hussitenkriege in der ersten Hälfte des 15. Jahrhunderts kam das Bollwerk in den Besitz von Georg aus Podiebrad, der als „Hussitenkönig" in die Geschichte einging. Im Jahre 1468 stürmten, kurz nach erfolgten Ausbesserungsarbeiten, rebellierende Bürger aus Wroclaw (Breslau), Nysa (Neiße) und Swidnica (Schweidnitz) mit Erfolg die Burg.

Den letzten Zeitabschnitt der Nutzung der mittelalterlichen Feste eröffnete das Jahr 1489. Nach einer über Monate andauernden Belagerung durch den ungarischen König Matthias Corvinus, Matej Matyáš oder ungarisch Maciej Korwin (König in Ungarn 1458–1490, (Gegen-)König von Böhmen 1469–1490), wurde die Anlage eingenommen und teilweise zerstört. Die Ungarn behielten die Burg bis zum Tode des Königs. Mit Beginn des 16. Jahrhunderts ging die Burg wieder zurück in den Besitz der Familie Podiebrad. Die Ruine erfüllte jedoch kaum die Ambitionen von Karl I. von Podiebrad und seiner Gattin Anna, sie beschlossen im Jahre 1524 eine befestigte Residenz im Stil der Renaissance zu errichten.

Das ehrgeizige Projekt wurde von dem aus Bayern stammenden und in Prag arbeitenden Burgbaumeisters Benedikt Ried unter König Kasimir Jagiellonczyk, entworfen. Ein Großteil der Wehrmauern der alten Burg wurde dabei abgebaut. An ihrer Stelle errichtete man einen geräumigen, aus vier Flügeln bestehenden Wohn- und Verteidigungskomplex, ausgestattet mit zwei mächtigen Bastionen – vermutlich die ersten ihrer Art in Schlesien.

So entstand ein Renaissanceschloss als eine rechteckige aus Sandstein gebaute Anlage von 70 × 65 Metern Ausmaß. Zwei Türme, im Osten der quadratische Torturm und im Nord-Osten das runde Türmchen, sowie zwei zylindrische Bastionen bildeten die Eckpunkte der Festung. Die letzteren besaßen drei Ebenen und ermöglichten ein Flankenfeuer auf mögliche Angreifer. Ausgestattet waren sie mit Lüftungsschächten, um den Schießrauch abzuleiten, und mit halbkreisförmigen Attiken mit Schießständen. Im Innenhof wurde der erste in diesem Teil Europas mit Verzierungen geschmückte Kreuzgang errichtet. Die gesamte Anlage, wenngleich vor allem als eine Wehrfestung konzipiert, war sowohl in der architektonischen als auch künstlerischen Hinsicht reich ausgestaltet (Hauptportal, Fensterrahmen, Familienwappen, halbrunde Attika).

Ein Baumeister aus Landshut

Der Baumeister der Burg, Benedikt von Ried, geboren um 1445 bei Landshut, gilt als einer der bedeutendsten Baumeister der Spätgotik. Als leitender Architekt im Dienst des Böhmenkönigs Wladislaw Jagiello übernahm er 1489 die Aufsicht über die Erweiterung der Prager Burg. Der berühmte „Vladislavsaal" trägt seine Handschrift bis zum heutigen Tage. Dessen Ausmaße waren für die damalige Zeit geradezu gigantisch: Länge 63 Meter, Breite 18 Meter und Höhe 13 Meter mit einem kunstvoll verschlungenen gotischen Rippengewölbe beeindruckt er noch heute die Besucher. Ried war neben Prag auch in Kuttenberg (Weiterbau der Barbarakirche), Görlitz und Annaberg (Sachsen) tätig. Nach Frankenstein kam er durch die Verbindungen zum polnischen Herrscherhaus. Ried starb am 30. Oktober 1534 in Prag.

Die Bauarbeiten der Residenz in Zabkowice wurden jedoch vorzeitig im Jahre 1532 aus Geldmangel beendet. Der Grund, die Familie Podiebrady erwarb das Fürstentum Olesnica (Oels in Niederschlesien) und begann dort mit dem Ausbau des Schlosses im Renaissancestil in der Stadt Oels. Auch hier findet sich eine Verbindung zu Bayern. Das irische Kloster, gegründet 1150, unterstand der Abtei zum Heiligen Jakob in Regensburg (heute: Schottenkirche St. Jakob).

In der zweiten Hälfte des 16. Jahrhunderts gehörte die Anlage dem Landrat aus Dzierzoniow, Fabian von Reichenbach, im Eulengebirge. Er ließ die Wehranlagen ausbauen und die Burg mit der Stadt verbinden. Die verstärkten Bastionen hielten im Jahre 1632 zwar erfolgreich einer Belagerung durch die Habsburger stand, der Hunger zwang die Verteidiger jedoch zur Kapitulation. In den folgenden Jahren wurde die Burg abwechselnd von kaiserlichen und schwedischen Truppen angegriffen; ein Teil der Residenz wurde dabei in die Luft gesprengt. Die Zerstörungen konnten teilweise in der Mitte des 17. Jahrhunderts behoben werden, die Festung wurde zum Sitz des Landrats. Die Versuche, die Burg in den Anfangsjahren des 18. Jahrhunderts zu retten, brachten keine Wende. Der Zustand des Gebäudes wurde immer kritischer. Im Jahre 1728 musste es geräumt werden. Ein Brand im Jahre 1764 besiegelte letztlich das Ende der Burg Zabkowice.

Gegenwärtig befindet sich das Denkmalgebäude im Zustand einer „Dauerruine". Bis heute stehen die Wehrmauer der Festung in ihrer gesamten Länge inklusive des Torturms und der teilweise erhaltenen Bastionen. Am Besten erhalten sind angeblich die unterirdischen Teile der Burg; in den Kellerräumen finden von Zeit zu Zeit kulturelle Veranstaltungen statt. Die malerische Ruine liegt auf einer hohen Böschung im Nord-Osten der Stadt in unmittelbarer Nachbarschaft eines kleinen Parks, etwa 20 Minuten vom Bahnhof entfernt. Die Anlage ist allgemein zugänglich, der Eintritt ist frei.

Benedikt Rejt z Piestingu – stavitel v Bavorsku, Čechách, Slezsku a Sasku – hrad Zabkowice

První hrad vznikl v Zabkowicích před rokem 1321. Stavbu inicioval pravděpodobně kníže Bernard ze Swidnice (Schweidnitz). Roku 1335 marně obléhala česká vojska gotickou pevnost. O rok později dal město Zabkowice jeho majitel Bolko II., také nazývaný „malý", do zástavy českému králi Janu Lucemburskému. Nikolaj „malý", syn Bolka II. již město zpět nekoupil, postoupil je společně s hradem v roce 1351 císaři Karlu IV. A tak se stal hrad majetkem a sídlem Lucemburků. Vojvodství Dolní Slezsko připadlo Čechám.

Hrad byl poškozen během husitských válek v první polovině 15. století a stal se majetkem „husitského krále" Jiřího z Poděbrad. Roku 1468 krátce po jeho rekonstrukci vzali hrad útokem rebelové z Wroclavi (Breslau), Nysy (Neiße) a Svídnice (Schweidnitz) a dobyli jej.

Další etapu v historii hradu otvírá rok 1489. Po měsících obléhání maďarským králem Matyášem Korvínem (maďarsky: Maciej Korwin, maďarský král 1458–1490) byl hrad dobyt a částečně zničen. Maďaři si ponechali hrad až do královy smrti. Začátkem 16. století byl hrad vrácen opět do majetku pánů z Poděbrad. Ovšem ruina jen těžko splňovala ambice Karla I. z Poděbrad a jeho ženy Anny, kteří se proto rozhodli přestavit jej v renesančním stylu.

Tento velkolepý projekt navrhl stavitel krále Kazimíra Jagellonského – Benedikt Rejt (Ried), který pocházel z Bavorska a působil v Praze. Velká část hradebních zdí byla stržena a na uvolněném místě vznikl prostorný obytný komplex, skládající se ze čtyř křídel, doplněný dvěma baštami (pravděpodobně první svého druhu ve Slezsku), jež sídlu dodávaly i obranný charakter. Tak vznikl renesanční zámek-pevnost o rozloze 70 × 65 m, na jehož stavbu bylo použito pískovce. Rohy obdélníkové stavby tvořily dvě věže – na východě čtyřhranná věž s bránou, na severovýchodě okrouhlá věžička a dvě válcovité bašty ve zbylých rozích se třemi plochami, jež umožňovaly boční palbu na případné útočníky. Byly zde i větrací šachty pro odvod kouře ze střelby a také polokruhovité atiky se střílnami. Na vnitřním nádvoří vznikl (poprvé v této části Evropy) ambit, bohatě zdobený ornamenty. Celý tento stavební komplex, ačkoliv byl koncipován jako vojenská pevnost, byl bohatě vybaven rovněž i z architektonického a uměleckého hlediska (hlavní portál, okna, rodový znak, půlkruhovitá atika).

Stavitel z Landshutu

Stavitel hradu Benedikt Rejt (narozený okolo roku 1445 u Landshutu) patří mezi nejvýznamnější stavitele pozdně gotického období. Jako hlavní architekt ve službách českého krále Vladislava Jagellonského převzal v roce 1489 dohled nad rozšířením areálu Pražského hradu. Slavný Vladislavský sál nese prvky jeho rukopisu do dnešních dob. Jeho rozměry (délka 63 m, šířka 18 m a výška 13 m) byly i na tehdejší poměry gigantické a nádherná žebrová klenba dosud ohromuje návštěvníky sálu. Rejt se podílel i na dostavbě chrámu sv. Barbory v Kutné hoře, dále působil v Görlitzu a v Annabergu (dnešní Sasko). Na Frankenstein se dostal díky spojení s polskou panovnickou rodinou. Zemřel 30. října 1534 v Praze.

Stavební práce na rezidenci v Zabkowicích byly pro nedostatek finančních prostředků předčasně ukončeny v roce 1532. Pánové z Poděbrad zdědili totiž knížectví v Olešnici (Oels) v Dolním Slezsku a začali zde stavět renesanční zámek přímo ve městě Olešnice. I zde lze zaznamenat spojení s Bavorskem – bývalý irský klášter, založený r. 1150, patřící opatství svatého Jakuba v Řezně (dnes kostel sv. Jakuba)

V druhé polovině 16. století patřily Zabkowice zemskému správci z Dzierzoniowa, Fabianu z Reichenbachu. Ten nechal vystavět opevnění a spojil hrad s městem. Bašty sice úspěšně v roce 1632 odolávaly obléhání Habsburků, ale hlad donutil obránce ke kapitulaci. V průběhu následujících let musel hrad střídavě čelit útokům císařských nebo švédských vojsk. Jeho část byla dokonce vyhozena do povětří. Poškozená rezidence byla částečně v polovině 17. století opravena, pevnost se stala sídlem zemského správce. Avšak veškeré pokusy zachránit hrad na počátku 18. století vyšly na prázdno. Jeho stav byl stále kritičtější a v roce 1728 musel být vyklizen a dílo zkázy bylo dokonáno v roce 1764, kdy zde vypukl požár.

V současnosti připomínají existenci hradu jeho ruiny a památník. Dodnes stojí hradní opevnění v celé délce včetně věže s bránou a částečně bašty. Nejlépe dochovány jsou však podzemní části hradu. Ve sklepních prostorách se konají různé kulturní akce. Malebná ruina se nachází na svahu na severovýchodě města v bezprostřední blízkosti malého parku, vzdálena cca 20 minut od nádraží. Areál je přístupný veřejnosti a vstup je volný.

Autoři: Agnieszka und Marcin Pochwatko, Grundschule und Lyceum Zabkowice
Autoři: Agnieszka a Marcin Pochwatko, Základní škola a lyceum Zabkowice

Photo: Agnieszka und Marcin Pochwatko, Grundschule und Lyceum Zabkowice
Foto: Agnieszka a Marcin Pochwatko, Základní škola a lyceum Zabkowice

Schülerarbeit: „Krzyva wieza" – Kamila Kudrynska, Kl. 6a, Zabkowice
Žákovská práce: „Křivá věž" – Kamila Kudrynska, tř. 6a, Zabkowice

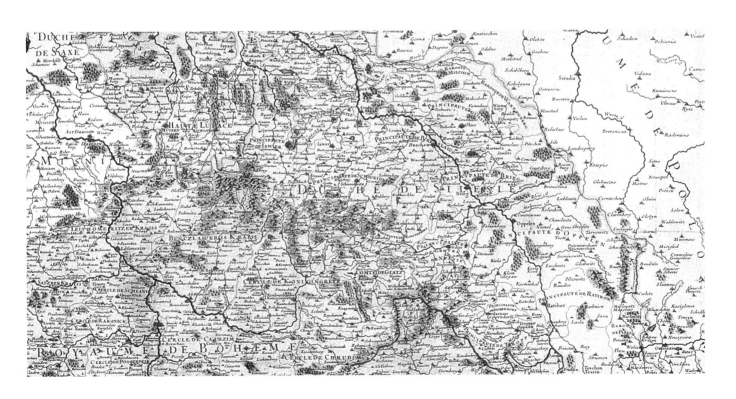

Luxemburg

Johann der Blinde, Fürst zwischen Luxemburg, Bayern und Böhmen

Der historische Johann der Blinde (1296–1346) ging als Graf von Luxemburg und König von Böhmen, Kurfürst des Reiches und Vasall des Königs von Frankreich in die Geschichte ein. Oft wurde in der Vergangenheit seine Politik als wirrer Aktionismus dargestellt, eine Folge von Kriegen und Schlachten und einer oft undurchschaubaren Heiratspolitik ohne erkennbaren Zusammenhang. Die heutige Geschichtsschreibung sieht das anders: Ziel seines Handelns sei immer die Festigung der luxemburgischen Hausmacht im Hinblick auf die Erlangung der deutschen Königs- und Kaiserkrone gewesen – zunächst für sich selbst, später für seinen Sohn, Karl IV.

Einerseits war Johann dem mittelalterlichen Bild des edlen Ritters verpflichtet, andererseits dachte er in einem politischen Rahmen, der uns heute so nicht mehr geläufig ist. Eine facettenreiche, faszinierende Persönlichkeit ist er bis auf den heutigen Tag geblieben. Und doch gibt es über sein äußerliches Aussehen keine zuverlässigen Quellen. Die spärlichen zeitgenössischen Darstellungen erlauben genauso wenig, sich ein Bild von Johann dem Blinden zu machen, wie die Abbildungen aus späterer Zeit. Laut hinterlassener Quellen lässt sich mit einiger Wahrscheinlichkeit bestenfalls sagen, dass er einen Bart und schulterlanges Haar trug. Eine wissenschaftliche Untersuchung seiner sterblichen Überreste (1980–1981) durch Professor Emanuel Vlček, Genetiker vom Prager Nationalmuseum, hat ergeben, dass er etwa 1,70 m groß und von athlethischer Statur war. Vom bewegten Leben eines kämpferischen Ritters zeugen Spuren von Verletzungen an seinem Skelett. Eine Gegenüberstellung der Untersuchungsergebnisse seiner Gebeine mit denjenigen seines Sohnes Karl IV, auch von Professor Emanual Vlček durchgeführt, hat eindeutige vererbte Merkmale ergeben, die für den Genetiker eine deutliche Sprache sprechen: Die in der Krypta der Kathedrale in Luxemburg ruhenden sterblichen Überreste sind die von Johann dem Blinden.

Der europäische Aufstieg der Luxemburger Dynastie hat ihren Anfang unter Johanns Vater, Graf Heinrich, genommen. Als Kompromisskandidat war er 1308 zum deutschen König gewählt worden. Vor seinem Italienfeldzug, von dem er nicht mehr zurückkehren sollte - er ließ sich in Rom vom Papst zum Kaiser krönen – hatte er seinem Sohn Johann die Verwaltung der Grafschaft Luxemburg übertragen. Zur Stärkung des Einflusses und der Hausmacht der Luxemburger im Reich bot sich Gelegenheit in Böhmen, wo die Dynastie der Přemysliden im Mannesstamm ausgestorben war. Durch die Vermählung seines 14jährigen Sohnes Johann mit Elisabeth, der Schwester des letzten Přemyslidenkönigs, sicherte Heinrich dem Hause Luxemburg die böhmische Königskrone.

In seinem böhmischen Königreich wurde Johann nie populär. Seine Ehe mit Elisabeth, die keine Liebesheirat war, scheiterte, obwohl ihr sieben Kinder entsprossen, von denen das dritte als erstgeborener Sohn – Karl IV. – sein Nachfolger wurde. Als „König Fremdling" schöpfte Johann vor allem Steuereinkünfte für seine kostspieligen Unternehmungen quer durch Europa. Außenpolitisch gelang es ihm, die Grenzen Böhmens gegen Polen und Ungarn zu verteidigen und einen Teil Schlesiens zu unterwerfen, verzichtete dafür aber auf seinen Anspruch auf den polnischen Thron.

Sein Hauptziel, die deutsche Königs- und Kaiserkrone zu erlangen, blieb Johann verwehrt. Nach dem Tod seines Vaters, Heinrich VII, wurde die Kandidatur des damals 17jährigen bei der Königswahl im Jahre 1314 nicht berücksichtigt – Johann zog seine Kandidatur zu Gunsten Ludwigs von Oberbayern zurück wegen der kompromisslosen Haltung des Kölner Erzbischofs und des pfälzischen Kurfürsten Rudolf, Ludwigs Bruder, für Friedrich den Schönen von Österreich und wegen des angedrohten Übergangs des Mainzer Erzbischofs ins habsburgische Lager. Ein habsburgischer Erfolg hätte nämlich Johanns noch nicht so gefestigte Stellung in Böhmen gefährden können: Sein schärfster Widersacher im Anspruch auf die böhmische Krone war der 1310 von ihm selbst verdrängte Heinrich von Kärnten und Tirol, der mit den Habsburgern verbündet war. Er hätte ihm unter einem habsburgischen Königtum Böhmen wieder streitig machen können. So wurde Johann aus Eigeninteresse von einem Konkurrenten zum entschiedenen Parteigänger Ludwigs von Oberbayern. Unter Ludwigs Königtum schien ihm sein böhmischer Besitz gesichert. Die Wahl, die mit einer Doppelwahl endete, führte zu einem langwierigen Streit um den deutschen Königsthron. In den heftigen Auseinandersetzungen zwischen Ludwig dem Bayern und Friedrich von Österreich stellte sich Johann resolut auf die Seite des Bayern. Die ganze Zeit bis zur Entscheidungsschlacht der deutschen Gegenkönige bei Mühldorf 1322 war gekennzeichnet durch den böhmisch-bayrischen Block gegen die Habsburger. Einerseits war Johann auf Ludwig angewiesen in der Verteidigung seiner Position in Böhmen, andererseits war er Ludwigs zuverlässigster Verbündeter, was die beiderseitigen Interessen zur Deckung brachte. Ludwig lohnte es Johann mit vielen Begünstigungen, deren wichtigste die Verpfändung der Reichsstadt Eger mit dem umliegenden Königsland und der Herrschaft Floß und Parkstein war. Ein Beistandspakt, sich gegenseitig in Böhmen und im Reich mit 200 Behelmten gegen Friedrich den Schönen beizustehen, war 1317 abgeschlossen worden. Diese Vorsorge war durchaus berechtigt, denn der Habsburger versuchte immer wieder Ludwig in seinem Reich zu bedrohen und auch in Böhmen die Stimmungsströmungen gegen Johann zu nutzen. Von den Österreichern unterstützt, opponierte Ende 1317 der böhmische Adel unter dem Herrn von Lipa offen und schlug sich auf die Seite der Habsburger. Johanns Stellung war so gefährdet, dass er sogar an einen Tausch Böhmens gegen die wittelsbachische Rheinpfalz dachte. 1318 gelang es Ludwig, die böhmischen Stände wieder mit Johann zu versöhnen und so den für ihn selbst gefährlichen habsburgischen Erfolg in Böhmen zu verhindern. Das Motiv, das Johann so bedingungslos an der Seite des Wittelsbachers stehen ließ, war die Sicherung seiner Herrschaft in Böhmen.

Aber schon kurze Zeit danach zerfiel die böhmisch-bayerische Interessengemeinschaft und wurde zur Konkurrenz in den politischen Zielen. Als Antwort darauf verfolgte Johann eine eigenständige Reichspolitik indem er, unter anderem, die Unterstützung des französischen Königs suchte. So heiratete er selbst in zweiter Ehe – nach dem Tod seiner ersten Gemahlin Elisabeth – die Schwester des französischen Königs, die Prinzessin Beatrix. Dieser engen Verbindung mit dem französischen Königsthron hat es Johann zu verdanken, dass er zur ritterlichen Legende wurde durch seinen Tod auf dem Schlachtfeld von Crécy am 26. August 1346, wo die bis dahin größte kriegerische Auseinandersetzung im Hundertjährigen Krieg (1337–1453) zwischen Frankreich und England stattfand. Der zu diesem Zeitpunkt bereits erblindete König Johann soll sich todesmutig in die Schlacht gestürzt haben, um seine Ehre zu retten. Dem widersprechen neueste Forschungen, denen zu Folge Johann bereits in der ersten Hälfte der Schlacht gefallen sein soll und nicht erst, als sich die Niederlage bereits abzeichnete. Seine Teilnahme an der Schlacht war demnach keine Verzweiflungstat, sondern entsprach dem Ehrgefühl eines Ritters und den Pflichten eines Lehnsmannes. Auch nach seinem Tod kamen seine sterblichen Überreste lange Zeit nicht zur Ruhe. Rund 600 Jahre sollte es dauern, bis er im Dom zu Luxemburg seine letzte Ruhestätte finden sollte. Doch das ist eine eigene Geschichte.

In der Mitte des 19. Jahrhunderts kam es in Luxemburg zu einer regelrechten „Jhang de Blannen" – Renaissance: Das entstehende luxemburgische Nationalgefühl suchte sich seine Vorbilder im Mittelalter, in der Zeit vor der Jahrhunderte langen Fremdherrschaft.

Als „rastloser Reisender" oder „irrender Reiter" – er legte bis zu 100 km an einem Tag zurück – reiste Johann unzählige Male quer durch Europa. Bis ins XIV. Jahrhundert sprach man von einem „Reisekönigtum". Seine Etappenziele – 224 verschiedene Orte und 646 Aufenthalte nach einer Karte von Nicolas van Werveke – reichten von der Ostsee bis ans Mittelmeer. Die meiste Präsenz verzeichnete er verständlicherweise einerseits in Böhmen und Mähren andererseits in Luxemburg und der Gegend zwischen Mosel und Schelde. Zwischen diesen beiden benutzte er immer wieder die Achse Prag, Frankfurt, mittleres Rheintal, die er bis Paris verlängerte, ohne jene andere Ost-West-Achse des Donautals zu vernachlässigen.

Jan Slepý, kníže mezi Lucemburskem, Bavorskem a českými zeměmi

Jan Slepý (1296–1346) vstoupil do dějin jako hrabě lucemburský, král český, kurfiřt říšský a vazal francouzského krále. V minulosti byly jeho činy většinou chápány jako sled zmatečných akcí, válek a bitev a také jako častá neprůhledná sňatková politika bez jasných souvislostí. Současné pojetí dějin to však vidí jinak: cílem Janova snažení bylo upevnění moci lucemburského rodu a dosažení královské a říšské císařské koruny.

Na jedné straně musel Jan splňovat obraz středověkého rytíře, na druhé straně pak uvažoval v politických dimenzích, které už dnes nejsou zcela běžné. Mnohotvárnou a fascinující osobností však zůstal dodnes. Ačkoliv o jeho podobě neexistují žádné spolehlivé historické prameny, umožňuje nám i to málo, co se dochovalo, udělat si konkrétní představu. Spoléhat nelze ani na pozdější vyobrazení. Podle dochovaných pramenů lze s jistou dávkou pravděpodobnosti v nejlepším případě říci, že Jan nosil vousy a vlasy dlouhé po ramena. Vědecké ohledání jeho ostatků (1980–1981) profesorem antropologie Emanuelem Vlčkem z Národního muzea ukázalo, že Jan měřil asi 170 cm a měl atletickou postavu. O pohnutém životě rytíře svědčily četné stopy po zranění na jeho kostře. Porovnání s ostatky Janova syna Karla IV., které rovněž provedl profesor Emanuel Vlček, prokázalo zcela jasné dědičné znaky a skutečnost, že v kryptě katedrály v Lucemburku je skutečně pohřben Jan Slepý Lucemburský.

Vzestup lucemburské dynastie v Evropě začal za Janova otce, hraběte Jindřicha. Jako kandidát kompromisu byl roku 1308 zvolen německým králem. Před vojenským tažením do Itálie, z něhož se už nikdy neměl vrátit, se v Římě nechal papežem korunovat na císaře a správou lucemburského hrabství pověřil svého syna Jana. Pro posílení vlivu Lucemburků v Říši se naskytla příležitost v Čechách, kde vymřel rod Přemyslovců po meči. Sňatkem čtrnáctiletého syna s Eliškou, sestrou posledního krále z rodu Přemyslovců, zajistil Jindřich rodu Lucemburků českou korunu.

V českém království nebyl Jan nikdy oblíbený. Jeho manželství s Eliškou nebylo žádným sňatkem z lásky a ztroskotalo, ačkoliv spolu měli sedm dětí. Třetím v pořadí byl prvorozený syn Karel IV., který se stal Janovým nástupcem. Jako „král cizinec" využíval Jan na své nákladné výpravy napříč celou Evropou především příjmy z daní. V zahraniční politice se mu podařilo ubránit české hranice proti Polákům a Maďarům a podrobit si část Slezska. Vzdal se však nároků na polský trůn.

Jeho hlavní cíl – získat německé království a císařskou korunu – mu zůstal odepřen. Po smrti svého otce Jindřicha VII. nebyla kandidatura tehdy sedmnáctiletého Jana při volbě krále roku 1314 akceptována. Jan svou kandidaturu stáhl ve prospěch Ludvíka Hornobavorského, a to kvůli nekompromisnímu postoji kolínského arcibiskupa a kurfiřta falckého Rudolfa (Ludvíkova bratra) ve prospěch Bedřicha Sličného Rakouského a kvůli hrozbě přestupu mohučského arcibiskupa do tábora Habsburků. Úspěch Habsburků by býval mohl ohrozit Janovo ještě ne zcela pevné postavení v Čechách. Janovým nejsilnějším protivníkem v nárocích na český trůn byl jím samotným v roce 1310 vypuzený Jindřich Korutanský a Tyrolský, spojenec Habsburků. Ten by mu totiž mohl s pomocí Habsburků upírat právo na české království. A tak se kvůli vlastním zájmům stal Jan Lucemburský z někdejšího konkurenta rozhodným stoupencem Ludvíka Hornobavorského.

Pod Ludvíkovou ochranou se zdálo být Janovo postavení v Čechách zajištěné. Volba, která skončila volbou dvojí, rozpoutala dlouhotrvající spor o německý trůn. V ostrém sporu mezi Ludvíkem Bavorským a Bedřichem Rakouským se Jan postavil zcela rozhodně na stranu Bavora. Po celou dobu trvání roztržky až do rozhodující bitvy německých protikandidátů u Mühldorfu v roce 1322 trval česko-bavorský protihabsburský blok. Jednak byl Jan na Ludvíkovi závislý při obraně svých pozic v Čechách a jednak byl Ludvíkovým nejspolehlivějším spojencem, čímž se zájmy obou stran překrývaly. Ludvíkovi se vyplatilo poskytnout Janovi řadu výhod. Z nich nejdůležitější bylo propachtování říšského města Cheb i s přilehlými pozemky za panství Floss a Parkstein. V roce 1317 byla uzavřena smlouva o vzájemné pomoci. V ní se Jan zavazoval poskytnout Ludvíkovi spolu se 200 ozbrojenci podporu v boji proti Bedřichu Sličnému v Čechách i v Říši. Tato obava byla naprosto oprávněná, protože Habsburk se neustále snažil Ludvíka v Říši ohrožovat a také v Čechách využíval každou opozici proti Janu Lucemburskému. Pod ochranou Rakušanů se česká šlechta pod vedením pana z Lipé postavila koncem roku 1317 proti Janovi a přešla na stranu Habsburků. Janovo postavení bylo natolik ohroženo, že dokonce začal uvažovat o výměně Čech za rýnskou Falc Wittelsbachů. V roce 1318 se Ludvíkovi podařilo české stavy usmířit. Zabránil tak nebezpečnému úspěchu Habsburků v Čechách. Motivem toho, proč se Jan tak bezvýhradně postavil na stranu Wittelsbachů, bylo zajištění jeho vlastní vlády v Čechách.

Nedlouho poté však byl společným česko-bavorským zájmům konec a při uskutečňování politických cílů se z někdejších spojenců stali konkurenti. Jan proto začal uplatňovat vlastní politiku v Říši, a to tak, že kromě jiného začal hledat ochranu u francouzského krále. Po smrti své první ženy Elišky proto uzavřel sňatek se sestrou francouzského krále, princeznou Beatricí. Úzkému svazku s francouzským trůnem vděčí Jan za to, že se stal rytířskou legendou, když 26. srpna 1346 zemřel v bitvě u Kresčaku. Tam došlo k dosud největšímu válečnému střetnutí ve stoleté válce mezi Anglií a Francií, které trvalo od roku 1337 do roku 1453. Král Jan, v té době už slepý, se neohroženě vrhl do téměř prohrané bitvy jen proto, aby uhájil svou čest. Této pověsti však odporují nálezy z posledních let, podle kterých Jan padl už v první půli bitvy a ne až na jejím konci, kdy byla porážka už nezvratná. Janova účast v bitvě tak nebyla zoufalým činem, ale přesně odpovídala kodexu rytířské cti a povinnosti rytíře vůči lennímu pánovi. Ani po smrti se Jan nedočkal na dlouho pokoje. Muselo uplynout téměř 600 let, než našel místo posledního odpočinku v dómu v Lucemburku. To už je ale jiný příběh.

V polovině 19. století došlo v Lucembursku ke skutečné renesanci „Jhanga de Blannen". Rodící se lucemburské národní cítění si našlo svůj vzor ve středověku, v dobách, které předcházely pozdější staleté nadvládě cizinců.

Jako „neklidný poutník" či „bludný rytíř" dokázal Jan urazit až 100 km za jediný den. Nesčíslněkrát projel celou Evropu. Až do XIV. století se hovořilo o tzv. „království na cestách". Cíle Janových cest – 224 různých míst a 646 pobytů podle jedné z map Nicolase van Wervekeho – ležely od Baltu až po Středozemní moře. Nejnavštěvovanější místa se samozřejmě nacházela v Čechách a na Moravě, ale i v Lucembursku a mezi řekami Moselou a Šeldou. Tady se Jan pohyboval ponejvíc na trase Praha – Frankfurt – střední Porýní až po Paříž. Neopomíjel ani ostatní cesty z východu na západ údolím Dunaje.

Autor: Jean-Pierre Origer, Ecole primaire Consdorf, Luxemburg
Autor: Jean-Pierre Origer, Ecole primaire Consdorf, Luxemburg

Photo : Grabmal König Johann im Dom zu Luxemburg, Jean-Pierre Origer, Ecole primaire Consdorf, Luxemburg
Foto : Hrobka krále Jana v chrámu v Luxembugu, Jean-Pierre Origer, Ecole primaire Consdorf, Luxemburg

Schülerarbeit : Ritter Johann, Alex Majerus, Ecole primaire Consdorf, 5. Kl.
Žákovská práce : Rytíř Jan, Alex Mejerus, Ecole primaire Consdorf, 5. tř.

Förderkreis Deutsch-Tschechische Schulen zwischen Nürnberg und Prag e.V (FöDTSCH)

1990–2007, 17 Jahre deutsch-tschechische Zusammenarbeit demonstriert dieses vorliegende Buch und gibt Eiblick in unsere gemeinsame über 1000-jährige Geschichte. Gleichzeitig zeigt sie eine Erfolgsgeschichte der Zusammenarbeit des Förderkreises mit der Stadtbibliothek Pilsen auf. Anbei ein kurzer Überblick der geleisteten Arbeit:

I. Kunst- Themen im zweijährigen Turnus:
1. Kaiser Karl zieht auf der Goldenen Straße durch deinen Heimatort
2. Sagen entlang der Goldenen Straße
3. Brauchtum entlang der Goldenen Straße
4. Historische Gebäude an der Goldenen Straße
5. 590 Jahre Jan Hus, der auf der Goldenen Straße 1414 nach Konstanz zog

II. Die Resultate:
Deutsch -Tschechischer Kalender   Deutsch-Tschechisch-Luxemburgisch-Polnischer Kalender
1999/2000 Thema „Auf der Goldenen Straße"   2003/2004 Thema „Auf nach Europa"

III. Bücher - Veröffentlichungen
2000   D-CZ Lesebuch „Sagenhafte Goldene Straße" 1. Auflage
2001   Lehrerhandbuch zum Sagenbucheinsatz „Sagenhafte Goldene Straße – Pověstmi opředená Zlatá cesta"
2004   Neuauflage des Lesebuches „Sagenhafte Goldene Straße"
2005   Kladbara – ein D-CZ Geschichtenbuch von fünf Partnerschulen

IV. Lehrerfortbildungen
1997–2005 in Nordbayern: Plößberg, Pleystein, Windischeschenbach
          in Mittelböhmen: Cerhovice / Hořovice
          in Westböhmen: Kloster Tepla
          in Luxemburg :   Echternach / Consdorf

V. Ausstellungen von Schüler- und Lehrerarbeiten
1995–2006 Ausstellungen zum Thema „Goldene Straße" in Altenstadt/WN (3), Bärnau (4), Weiden (9), Plzen (2), Stříbro (1), Neustadt/WN (1), Plößberg (1), Nürnberg (1), Praha (1), Bayreuth (1), Augsburg (1), Hirschau (1), Schnaittenbach (1), Schönsee (1), Tachov (1), Kladruby (1), Cerhovice (1)

VI. Vermittlung von Partnerschaften
Ab 1991   Entstehung von Schulpartnerschaften (zirka 12)
ab 2001   Einbindung von künstlerisch aktiven Senioren
2005   Grenz- und generationenübergreifendes Weihnachtsprojekt mit Schulen aus Polen, Nordbayern, Tschechien, Luxemburg

VII. Kooperationen bislang mit:
AOVE, Hahnbach, Bayerisches Schullandheim Werk
Centrum Bavaria-Boehmia, Schönsee, Euregio Egrensis, Marktredwitz
Goethe Institut, Prag, Haus der Bayerischen Geschichte, Augsburg
Haus des Deutschen Ostens, München, Landesbildstelle, Bayreuth
Landratsämter, Neustadt / WN und Tirschenreuth
Maria-Seltmann-Haus, Weiden, Regionalbibliothek, Weiden
Stadtbibliothek, Pilsen, Städte Pilsen, Beroun, Rokycany,
Städte Weiden, Plößberg, Hirschau, Bärnau
Schulen in Nordbayern, Luxemburg, Tschechien, Polen
Tandem, Regensburg
Universitäten, Bayreuth und Augsburg
Volkshochschulen, Tirschenreuth, Weiden – Neustadt

VIII. Sponsoring und Unterstützung bislang durch
AOVE Hahnbach 2004, Allianz Kulturstiftung Frankfurt a. Main 2004
Bayerisches Schullandheimwerk, Bezirk Oberpfalz 2000 / 2003
Deutsch-Tschechischer Fonds Prag 1999–2005, Euregio Egrensis Marktredwitz 2001
Körber Stiftung Hamburg 2005, Landkreis Neustadt a. d. WN, Stadt Weiden
Städte und Gemeinden zwischen Prag und Nürnberg

IX. Kontakt:
Förderkreis Deutsch-Tschechische Schulen zwischen Nürnberg und Prag e.V. (FöDTSCH)
92665 Altenstadt a. d. WN
Rainer Christoph, 1. Vorsitzender
Stellvertreter: Christian Kauschinger, Parkstein
Post: Julius Meister Weg 4, 92665 Altenstadt/WN,
Email: Rjchristo@t-online.de
Webseiten: www.goldene-strasse.de

Nadační spolek na podporu německých a českých škol mezi Norimberkem a Prahou, registrovaný spolek (FöDTSCH)

Tato kniha představuje 17 let německo-české spolupráce, 1990–2007. Současně zachycuje naši společnou více než tisíciletou historii a sleduje úspěšnou spolupráci spolku s Knihovnou města Plzně. Následuje stručný přehled vykonané práce:

I. Kultura - témata ve dvouletém sledu:
1. Císař Karel projíždí svou zemí po Zlaté cestě.
2. Pověsti, které vznikly v místech podél Zlaté cesty.
3. Obyčeje a zvyky z míst podél Zlaté cesty.
4. Historické stavby při Zlaté cestě.
5. 590 let od putování Jana Husa po Zlaté cestě (1414) do Kostnice.

II. Výsledky spolupráce:

Německo-český kalendář 1999/2000; téma „Na Zlaté cestě".

Německo-česko-lucembursko-polský kalendář 2003/2004; téma „Vzhůru do Evropy".

III. Knihy - publikace:
2000 Německo-česká čítanka: „Pověstmi opředená Zlatá cesta" (1. vydání).
2001 Příručka pro učitele ke knize pověstí „Pověstmi opředená Zlatá cesta – Sagenhafte Goldene Straße".
2004 Nové vydání čítanky „Pověstmi opředená Zlatá cesta".
2005 Kladbara – německo-česká sbírka pověstí, na jejichž realizaci se podílelo pět partnerských škol.

IV. Další vzdělávání učitelů: (1997–2005)
v severním Bavorsku: Plößberg, Pleystein, Windischeschenbach
ve středních Čechách: Cerhovice/Hořovice
v západních Čechách: klášter Teplá
v Lucembursku: Echternach/Consdorf

V. Výstavy žákovských a učitelských prací:
1995–2006. Výstavy k tématu „Zlatá cesta" ve městech Altenstadt/ WN (3), Bärnau (4), Weiden (9), Plzeň (2), Stříbro (1), Neustadt/ WN (1), Plößberg (1), Norimberk (1), Praha (1), Bayreuth (1), Augsburg (1), Hirschau (1), Schnaittenbach (1), Schönsee (1), Tachov (1), Kladruby (1), Cerhovice (1).

V. Domluva partnerství:
Od roku 1991vznikají partnerství mezi školami (cca 12).
Od roku 2001 se zapojují umělecky aktivní senioři.
V roce 2005 se koná vánoční projekt, do něhož jsou zapojeny školy z Polska, severního Bavorska, Čech a Lucemburska. Účastní se všechny generace.

VII. Dosavadní spolupráce s těmito institucemi:
AOVE, Hahnbach, Bavorské sdružení škol v přírodě,
Centrum Bavaria-Boehmia, Schönsee, Euregio Egrensis, Marktredwitz,
Goethe-Institut, Praha, Dům historie Bavorska, Augsburg,
Dům německého východu, Mnichov, Zemské vzdělávací centrum, Bayreuth,
Zemské úřady, Neustadt/ WN a Tirschenreuth,
Centrum pro seniory Maria-Seltmann-Haus, Weiden, Regionální knihovna Weiden,
Městská knihovna Plzeň, Města Plzeň, Beroun, Rokycany,
Města Weiden, Plößberg, Hirschau, Bärnau,
školy v severním Bavorsku, Lucembursku, Čechách, Polsku,
Tandem, Regensburg,
univerzity Bayreuth a Augsburg,
škola pro vzdělávání dospělých, Tirschenreuth, Neustadt – Weiden.

VIII. Dosavadní sponzoři a přispěvatelé:
AOVE Hahnbach 2004, Kulturní nadace pojišťovny Allianz, Frankfurt a. Main 2004,
Bavorské sdružení škol v přírodě, okres Oberpfalz 2000/ 2003,
Německo-český fond Praha 1999–2005, Euregio Egrensis Markredwitz 2001,
Körberova nadace Hamburg 2005, okres Neustadt a. d. WN, Město Weiden,
města a obce mezi Prahou a Norimberkem.

IX. Kontakt:
Nadační spolek na podporu německých a českých škol mezi Norimberkem a Prahou, registrovaný spolek (FöDTSCH)
92665 Altenstadt a. d. WN
Rainer Christoph, 1. předseda
Zástupce: Christian Kauschinger, Parkstein
Pošta: Julius Meister Weg 4, 92665 Altenstadt/ WN
Email: Rjchristo@t-online.de
Webové stránky: www.goldene-strasse.de

Knihovna města Plzně se představuje

V dějinách národů mají kulturní tradice úzkou souvislost s historickým vývojem. Národní, české prvenství města Plzně je spjato s knihou. V Plzni byla totiž vytištěna první kniha, pravděpodobně Kronika trojánská, a byla vytištěna v českém jazyce. Ani o knihovnickou tradici v Plzni nemáme nouzi. Již z 6. září 1610 pochází zápis z obecní rady o uložení knih, a tedy založení „bibliotéky obecní".

Současná městská knihovna má svůj počátek v roce 1876, kdy rozhodnutím obecního zastupitelstva královského města Plzně byl dán pokyn ustavit Obecní knihovnu města Plzně „jako blahodárný a vzdělávací ústav, zřízený ku prospěchu všech". Účel zřízení knihovny královského města Plzně je stále stejně platný a není potřeba na něm nic měnit, i když knihovna vstoupila do 21. století. Je opravdu zajímavé, jak tato formulace přesně charakterizuje poslání knihovny. Vypovídá i o tom, jak naši předkové byli předvídaví, jak dokonale dokázali formulovat základní lidské potřeby pro rozvoj lidské společnosti, tedy i občanů města Plzně, a jak tyto potřeby ctili. Krédo našich předků ctí plzeňští knihovníci už celých 130 let.

Dnes tvoří knihovna velký městský knihovnický systém na celém území města Plzeň. Ve své ústřední budově poskytuje Knihovna města Plzně služby pro děti, mládež i dospělé čtenáře, spravuje zde studovnu s informačním centrem, Polanovu síň se vzdělávacími a kulturními aktivitami a výměnný fond knih pro malé knihovny. Sídlí zde ředitelství knihovny, oddělení nákupu informačních dokumentů, hospodářské a technické zázemí knihovny. Ve všech částech města je rozmístěno 9 velkých knihoven s celotýdenním provozem pro dospělé i děti a 13 poboček, které jsou otevřeny dvakrát týdně. Naši čtenáři mají ve všech knihovnách bezplatný přístup k internetu. Před deseti lety se služby knihovny ještě výrazně zkvalitnily zřízením pojízdné knihovny. Ta zajíždí všude tam, kde knihovnické služby výrazně chybí, a slouží zejména dětem, maminkám na mateřské dovolené a imobilním občanům.

Historie plzeňské knihovny je bohatá a nejsou v ní zapsána jen léta jí příznivá. Vždy ale věrně odráží příznivé i nepříznivé osudy svého města, neboť je jeho pevnou součástí. Součástí veřejně prospěšných služeb, které město prostřednictvím knihovny svým občanům i svým návštěvníkům poskytuje.

Jsem knihovnice duší i tělem, jsem člověk, který věří v humanizující vliv tohoto povolání. Chci proto v souvislosti s připomínaným výročím vyslovit i své osobní vyznání. Chválím knihovnické povolání. Chválím je proto, že posláním knihovníka je být průvodcem a rádcem člověka tápajícího v univerzu lidského poznání, které je fixované a produkované v médiích nejrůznějšího typu a zaměření. Je to povolání i s dobrodružnými prvky, kdy výlet za správnou informací představuje velmi zajímavou a nelehkou pouť. Zároveň k našemu povolání patří i velká obětavost. V konkrétní praxi vypadá tak, že knihovník, zpravidla žena, vezme na záda plný batoh knih i časopisů a po výpůjční době knihovny je roznese těm čtenářům, kteří ze zdravotních důvodů do knihovny přijít nemohou. Připomínám i trpělivost a porozumění, s nímž zaměstnanci Knihovny města Plzně vyslechnou mnohá trápení svých čtenářů a snaží se pro ně nalézt radu či přátelské slovo. Nechci zamlčet ani mnohá nepříjemná jednání, kdy knihovníci musí upozornit uživatele knihovny na dodržování pravidel platných pro získávání informací i prostředků aktivního odpočinku. Také tato jednání je třeba umět zdárně vést. Knihovnické povolání – to je služba, služba v tom nejlepším slova smyslu. A stotřicetiletá historie Knihovny města Plzně to jen potvrzuje.

Dagmar Svatková
ředitelka Knihovny města Plzně

Stadtbibliothek Pilsen stellt sich vor

Kulturelle Traditionen haben in der Geschichte der Völker einen engen Zusammenhang mit der historischen Entwicklung. Die nationale bzw. tschechische Vorrangstellung der Stadt Pilsen ist mit dem Buch verbunden, denn in Pilsen wurde zum erstenmal ein Buch gedruckt. Höchstwahrscheinlich war es die Trojanische Chronik. Es war sogar ein Reisebericht und das Buch wurde in tschechischer Sprache gedruckt. In Pilsen mangelt es auch nicht an Traditionen des Bibliothekwesens, denn vom 6. September 1610 stammt die Eintragung des Gemeinderates über Lagerung von Büchern, worunter eigentlich die Gründung einer Gemeindebibliothek zu verstehen ist.

Die heutige Stadtbibliothek hat ihren Anfang im Jahre 1876. Damals hat nämlich die Gemeindevertretung der königlichen Stadt Pilsen entschieden, eine Gemeindebibliothek der Stadt Pilsen zu errichten „als eine wohltätige und bildende Institution, die zum Wohle aller errichtet wird." Diese Idee bleibt bis heute unverändert und man braucht daran nichts zu ändern, nicht einmal im 21. Jahrhundert.

Es ist wirklich interessant, wie genau die oben erwähnte Formulierung den grundlegenden Auftrag der Bibliothek charakterisiert. Sie kann nur von kluger Voraussicht unserer Ahnen zeugen, aber auch davon, wie sehr sie damals schon imstande waren, die Bedürfnisse der Menschen - also auch der Pilsner Bürger – die Gesellschaft weiter zu formulieren.

Zur Zeit stellt die Bibliothek der Stadt Pilsen ein ausgedehntes System von einzelnen Büchereien dar, die sich in allen Stadtteilen befinden. Im zentralen Gebäude bietet die Stadtbibliothek Dienstleistungen Kindern, Jugendlichen und Erwachsenen. Weiter unterhält sie hier einen Studierenraum und ein Informationszentrum, einen Kultursaal (den Bohumil Polan-Saal) mit den dort stattfindenden Kultur- und Bildungsaktivitäten und zuletzt noch den Buchbestand für die kleinen Büchereien. Im Hauptgebäude befinden sich die Direktion, die Abteilung „Einkauf von Informationsdokumenten" sowie auch die ökonomische und die technische Abteilung. In allen Stadtteilen arbeiten dann insgesamt 9 große Büchereien für Erwachsene und Kinder und außerdem gibt es noch 13 weitere Zweigstellen, die nur zweimal in der Woche geöffnet sind. In allen diesen Büchereien steht den Lesern (kostenlos) ein Internetanschluss zur Verfügung. Vor zehn Jahren hat sich die Qualität der Dienstleistungen noch wesentlich verbessert, als nämlich eine mobile Bücherei, ein Bücherbus eingeführt wurde. Dieser fährt überall dorthin, wo die bibliothekarischen Angebote sichtlich fehlen und ist vor allem für Kinder, Mütter im Mutterschaftsurlaub und gehbehinderte Bürger dar.

Die Geschichte der Pilsner Bibliothek ist bunt und vielfältig, doch sie verzeichnet nicht ausschließlich nur günstige Zeiten, sondern sie spiegelt neben den guten auch die schlechten Jahre der Stadt wider, zu deren festem Bestandteil sie gehört. Anders gesagt zum Bestandteil der gemeinnützigen Dienstleistungen, welche die Stadt mittels dieser Bibliothek ihren Bürgern und Besuchern anbietet.

Ich bin mit Leib und Seele Bibliothekarin, also ein Mensch, der an die humanisierende Wirkung dieses Berufes glaubt. Deshalb möchte ich im Zusammenhang mit dem erwähnten Jubiläum auch mein persönliches Bekenntnis aussprechen. Ich lobe hoch den Beruf des Bibliothekars. Ich lobe ihn deshalb, weil sein Auftrag ist als Begleiter und Berater den im Universum der menschlichen Erkenntnis irrenden Menschen zur Seite zu stehen. Dieser Beruf trägt auch abenteuerliche Elemente in sich, denn jede „Fahndung" nach einer richtigen Information wird zu einer sehr interessanten und gar nicht einfachen Wanderung. Zugleich gehört zu unserem Beruf auch eine ziemlich große Opferbereitschaft. Im Alltag sieht es nämlich so aus, dass der Bibliothekar, meistens eine Frau, den Rucksack voller Bücher und Zeitschriften umhängt und diesen schweren Inhalt dann, nach der Arbeitszeit, den Lesern, die aus gesundheitlichen Gründen in die Bibliothek nicht kommen können, bringt. Ich möchte noch zuletzt auch auf die Geduld und das Verständnis der Angestellten der Stadtbibiothek Pilsen aufmerksam machen, weil sie oft auch den privaten Sorgen und Schwierigkeiten der Leser zuhören müssen und sich bemühen ihnen ein freundliches Wort oder sogar einen Rat zu geben. Verschweigen möchte ich nicht manche unangenehme Verhandlungen zu denen es dann kommt, wenn die Bibliothekare die Leser auf das Einhalten von Regeln aufmerksam machen müssen. Auch Situationen dieser Art muss man zu meistern wissen. Der Beruf des Bibliothekars heißt dienen und zwar dienen im besten Sinne des Wortes. Die hundertdreißig Jahre alte Geschichte der Stadtbibliothek Pilsen kann es nur bezeugen.

Dagmar Svatková
Direktorin der Stadtbibliothek Pilsen

Beitrag des Maria-Seltmann-Hauses Weiden

Seit 1996 existiert das Maria-Seltmann-Haus, das Seniorenzentrum in Trägerschaft der Stadt Weiden, das nach der Ehrenbürgerin Maria Seltmann (1903–2005), durch deren Stiftung das Haus großzügig unterstützt wird, benannt wurde. Das Maria-Seltmann-Haus ist Treffpunkt, Freizeit- und Bildungsstätte für Senioren mit zahlreichen unterschiedlichen Aktivitäten.

Der Leiterin des Seniorenzentrums, Frau Susanne Meichner, gebührt Dank und Anerkennung. Sie unterstützte 2003 und 2005 unseren Förderkreis durch die Möglichkeit, die bayerisch-böhmischen Kunstwettbewerbe, die seit 1995/1996 durchgeführt werden, im Haus zu präsentieren und die Siegerehrung – zuletzt zum Thema „Jan Hus"– in Anwesenheit vieler Ehrengäste aus Tschechien und Bayern durchzuführen.

Die Seniorengruppe des Kunstkreises im Maria-Seltmann-Haus, unter der Leitung von Liza Weishäupl, ist in der Region bereits eine anerkannte Größe. Vielfältige Aktivitäten mit Ausstellungen weit über Weiden hinaus, kennzeichnen die Arbeit.

Seit vier Jahren arbeiten Schüler der Grundschule Altenstadt mit dem Kunstkreis zusammen. Gemeinsam malten sie mit Senioren in der Partnerschule Kladruby (Kladrau), fuhren ins Schullandheim um mit deutsch-tschechischen Schülern zu malen. Aus diesem Projekt entstand das deutsch-tschechische Büchlein „Kladbara". Kinder aus fünf Partnerschulen schrieben Geschichten und die Senioren illustrierten diese. Beim europäischen Weihnachtsprojekt der Grundschule Altenstadt 2005 gestalteten Kinder und Senioren gemeinsam Weihnachtskarten.

Wir freuen uns über die Zusage, auch beim Buchprojekt „Mal bayerisch – mal böhmisch" eine Brücke zu den Senioren schlagen zu dürfen. Ein herzlicher Dank geht dabei an Liza Weishäupl, die unermüdlich und aufopfernd ihre Künstler motiviert und gemeinsame Ideen mit dem Förderkreis Deutsch-Tschechischer Schulen umsetzt.

Přínos Domu Marie Seltmannové ve Weidenu

Od roku 1996 existuje Dům Marie Seltmannové. V něm je zřízeno centrum pro seniory, jehož zřizovatelem je Město Weiden. Dům nese jméno čestné občanky Weidenu Marie Seltmannové (1903–2005), díky jejíž nadaci může být i velkoryse opravován. Dům je místem setkávání seniorů, kteří zde mohou trávit volný čas při různých aktivitách a dalším vzdělávání.

Vedoucí centra pro seniory paní Sussane Meichnerová se těší veliké vážnosti a uznání. V letech 2003 a 2005 podpořila náš nadační spolek tím, že v Domě Marie Seltmannové umožnila prezentaci bavorsko-českého uměleckého řemesla, pořádanou pravidelně už od roku 1995/1996. Díky paní Susanne Meichnerové se zde konalo i slavnostní vyhlášení vítězů soutěže na téma „Jan Hus", a to za přítomnosti mnoha čestných hostů z Čech a z Bavorska.

Skupina seniorů, kteří se pod vedením Lizy Weishäuplové zabývají uměním, je dnes v celém regionu uznávanou veličinou. Jejich práce a nejrůznější aktivity, spojené s výstavami nejen ve Weidenu, jsou široko daleko známé. Už čtyři roky s nimi spolupracující žáci Základní školy v Altenstadtu. Společně malovali v partnerské škole v Kladrubech a společně také jeli do školy v přírodě, aby tam malovali i s dalšími německými a českými žáky. Výsledkem tohoto projektu je německo-česká knížka „Kladbara". Děti z pěti partnerských škol napsaly povídky, které pak senioři ilustrovali. V rámci evropského vánočního projektu 2005 vytvořily děti společně se seniory vánoční pohlednice.

Máme radost z příslibu, že se budeme moci aktivně podílet na dalším knižním projektu „Jednou bavorsky – jednou česky". Náš srdečný dík patří paní Lize Weishäuplové za to, že obětavě a neúnavně motivuje své svěřence a s Nadačním spolkem německo-českých škol realizuje společné náměty.

Beitrag des Seniorenkunstkreises im Maria-Seltmann-Haus Weiden

Příspěvek uměleckého kroužku seniorů z Domu Marie Seltmannové ve Weidenu

Bilder: Kaufmannszug von Bayern nach Böhmen – Kaufmannszug von Böhmen nach Bayern
Autorin: Maria Hirsch

Obrázek: Obchodní stezka z Bavorska do Čech – Obchodní stezka z Čech do Bavorska
Autorka: Maria Hirsch

1475 hämmerten in der Oberpfalz, dem „Ruhrgebiet des Mittelalter" 205 Hammerwerke. Hier wurde mehr Eisen als in Frankreich und England zusammen produziert. Täglich gab es im Schnitt bis zu 678 Transporte. Ein ungefährdeter Handelsverkehr war eine wichtige Voraussetzung für das Aufblühen der städtischen Wirtschaft. Daher hatte die Gewährleistung der Sicherheit auf den Handelsstraßen für die königlichen Städte eine hohe Priorität. Karl IV. sicherte durch Geleitschutz die Straßen und bestimmte den Verlauf der Goldenen Straße von Prag nach Nünberg. Somit kam es seit dem 14. Jahrhundert zu einer allmählichen Festschreibung von Straßenführungen.

V roce 1475 pracovalo v Horní Falci, v tomto středověkém „Porúří", 205 hamrů. Vyrábělo se zde více železa než v Anglii a ve Francii. Denně se v průměru jednalo až o 678 transportů. Bezpečný obchodní styk byl důležitým předpokladem pro rozkvět městského hospodářství. Z tohoto důvodu bylo zaručení bezpečnosti na obchodních cestách skutečnou prioritou. Karel IV. zajistil ochranný doprovod a určil, kudy bude směřovat Zlatá cesta z Prahy do Norimberka. S tím od 14. století pozvolna docházelo k písemnému zaznamenávání tras jednotlivých cest.

Bild: *Wallfahrtskirche St. Quirin, Gemeinde Püchersreuth im Landkreis Neustadt/WN*
Autor: *Lothar Babisch*

Obrázek: *Poutní kostel svatého Quirina, obec Pücherstein, okres Neustadt/ WN*
Autor: *Lothar Babisch*

Die Kirche des Heiligen Quirin auf dem Botzerberg war seit 1660 Ziel der großen böhmischen Wallfahrt aus Maria Kulm. Bis 1934 wallfahrteten jährlich tausende Pilger aus dem Egerland zu dem Kirchlein in der oberpfälzer Hügellandschaft. Seit dem Fall der Grenzen 1990 ziehen immer mehr Menschen in der Tradition der alten Wallfahrt, aber in entgegengesetzter Richtung nach Maria Kulm im Egerland – ein Zeichen nicht nur entspannter Weltpolitik sondern auch der christlichen Verbundenheit mit den Nachbarn in Tschechien. Erbaut wurde die Kirche von den Lobkowitzer Fürsten, denen die Grafschaft Neustadt-Störnstein bis 1807 gehörte. Die Orgel der Kirche stand einst im Palais Lobkowitz in Prag.

Kostel svatého Quirina na Botzerbergu byl od roku 1660 cílem velkých českých poutí vypravovaných z Chlumu svaté Máří. Až do roku 1934 směřovaly ke kostelíku na kopci Horní Falce každoročně tisíce poutníků z Chebska. Po pádu hranic v r. 1990 se se starou poutní tradicí ztotožňuje stále více lidí. Putují však v obráceném směru – ke kostelu svaté Máří v Chlumu na Chebsku, který se stává symbolem uvolněné světové politiky stejně jako křesťanské sounáležitosti se sousedy v Čechách. Kostel vystavěli Lobkovicové, kterým patřilo hrabství Neustadt-Störnstein až do roku 1807. Tamější varhany se kdysi nacházely v paláci Lobkoviců v Praze.

Bild: Klosterkirche Teplá bei Marienbad
Autorin: Liselotte Frank

Obrázek: Klášterní kostel v Teplé u Mariánských Lázní
Autorka: Liselotte Frank

Stift Teplá wurde 1193 vom Hroznata als Prämonstratenserkloster gegründet und vom Kloster Strahov aus besiedelt. Unter Abt Johann wurde 1232 die Klosterkirche unter Teilnahme des böhmischen Königs vom Prager Bischof eingeweiht. Um das 17. und 18. Jahrhundert wurde das Kloster von Kilian Ignaz Dientzenhofer im Barockstil umgebaut. Wie viele andere böhmischen Klöster wurde auch Teplá 1950 gewaltsam aufgelöst. Gute Kontakte gab es stets zum Prämonstratenser Kloster Speinshardt im Landkreis Neustadt/WN. 1990 bekamen die Prämonstratenser das Kloster Teplá zurück. Das Bistum Regensburg und viele private Helfer und Helferinnen aus der Oberpfalz und Franken unterstützten den Aufbau des Klosters.

Klášter Teplá byl založen roku 1193 Hroznatou, který sem uvedl řád premonstrátů z pražského Strahova. Za opata Jana byl v roce 1232 klášterní kostel vysvěcen pražským biskupem, čehož se účastnil i český král. Na přelomu 17. a 18. století byl klášter barokně přestavěn Kiliánem Ignácem Dienzenhoferem. Jako mnoho jiných českých klášterů byla také Teplá roku 1950 násilně zrušena. Přesto byly nadále udržovány dobré kontakty s premonstrátským klášterem Speinshardt v okrese Neustadt/WN. V roce 1990 dostali premonstráti klášter zpět. Biskupství Regensburg a mnoho dalších dobrovolníků z Horní Falce a Frank podporovali rekonstrukci kláštera.

Bild: „Die Kappl" – Wallfahrtskirche der Heiligsten Dreifaltigkeit bei Waldsassen im Landkreis Tirschenreuth
Autor: Gerhard Langer

Obrázek: „Kappl" – Poutní kostel Nejsvětější trojice u Waldsassenu v okrese Tirschenreuth
Autor: Gerhard Langer

Der Ursprung der Wallfahrt – so berichtet die Überlieferung – reicht zurück bis in die Zeit der Entstehung des Klosters Waldsassen um 1133. Die Wallfahrtskirche von 1170 wurde in den Hussitenkriegen (um 1430) zerstört. Der bayerisch-böhmische Baumeister Georg Dientzenhofer, der schon am Bau der neuen Klosteranlage in Waldsassen führend mitwirkte, plante das neue Gotteshaus. Von 1685–1689 enstand eine neue Rundkirche. Die ursprünglichen Deckengemälde wurden von dem in Böhmen beheimateten Maler Anton Smichäus gefertigt, aber beim Brand des Daches 1880 zerstört.

Dle tradice spadá počátek poutí do období vzniku kláštera ve Waldsassenu, založeného roku 1133. Poutní kostel z roku 1170 byl během husitských válek (kolem roku 1430) zničen. Česko-bavorský stavitel, Georg Dienzenhofer, který již vedl stavební práce na novém klášterním objektu ve Waldsassenu, plánoval nový chrám Páně. V letech 1685–1689 vznikl kostel s kruhovým půdorysem. Původní nástropní malby zhotovil v Čechách usazený malíř Anton Smichäus, při požáru střechy v roce 1880 však byly zničeny.

Bild: *Klosterkirche St. Felix in der Kreisstadt Neustadt/WN*
Autorin: *Rosemarie Hys*

Obrázek: *Klášterní kostel sv. Felixe v okresním městě Neustadt/WN*
Autorka: *Rosemarie Hys*

Während der Regentschaft der Lobkowitzer Fürsten wurde im Jahr 1735 ein massives Kirchlein errichtet. Schon beim Ausbau war die Zahl der Wallfahrer so groß, dass man über eine weitere Vergrößerung nachdachte. Aus allen Himmelsrichtungen kamen die Pilger zum heiligen Felix gezogen. 1738 wurden an die beiden bestehenden Seitenkapellen die Sakristei und der Turm angebaut. Die Statue des heiligen Felix, die 1712 von dem aus der böhmischen Stadt Tachau stammenden Bildhauer Adolph Grieger geschnitzt wurde, ist noch heute im Hochaltar zu sehen. Polnische Franziskaner-Minoriten haben von ihren deutschen Mitbrüdern das Kloster St. Felix in Neustadt/WN übernommen.

Za regentské vlády Lobkoviců byl v roce 1735 zbudován masivní kostelík. Již během stavby byl počet poutníků tak velký, že se uvažovalo o jeho dalším rozšíření. Věřící proudili ke sv. Felixu ze všech světových stran. Roku 1738 byly ke dvěma stávajícím postranním kaplím přistavěny sakristie a věž. Socha sv. Felixe, kterou vyřezal roku 1712 sochař Adolf Grieger a která pochází z českého Tachova, je dodnes k vidění na hlavním oltáři. Klášter sv. Felixe v Neustadtu/WM převzali od svých německých spolubratrů polští františkáni-minorité.

Wir danken
Děkujeme

Wir bedanken uns für die finanzielle Hilfe und die ideelle Unterstützung für das Zustandekommen des Buches ganz herzlich bei folgenden Institutionen und Personen:

Srdečně děkujeme následujícím institucím a osobám za finanční pomoc a morální podporu při realizaci knihy:

Bayerische Staatskanzlei, München
i.V. Herr Ministerialdirigent Bertold Flierl, Staatskanzlei München
Bayerischer Bauindustrieverband Bayern e. V. München/Regensburg – i.V. Herr Gerhard Hess und Herr Martin Schneider
Bürgermeister der betroffenen Orte – starostové příslušných měst a obcí
Česko-německý fond budoucnosti – Deutsch-Tschechischer Fonds Prag
E.ON Regensburg i.V. Herr Josef Schönhammer
Haus der Bayerischen Geschichte in Augsburg
i.V. Herr Dr. Rainhard Riepertinger
i.V. Herr Stephan Lippold
Herr Landrat Simon Wittmann, Neustadt/WN
Krajský úřad Plzeňského kraje
Město Stříbro
Pan Ing. Jaroslav Lobkowicz, Pilsen
Sparkasse Oberpfalz-Nord, Weiden i.d. OPf., i.V. Herr Günter Götz
Vereinigte Sparkassen Eschenbach, Neustadt/WN, Vohenstrauß, i.V. Herr Josef Pflaum

Danksagung
Podekování

Ohne die Unterstützung von vielen Mitarbeiterinnen und Helfern wäre dieses Buch nie zustande gekommen. Ihnen allen gilt unser Dank.

Bez podpory mnoha spolupravníků a pomocníků by tato kniha nemohla vzniknout. Jim všem patří naše zvláštní poděkování.

„Jednou bavorsky – jednou česky", dějiny, které staví mosty
„Mal bayerisch – mal böhmisch", Geschichten, die Brücken bauen

Herausgeber Vydavatel	František Spurný, Verlag F.S. Publishing, Pilsen František Spurný, vydavatelství F.S. Publishing, Plzeň
Eigenverlag Vlastním nákladem	Förderkreis Deutsch-Tschechische Schulen zwischen Nürnberg und Prag e.V., FöDTSCH, Altenstadt/WN, Stadtbibliothek Pilsen, Pilsen Nadační spolek na podporu německých a českých škol mezi Norimberkem a Prahou, r. s., FöDTSCH, Knihovna města Plzně, Plzeň
Redaktion Redakce	Rainer J. Christoph, Altenstadt/WN Dagmar Svatková, Plzeň Václav Peteřík, Stříbro
Technische Redaktorin Technická redaktorka	Sylvie Knížetová
Übersetzungen Překlady	Joachim Brauss, Johanna Filipová, Sabina Schroeter-Brauss, Pater Stanislaus, Kristina Hemzová Vitonová, Ewa Rychel
Lektoren-Funktion Korektury textu	Klaus Gäbel, Milan Šedivý, Jana Horáková
Cover-Gestaltung	AHA-Werbeagentur Weiden i. d. Opf. Vorderseite: Originalroute der Goldenen Straße am Rastenhofweg bei Neustadt/WN – Störnstein, Rückseite: Gotische Brücke über Radbusa bei Dobřany. Fotos Rainer Christoph.
Obálka	Přední strana: Původní stezka Zlaté cesty u obce Rastenhofweg u Neustadtu/WN – Störnstein, Zadní strana: Gotický most přes řeku Radbuzu u Dobřan. Fotografie Rainer Christoph.
Satzung und Bruch Sazba a graf. zprac.	F. S. Publishing Plzeň
Druck Tisk	PB-TISK Příbram
	Alle Rechte vorbehalten – Všechna práva vyhrazena
Anmerkung der Redaktion	Die Texte der Berichte wurden von Laien verfasst und übersetzt. Alle Berichte sind erstmalig in diesem Buch auf tschechisch oder deutsch veröffentlicht. Es können sich trotz großer Bemühungen unserer Lektoren Fehler eingeschlichen haben. Um Nachsicht wird gebeten.
Redakční poznámka	Texty příspěvků byly sepsány a přeloženy laiky. Všechny příspěvky v této knize jsou v češtině či němčině zveřejňovány poprvé. Není proto vyloučeno, že se navzdory velkému úsilí našich lektorů mohla někde vloudit chyba. Prosíme o shovívavost.
	1. Auflage 2007, Altenstadt/WN – Pilsen 1. vydání 2007, Altenstadt/WN – Plzeň

ISBN 978-80-903560-3-0